児童雑誌の誕生

柿本真代
Kakimoto Mayo

文学通信

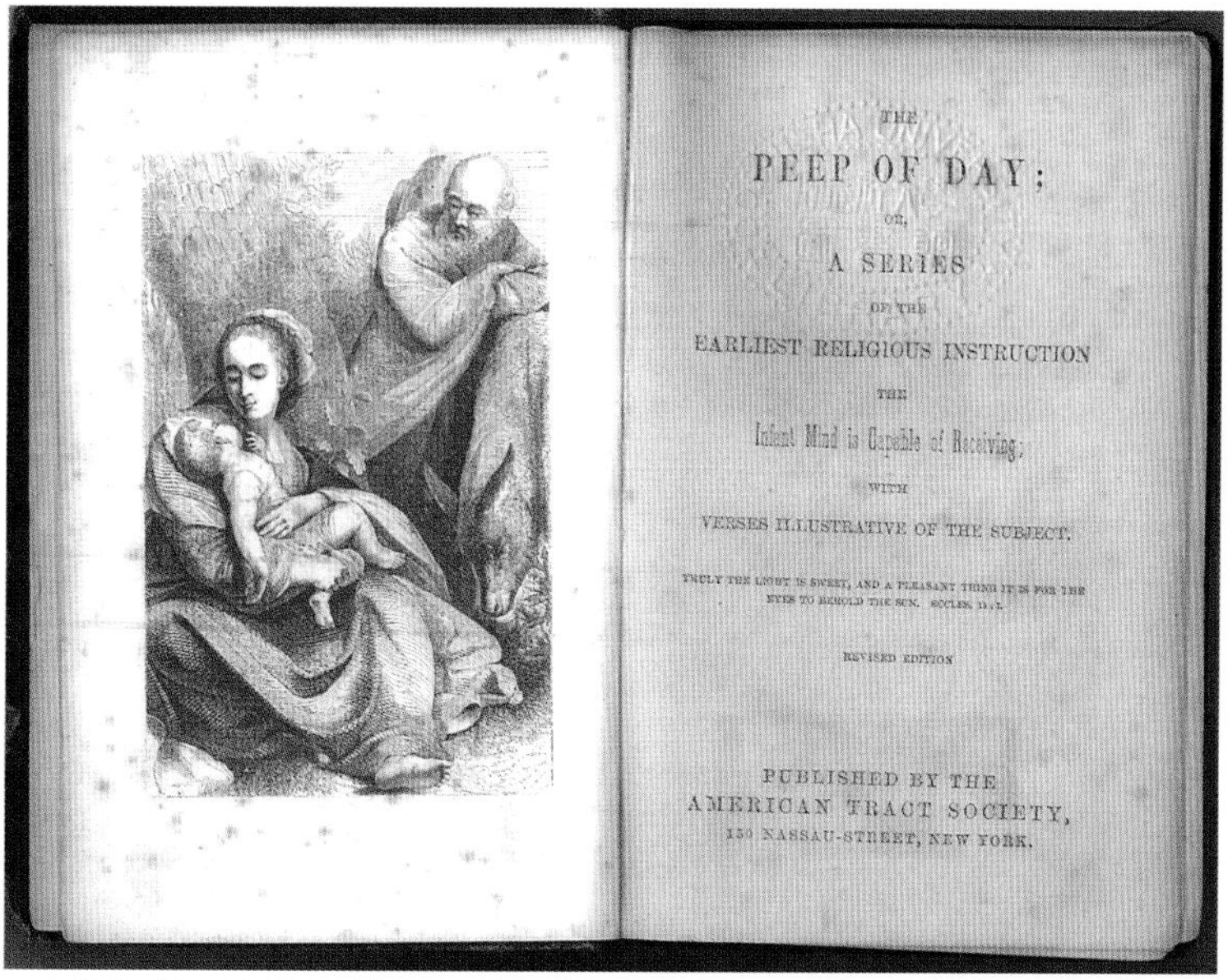

❶ Favel Lee Mortimer, *The Peep of Day*, American Tract Society,18--.（同志社大学所蔵）
幼い子どもたちに聖書の物語をわかりやすく伝えたイギリスの児童文学作品。海外宣教でよく用いられ、世界で翻訳された。

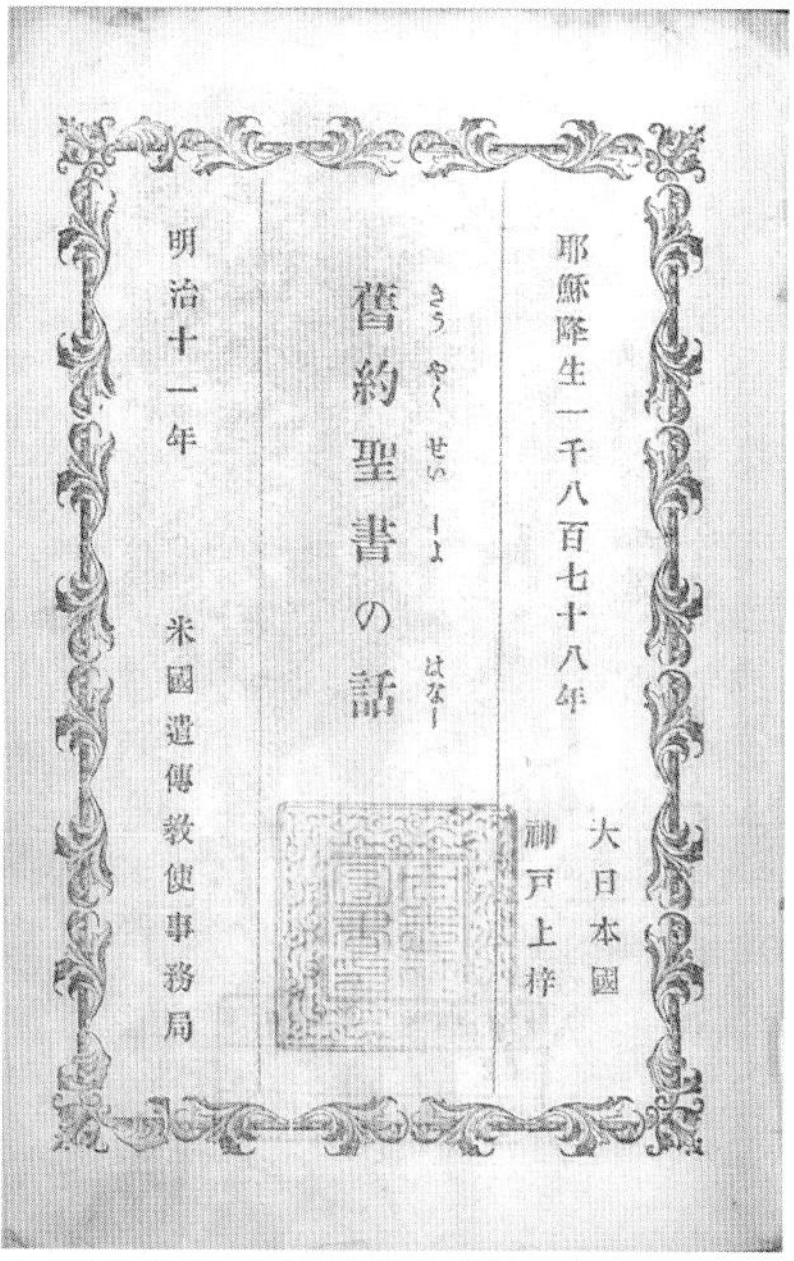

❸『旧約聖書の話』米国遣伝教師事務局、1878 年（同志社大学所蔵）
Peep of Day の続篇、*Line upon Line* の翻訳。アメリカン・ボードの女性宣教師ジュリア・ギューリックが手掛けた。

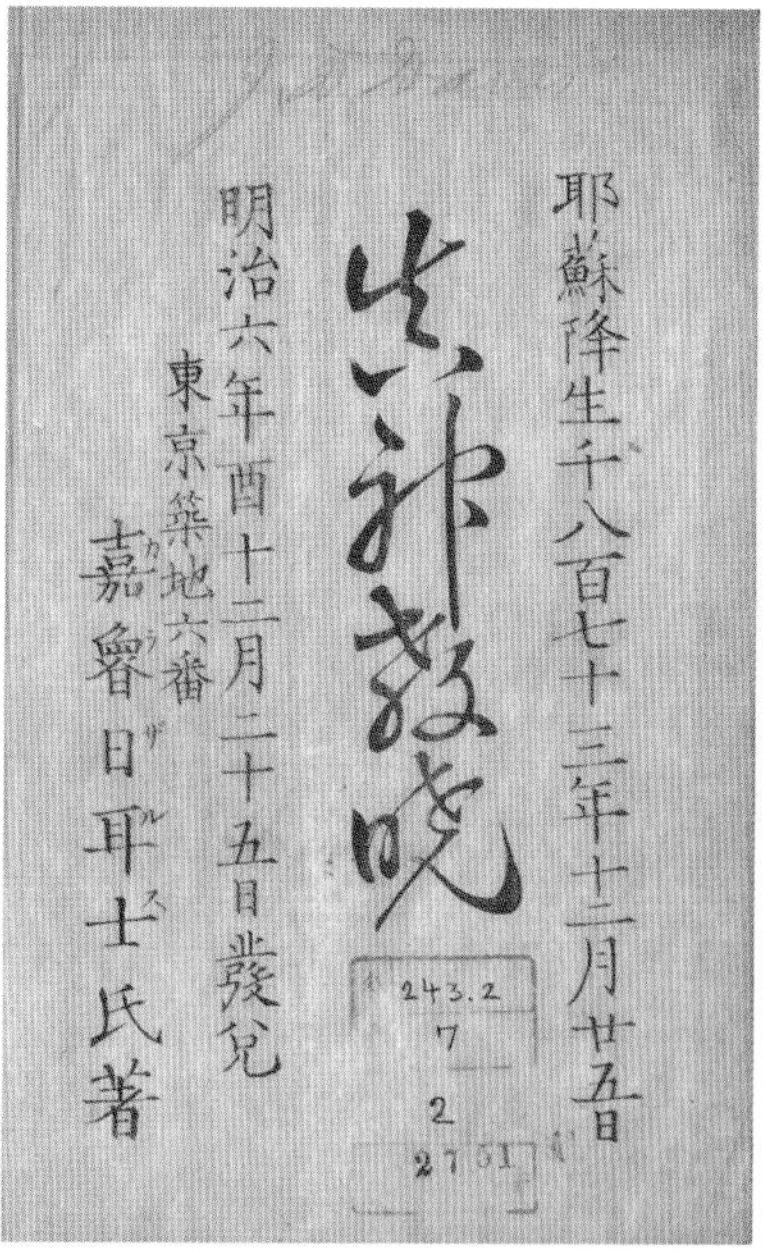

❷嘉魯日耳士『眞神教暁』1873 年（同志社大学所蔵）
日本で最初の *Peep of Day* の翻訳。長老派の宣教師カロザースによる。

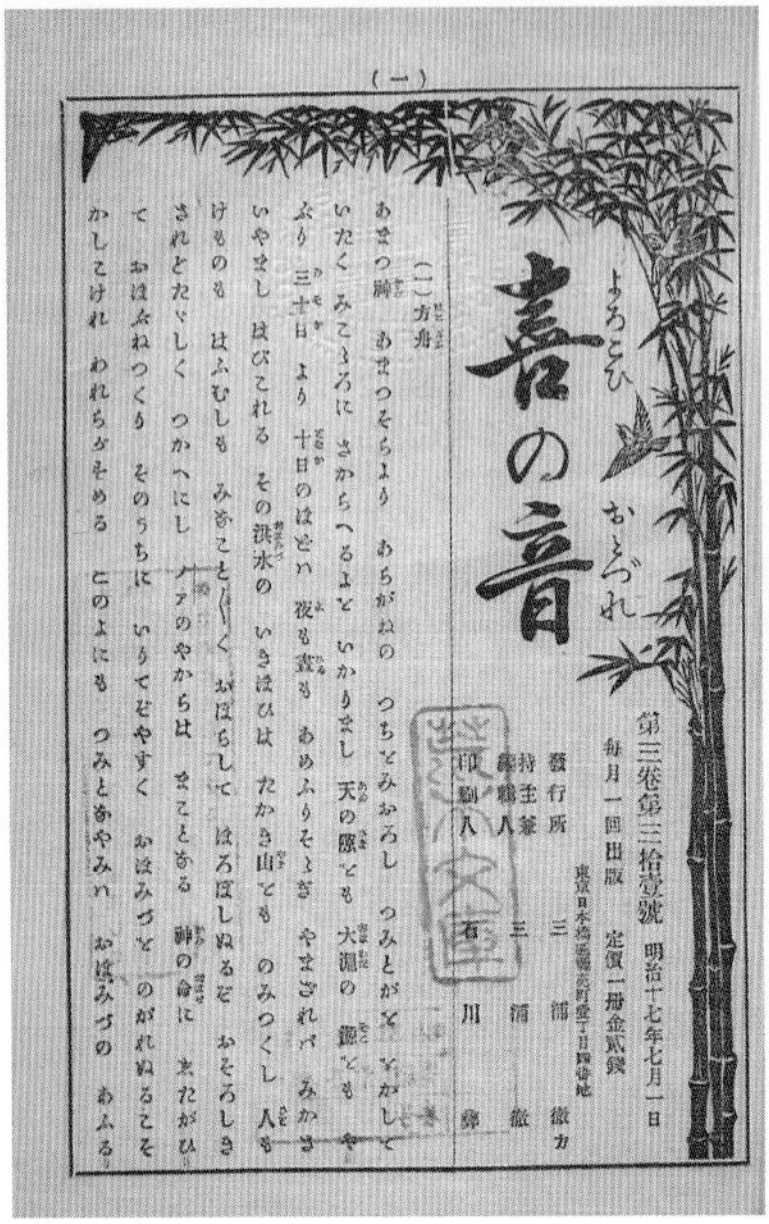

（一）

喜の音

第三巻第三拾壹號　明治十七年七月一日

毎月一回出版　定價一冊金貳錢

❺『喜の音』3(31)、1884 年 7 月(同志社大学所蔵)
『よろこばしきおとづれ』の後継誌。

GLAD TIDINGS.

よろこばしきおとづれ

VOL. II.　MARCH, 1878　明治十一年三月　NO. 16.

Ten copies $ 1.20 Per Annum.

詩篇第一篇

❹『よろこばしきおとづれ』2（16）、1878 年 3 月（同志社大学所蔵）
日本最初のキリスト教児童雑誌。

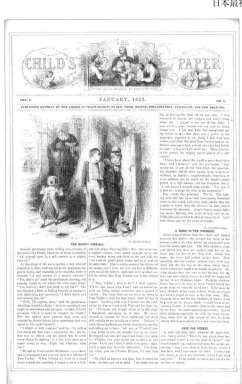

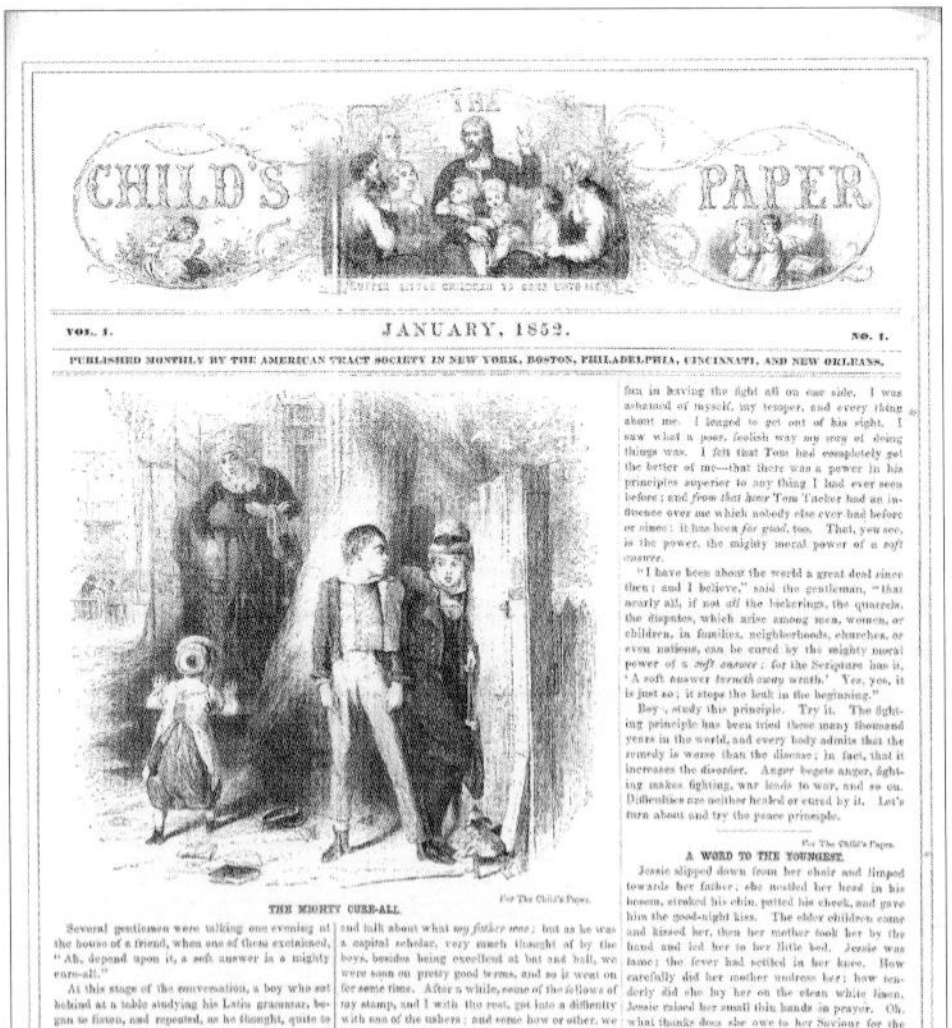

THE CHILD'S PAPER

VOL. I.　JANUARY, 1852.　NO. 1.

PUBLISHED MONTHLY BY THE AMERICAN TRACT SOCIETY IN NEW YORK, BOSTON, PHILADELPHIA, CINCINNATI, AND NEW ORLEANS.

THE MIGHTY CURE-ALL.

A WORD TO THE YOUNGEST.

CARE FOR OTHERS.

❻ *The Child's Paper* 創刊号、1852 年 1 月（同志社大学所蔵）
米国聖教書類会社発行の子ども向けキリスト教 雑誌で、1870 年には約 35 万人の購読者をほこっ たとされる。中国や日本のキリスト教児童雑誌に影 響を与えた。

❼『ちゑのあけぼの』53、1888 年 1 月 6 日（国立国会図書館所蔵）
1886（明治 19）年に大阪で創刊された児童雑誌。二代目長谷川貞信ら大阪で活躍した浮世絵師らが絵を手掛けた。読み物を中心に、英語やあてものなども掲載された。

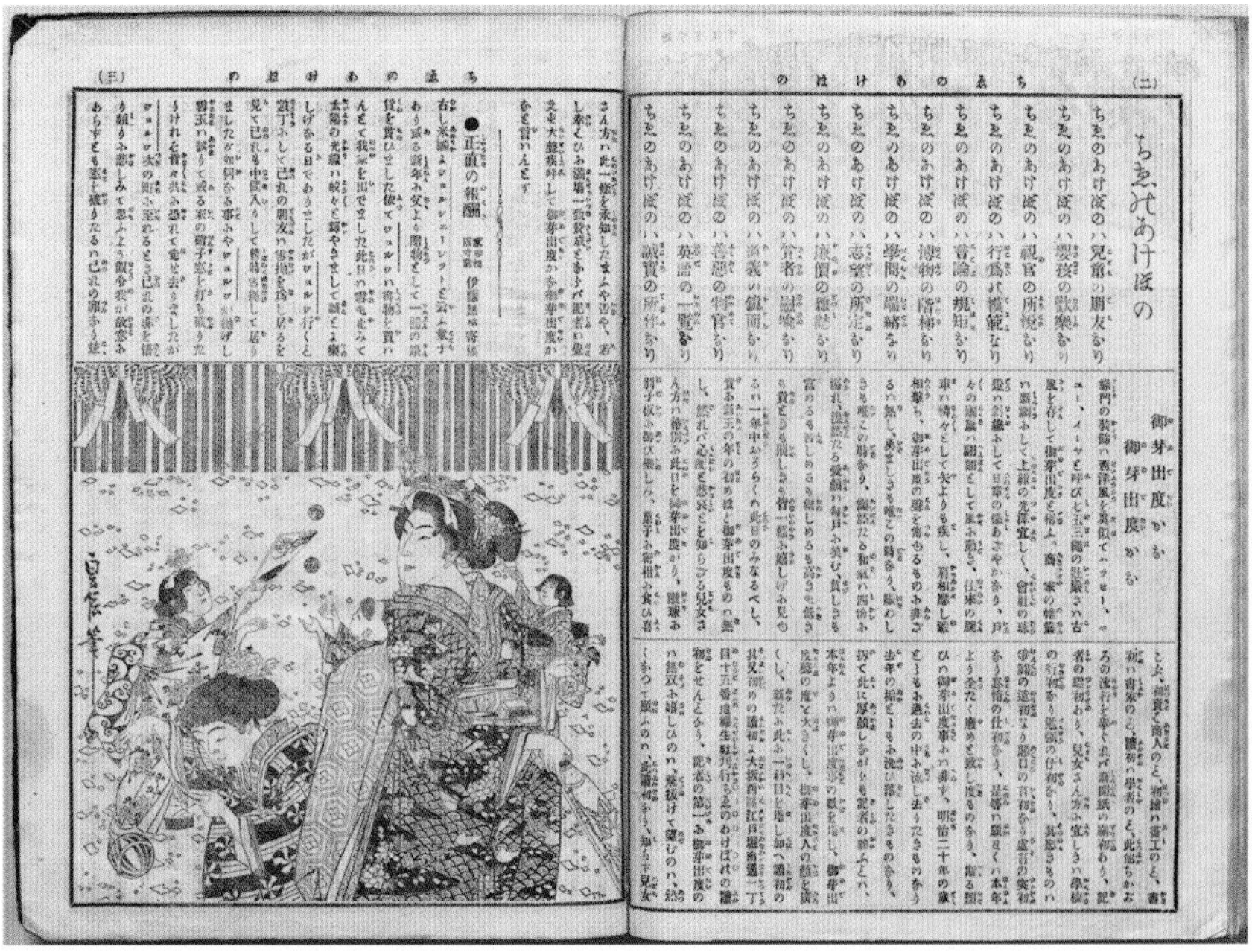

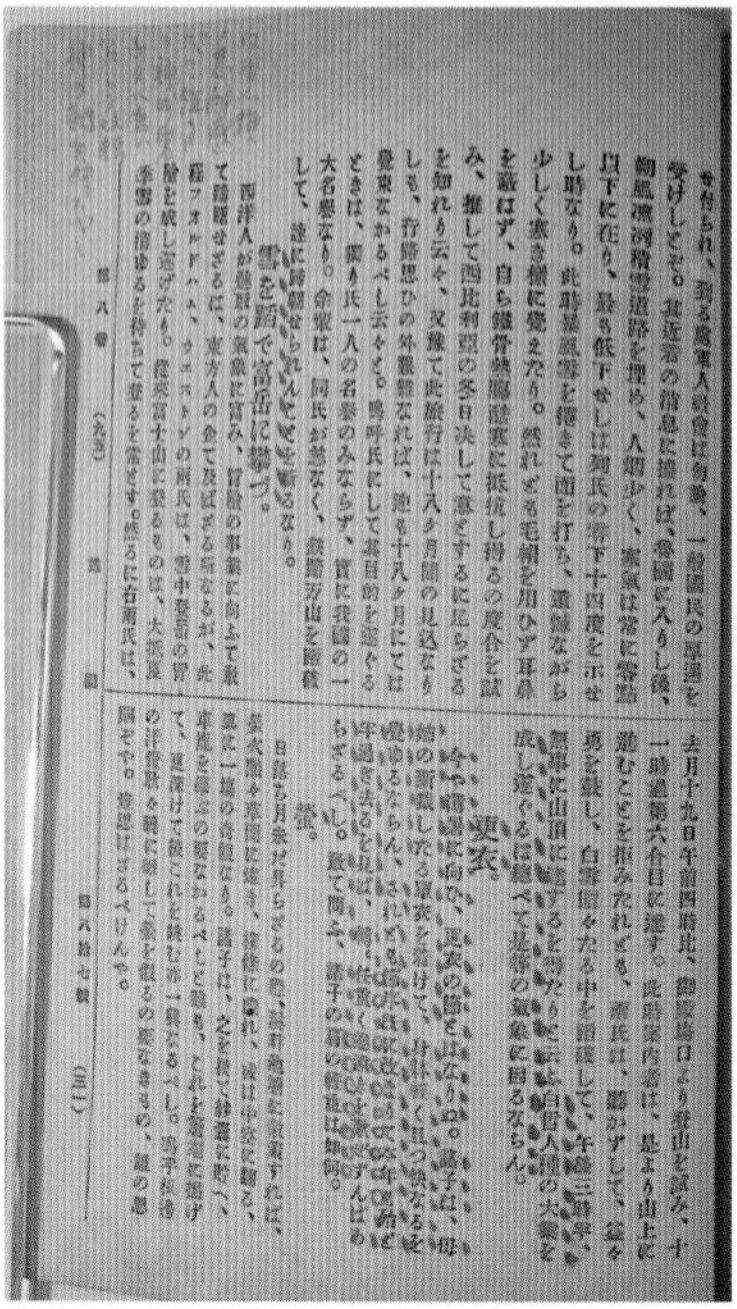

❾「雪を踏で富岳に攀づ」『少年園』8（87）、1892年6月3日（国文学研究資料館所蔵）

❽『少年園』3（36）、1888年1月6日（筆者所蔵）
1888（明治21）年創刊。論説、読み物を中心とした雑誌で、坪内逍遥、森鴎外らも寄稿した。「少年雑誌の嚆矢」といわれる。

ST. NICHOLAS.

VOL. V. JUNE, 1878. No. 8.

[Copyright, 1878, by Scribner & Co.]

A TRIUMPH.

BY CELIA THAXTER.

LITTLE ROGER up the long slope rushing
Through the rustling corn,
Showers of dewdrops from the broad leaves brushing
In the early morn,

At his sturdy little shoulder bearing
For a banner gay,
Stem of fir with one long shaving flaring
In the wind away!

Up he goes, the summer sunshine flushing
O'er him in his race,
Sweeter dawn of rosy childhood blushing
On his radiant face.

If he can but set his standard glorious
On the hill-top low,
Ere the sun climbs the clear sky victorious,
All the world aglow!

So he presses on with childish ardor,
Almost at the top!
Hasten, Roger! Does the way grow harder?
Wherefore do you stop?

From below the corn-stalks tall and slender
Comes a plaintive cry—
Turns he for an instant from the splendor
Of the crimson sky,

Wavers, then goes flying toward the hollow,
Calling loud and clear:
"Coming, Jenny! Oh, why did you follow?
Don't you cry, my dear!"

VOL. V.—35.

❿ *St. Nicholas* 5(8), 1878年6月（Reprint. Athena Press）
1873年創刊。「アメリカで最も優れた児童雑誌」ともいわれ、『少年園』にも影響を与えた。

児童雑誌の誕生

目次

凡例

・史料の引用にあたっては、傍線や圏点は省略し、ルビは難読箇所のみ原文通りとした。原則として漢字は中国の文献を含めて新字体に改めた。ただし、人名・固有名詞等については旧字を用いた箇所もある。カタカナは一部ひらがなに改めた。読みやすさを考慮し、句読点を補った箇所もある。
・外国語文献の引用について、とくに注記のない場合は筆者訳である。
・外国人名については、初出時のみ原語を併記した。それ以降はカタカナ表記のみとし、もっとも一般的と考えられる呼称を用いた。
・外国語文献名については、初出時のみ原語を併記した。それ以降はカタカナまたは日本語訳で表記した。
・外国団体名については、初出時のみ原語を併記した。団体名は先行研究によっても訳し方が異なるため、筆者による訳を採用したものもある。
・年号については、太陽暦採用後１８７３年以降の日本における事象については元号を併記した。
・史料としての正確性を期するため、今日では不適切と考えられる表現もそのまま引用した。

序章

第1節　目的と研究史

凡そ少年の精神的慰藉物として、雑誌くらゐ其の効果の顕著なるものは有るまい。都鄙の別なく階級を問はず、少くとも明治中期後の少年ならば、何人も必ずこれを机辺の伴侶とし、夜々に耽読玩味して、自己の智見を広め、学業を補ひ、修練に資し、而も学科の科程以外、これに特殊の興味を覚え、夢幻想像の世界に処したる幸福は、蓋し知る人ぞ正に知るところであろう。[1]

これは1881（明治14）年、岐阜に生まれた木村《きむら》小舟《しょうしゅう》の言葉である。また、1878（明治11）年生まれの寺田寅彦は、子ども時代の読書の思い出を次のように述べる。

子供の時分にやつとの想ひで手にすることの出来た雑誌は「日本の少年」であつた。毎月一回これが東京から郵送されて田舎に着くころになると、郵便屋の声を聞くたびに玄関へ飛出して行つたものである。甥の家では「文庫」と「少国民」をとつてゐたのでこれで当時の少青年雑誌は全部見られたやうなものである。さうして夜は皆で集まって読んだものの話しくらをするのであつた。…（中略）…今書店の店頭に立つて夥しい少年少女の雑誌を見渡し、あのなまなましい色刷の表紙を眺める時に今の少年少女を羨ましく想ふよりも却つてより多く可哀相に想ふことがある。[2]

ともに明治10年代生まれの二人の回想からは、当時の子どもたちがいかに雑誌に強い愛着をもっていたがよくわかる。1932（昭和7）年の書店の状況を、寺田が「夥しい少年少女の雑誌」の「なまなましい色刷りの表紙」が並んでいると描写したように、明治期にはじまった日本の児童雑誌の文化は、その後大きく展開していった。1947（昭和22）年に日本に視察に来たアメリカの出版関係者が驚いたのは、書店の一角に並ぶ豊富な児童雑誌とその成功ぶりであった。[3]

それでは、こうした児童雑誌とその読書文化は、近代日本においていかに形成されてきたのだろうか。本書は、近代日本において児童雑誌がどのように生み出されたか、そしてどのような読書文化をつくりあげてきたのかを歴史的な視座から問いなおそうとするものである。なお、本書が対象とする明治期には「少年雑誌」「子（小）供雑誌」などさまざまな呼称が用いられてきたが、本書では「児童雑誌」と総称する。

近代日本における児童雑誌については、児童文学研究の領域を中心に成果が蓄積されてきた。古くは『小国民』を編集した石井研堂《いしいけんどう》[4]や、『少年世界』の読者であり編集者にもなった木村小舟[5]らの著述がある。菅忠道『日本の児童文学』（大月書店、1956）、鳥越信『日本児童文学案内』（理論社、1963）、向川幹雄『日本近代児童文学史研究Ⅰ：明治の児童文学（上）』（兵庫教育大学向川研究室、１９９９）などの通史において雑誌に関する叙述がなされているほか、雑誌を中心に児童文学の成立過程を検討した続橋達雄『児童文学の誕生：明治の幼少年雑誌を中心に』（桜楓社、１９７２）もある。ここでは「明治の児童文学は、幼少年雑誌に文芸欄が設けられたことで誕生の機を迎え、次いで叢書形式による単行本の出版がこれと並行して次第に成長したもの」[6]という立場をとり、１８８８（明治21）年11月の『少年園』の誕生から１８９５（明治28）年創刊の『少年世界』以前までを〈創始期〉、それ以前を〈胎動期〉と位置づけ、明治期の教育制度と関連づけながら『少年園』をはじめとした「幼少年雑誌」誕生の背景を描いている。

１９８０年代にはフィリップ・アリエス（Philippe Ariès）『〈子供〉の誕生：アンシァン・レジーム期の子供と家族』（*L'Enfant et la Vie familiale sous l'Ancien Régime*）の翻訳出版[7]や柄谷行人《からたにこうじん》「児童の発見」[8]、さらにベネディクト・アンダーソン（Benedict Anderson）『想像の共同体』（*Imagined Communities: Reflections on the Origin and Spread of Nationalism*）が発表されたことにより、児童雑誌が「少年」や「少女」といった集団の形成や、当時の少年たちの上昇志向を知るための好適資料として教育社会学やメディア史など、さまざまな研究領域で扱われるようになった。[9]

また、１９８４（昭和59）年には鳥越信の資料12万点をもとに児童書専門図書館である大阪国際児童文学館が開館した。子どもの本は読み捨てられることが多く、とくに戦前の児童雑誌は保存状況が極めて不良であったが、大阪国際児童文学館では開館以来、資料の収集とともに児童雑誌の細目作成をはじめとした基礎的かつ重要な研究が行われてきた。[10]さらに、『穎才新誌《えいさいしんし》』、『少年園』、『小国民』、『日本之少年』などは復刻版が出版され[11]、史料環境は確実に充実しつつある。

第2節　問題の所在

以上のように、量・質ともに充実しつつある児童雑誌の研究であるが、そこにはいまだに克服されていない、いくつかの問題点がある。

1877（明治10）年創刊の『穎才新誌』は、日本で初めて全国規模で流通した作文投稿雑誌であり、『小学教文雑誌』など同様の作文投稿雑誌が相次いだ。これらは子どもの作文を掲載することを主眼としたもので、大人が子どものために書いた読み物はほとんど掲載されなかった。そのような中にあって、石井研堂が「少年園出でゝ、少年雑誌界に新味の典型を示し、ここに進歩の一線を画せり[12]」と評したように、1888（明治21）年の『少年園』の創刊は画期となる出来事であった。

『少年園』は、科学的な読み物や森鷗外《もりおうがい》らによる外国の児童文学の翻訳、クイズに投書など、さまざまな記事を併せ持った総合的な児童雑誌の形式を初めて提示したものであった。「学校や家庭のもとにある依存的な存在」、すなわち「〈教育〉の客体」としての「少年」をはじめて形づくったのが『少年園』であったとの指摘もある。[13] 以上のような『少年園』の歴史的意義についてはこれまでの研究が繰り返し指摘していることでもあり、本書でも『少年園』の登場までを一区切りとする立場を継承する。

しかし、『少年園』以前に子どもを読者対象に、読み物を掲載した雑誌がなかったかといえば、そうではない。鳥越信はキリスト教主義の雑誌『よろこばしきおとづれ』を「日本で最も古い児童雑誌[14]」としているし、向川幹雄は1876（明治9）年の『童蒙新聞《どうもうしんぶん》』に児童雑誌の源流をみる。[15] 大阪で発行された『ちゑのあけぼの』（1886創刊）も『少年園』以前に創刊された読み物を中心とした雑誌であり、桝居孝はこの雑誌を「日本最初の少年少女雑誌」と位置づけた。[16]

このように、何を児童雑誌の最初のものと位置づけるかは論者によって異なっており見解が定まっているとはいいがたい。『少年園』以前の、いわゆる〈胎動期〉の児童雑誌については稀覯《きこう》史料であることも多く、今日においても十分な蓄積があるとはいえない状況である。そればかりではなく、近代日本において児童雑誌が成立した背景についても、公教育との関係以上の説明はなされてこなかった。

なぜこのような研究状況なのか。〈胎動期〉の児童雑誌研究が希薄である要因のひとつは、研究対象が文芸作品中心であったことにある。大澤聡は雑誌研究には決まった方法論が存在せず、個々の研究者の関心や研究領域に依存しがちであると指摘している。大澤は雑誌分析の一大拠点としての文学研究の成果を認めつつも、「小説」や「作家」に着目するあまり、雑誌というメディアの特性である「猥雑性・総合性」を検討できなかったことを「文学中心主義」の陥穽とした。[17]

この指摘は児童雑誌の場合にもあてはまる。先にみた続橋の研究も児童文学が生成する土壌として児童雑誌に注目したものであったように、児童雑誌の研究は主に児童文学の領域で行われてきたため、その評価についてもそこに掲載された文芸作品の「芸術性」や「教育性」、「子どもに対するおもしろさ」といった点が重視された。[18]したがって森鷗外や若松賤子《わかまつしずこ》が作品を寄せた『少年園』や、巖谷小波《いわやさざなみ》が主宰した『少年世界』に比して、著名な作家らの関わりが確認されない〈胎動期〉の児童雑誌は、児童文学研究の対象となりにくかったと考えられる。

いまひとつの要因は、たとえば1876（明治9）年創刊のキリスト教児童雑誌『よろこばしきおとづれ』の後継誌である『喜の音《よろこびおとづれ》』に対する以下の評価に見出すことができる。

「喜の音」をはじめとする日曜学校雑誌の内容は、欧米——それも主としてアメリカの同種雑誌の記事の翻訳で、聖書の一節を啓蒙的に書いた読物や宣教師の伝道エピソードなどであって、児童文学的な創造力の垣間見えるものはひとつもなかった。[19]

以上は上笙一郎によるものだが、ここから読みとれるのは「児童文学的な創造力」の重視と、「翻訳」や「啓蒙」への関心の希薄さである。評者である上笙一郎は『日本のキリスト教児童文学』の編者のひとりでもあり、日本のキリスト教児童文学研究の進展に少なからぬ貢献をしてきた。[20]その上笙一郎をしてこのような評価であることからもうかがえるように、児童文学研究は「文学中心主義」と、それにともなう「翻訳」の軽視という問題を抱えてきた。

「翻訳」の軽視については鳥越も、かつて日本児童文学史を「翻訳もの・翻案ものは除外する、という無意識のこだわり」をもって論じていたと自省している。[21]鳥越は１８９１（明治24）年の巖谷小波『こがね丸』以前、「１８６８年からの約20年」についての研究がこれまで不十分であったことを批判的に振り返り、『はじめて学ぶ日本児童文学史』（ミネルヴァ書房、２００１）の編集にあたっては①キリスト教伝道を目的としたもの、②科学・知識読み物などの啓蒙的なもの、③外国の本の翻訳・翻案ものの３項から叙述し、近代日本児童文学の起点を福《ふく》澤《ざわ》諭吉《ゆきち》『訓蒙《きんもう》窮理《きゅうり》図解《ずかい》』（１８６８）とした。[22]

川戸道昭もまた、幕末期から日本にもたらされた英語教科書経由で外国児童文学が受容されてきた過程を明らかにしつつ、児童文学を含めた近代日本文学史における翻訳の重要性を指摘してきた。ただし、川戸は近代日本児童文学史を考える際に重要なのは個々の作品に起点を求めることではなく、むしろ「西洋に学ぶ」という時代状況を検討することだと述べる。[23] 近代日本の児童雑誌の成立についても、どの雑誌が起点であるかを探ることよりも、「西洋に学ぶ」という時代の中で、どのように生み出され、変化していったのかを問う必要があるだろう。そこで本書では、従来言及されてきた教育制度の充実という国内的な要因だけでなく、「西洋」からの影響という外的要因にも着目しつつ、児童雑誌が生み出される過程を捉えなおしていきたい。

第3節　分析方法

「西洋」との関係性に着目しながら児童雑誌が成立する過程を描こうとするとき、重視したいのは雑誌そのものだけでなく、その雑誌と読者の「あいだ」である。

近代の雑誌とその読者について数多くの成果を残している永嶺重敏は、これまでの活字メディアに関する研究が、多くの場合メディアと読者を「無媒介的に直結させてとらえる二極構造的なアプローチ」によってきたことを批判的に論じ、人々の読書生活を成り立たせる構成要素として、「第一に雑誌等の活字メディアの発達、第二にそれの普及装置としての多様な流通機構、第三に読者の側のメディア受容能力という三点」を挙げている。[24]『〈読書国民〉の誕生：明治30年代の活字メディアと読書文化』（日本エディタースクール出版部、2004）では活字メディアと読者をつなぐ制度や場所、たとえば郵便制度や鉄道網、図書館や縦覧所の問題を検討することで、明治30年代に「新聞や雑誌や小説等の活字メディアを日常的に読む習慣を身につけた国民」、すなわち〈読書国民〉が誕生する過程を立体的に描き出した。[25]

こうした書物と読者の「あいだ」を考察することの重要性については、和田敦彦も繰り返し指摘してきた。これまで出版史や文学研究、図書館学、教育学などさまざまな領域で多様かつ個別に展開されてきた読書に関する研究について、それぞれを関連づけ整理して論じた『読者の歴史を問う：書物と読者の近代　改訂増補版』（文学通信、２０２０）では、「読書」を「書物が読者へとたどりつき、理解されていく一連の流れ」としたうえで、書物が読者に「たどりつくプロセス」と、届いた書物を読者が享受する「理解するプロセス」とに整理している。読書の歴史を問うためには、書物と読者をつなぐ存在、たとえば流通機構や読書の場、仲介者とそのネットワークなど、「あいだ」の部分にも注意を払いながら、「たどりつくプロセス」と「理解するプロセス」をさらに細分化して検討していくことが不可欠であると和田は指摘する。[26]

　児童雑誌と読者をつなぐ存在として重要なのがキリスト教ネットワークである。19世紀後半に日本で開始されたプロテスタント伝道は、教育、出版、医療などの事業をともなって展開していった。[27] 滑川道夫が最晩年に組織した研究会の成果として１９９５（平成７）年に刊行された『日本のキリスト教児童文学』では、「近代日本の児童文学…（中略）…その根底をなす児童観に思想的な飛躍を与えたのは、欧米より舶来した近代的児童観であり、その近代的児童観の背景には、確固としてキリスト教信仰ないしキリスト教精神があった」として、「〈キリスト教児童文学〉――キリスト教の〈信仰〉に基づくかまたはその〈精神〉に立脚して書かれた児童文学は、日本児童文学に重要な意味を持っている」[28]と近代日本の児童文学史におけるキリスト教の重要性を強調している。

　宣教師らは伝道の手段のひとつとして、キリスト教書籍やトラクトと呼ばれる伝道用小冊子を大量に翻訳・出版しただけでなく、教育の場ではしばしば英米の児童書や雑誌を用いた。[29] また、キリスト教新聞『七一雑報《しちいちざっぽう》』やキリスト教主義の女性啓蒙雑誌『女学雑誌』などでは、子どもを対象とした読み物が早い時期から掲載されていたことや、[30] 日本人キリスト者による翻訳の児童書の存在なども指摘されてきた。[31] 尾崎るみ『若松賤子：黎明期を駆け抜けた女性』(港の人、２００７)では、キリスト者であり『小公子』の翻訳者としても知られる若松賤子が、ミッション・スクールでどのような教育を受け、どのように英米の児童文学を受容・翻訳していったかが丹念に描き出されている。

つまり、宣教師らは福音の伝播者であったと同時に、子どもを対象とした読み物の仲介者でもあったのである。宣教師が書籍や雑誌を選択し、それを日本人へ手渡し、さらに日本人を中心に翻訳が行われたのちに子どもたちのもとに届くという流れがそこにはあった。そしてその背景には宣教師の派遣団体をはじめとした本国の組織があり、組織を経由して多くの賛助者からの物的・金銭的な支援があったことも忘れてはならない。

アンドレ・ルフェーヴル(André Lefevere)は、「翻訳」は単独で分析することはできず、文学とそれを生産し、支持し、広め、反対し、検閲する人々の全体的なシステムの一部として研究されるべきだと述べる。[32]そして、そのシステムの統制要因のひとつとして「文学を読んだり、書いたり、リライトすることを促進したり妨げる権力(個人、制度)」[33]である支援者(Patronage)の存在を指摘している。ジョン・T・P・レイ(John T. P. Lai)は、支援者としての聖教書類会社(Religious Tract Society)の役割に注目しながら、宣教師が翻訳を通して中国にキリスト教を伝えていった過程を明らかにしている。[34]日本の場合は圧倒的多数をアメリカからの宣教師が占めていたことを考えると、[35]とくにアメリカに本部を置くキリスト教系諸団体の役割にも目配りする必要がある。

キリスト教ネットワークと同時に、児童文学の仲介者として重要な役割を担ったのが文部省を中心とした教育関係のネットワークである。

明治政府は国民教育を普及させることを喫緊の課題としたが、橋本美保によると文部省は西洋諸国の中でもとくにアメリカの教育に関する情報の獲得につとめたという。お雇い外国人や留学生をはじめとした日米間の人的交流のみならず、アメリカからの教科書や教育雑誌など、さまざまな書籍・雑誌の輸入・翻訳も活発に行われた。[36]

川戸による一連の研究で明らかにされてきたように、輸入され主に官立学校などで用いられた英語教科書を経由して、マザー・グースやアンデルセン童話など外国児童文学作品がもたらされた。[37] 府川源一郎の研究でも、英語教科書やアメリカの道徳的な読み物を典拠に明治初期の子ども向け翻訳啓蒙書がつくられ、その後国語教科書へ影響を与えたことが明らかになっている。[38]

これらの成果をふまえると、教科書のみならず〈胎動期〉の児童雑誌についてもまた、文部省経由の書籍・雑誌の輸入や人的交流が日本の児童雑誌に与えた影響もまた見逃せない。

したがって、本書で検討していくべきなのは、キリスト教と教育関係、ふたつのルートから、子どもの読み物が日本に入り、そして翻訳・編集を経て児童雑誌が誕生し、日本に住む子どもたちに届けられ、そして読まれるまでの流れである。具体的には、〈胎動期〉の児童雑誌が成立に至るまで、どのような文献がどういった支援者によってもたらされ、どう編集されたのか。そうして誕生した児童雑誌が子どもの読書文化をどのように形づくったのかについて、「つくられる」過程、「届けられる」過程、「理解される」過程の三つの観点から論じていく。こうした観点から〈胎動期〉の児童雑誌の成立過程を捉えなおすとき、書物を仲介し「翻訳」するという行為は、二次的な行為としてではなく、国境を越えて書物をもたらし新たな読者集団を形成していく創造性に富んだ活動として捉えられよう。

具体的な視角として、「つくられる」過程では雑誌の関係者がなぜ雑誌を創刊することが可能であったのか、資金の調達方法や支援のあり方、参照した西洋の書物や雑誌の入手方法や翻訳・編集の特色などを分析する。「届けられる」過程では、その雑誌をどのような方法で読者のもとへ届けようとしたか、流通の方法、仲介者の存在や対象者の識字の問題にも目配りしながら検討する。さらに、読者が雑誌をどのように読んでいたのか、雑誌に掲載された投書ではなく雑誌本体に遺された書き入れを分析することで「理解される」過程を明らかにする。子どもの「読書」がどのように捉えられていたかについても言及したい。

第4節　史料

本書で扱う基本的な史料として、まず雑誌そのものが挙げられる。本書が対象とする児童雑誌については、現存する数が限られるため、可能な限り実物に目を通し、そこに遺された書き入れなども史料として用いた。また、それらがどのような外国書籍・雑誌からどのように影響を受けて編集されていたのかを分析するため、同時期にアメリカで発行されていた書籍・雑誌と適宜比較・対照を行う。

長尾宗典は雑誌研究の課題として、「雑誌の編集・発行・流通・受容に至るそれぞれの過程を、関連する他の文書史料や他誌との関係性も含めて解明することで、雑誌が登場する背景とともに、その雑誌が構成していた言論空間ないし情報空間を可能な限り再現していくこと」[39]を挙げている。これまで児童雑誌はその研究手法の如何に関わらず、論説・小説の内容や、あるいは投稿文、またそれらはいかなる子ども観やイデオロギーに裏打ちされたものであったかといった、「誌面に書かれた内容」に対してはさまざまな角度から検討されてきた。それに対し、いかにつくられたか、とくにどのように資金や資料の調達手段や、読者を獲得するための方策など、必ずしも誌面に反映されない事柄については史料的な制約もありあまり注意が払われてこなかった。こうした点を克服するため、編集者の手記や読者の回想などの史料を発掘していく必要がある。

そこで、本書では未刊行史料を積極的に活用した。多く活用したのは、宣教師が本国に宛てた書簡や、各宣教組織・団体の年次報告や機関誌などである。すでに翻訳がなされている書簡や年次報告についてはそれらを積極的に活用した。また各教会に残された受洗録や会計記録、それから卒業した学校に残された学籍簿や教員会議の議事録、回想録なども用いた。

第5節　構成

最後に、本書の構成について述べておく。第1章・第2章では、キリスト教の伝道と関連組織の支援を受けて誕生した日本の子ども向け読み物と児童雑誌を扱う。**第1章**では宣教師による文書伝道と、キリスト教伝道にともなって日本にもたらされたイギリス児童文学「ピープ・オブ・デイ」(*Peep of Day*) シリーズの翻訳についてみていく。続く**第2章**では1876(明治9)年に創刊された『よろこばしきおとづれ』について、「日本最初の児童雑誌」ともいわれるこのキリスト教児童雑誌がどのように資金を得てどのように編集されていたのか、アメリカ・中国の児童雑誌やキリスト教関係団体の報告書や書簡に基づいて明らかにする。

第3章では、キリスト教の影響を受けつつも、組織による支援から独立した1886(明治19)年創刊の児童雑誌『ちゑのあけぼの』を分析対象とする。この雑誌については先行研究が限られているばかりでなく、関係者についても多くが著名な人物ではないため、まず関係した絵師についても分析し、次に編集人らが雑誌に携わることになった経緯について論じる。さらに、『ちゑのあけぼの』の編集の方針やキリスト教との関係について、第2章で分析した『よろこばしきおとづれ』の誌面作りと比較しながら考察を行う。

第4章は、「本格的少年雑誌の嚆矢《こうし》」として知られる『少年園』の創刊期を中心に、外国雑誌、とくにアメリカの児童雑誌『セント・ニコラス』（*St. Nicholas*）との関係性に注目して分析を行う。まず当時の日本における『セント・ニコラス』の購読状況や、『少年園』関係者による『セント・ニコラス』をはじめとした外国雑誌の入手経路について確認する。次に、『少年園』と『セント・ニコラス』の誌面を比較・対照することで、『少年園』がどのように『セント・ニコラス』を受容していたかを明らかにしたうえで、近代日本の児童雑誌の誕生に外国雑誌が果たした役割について、書物の流れという観点から捉えなおしていく。

第4章までは、〈胎動期〉から〈創始期〉のはじめにかけて編まれた児童雑誌が、どのような雑誌との相互関係の中で誕生してきたかという、「つくられる」過程および読者に「届けられる」過程を中心に考察するものである。第5章以降は、「理解される」過程に重点をおいて分析する。

第5章では改めて『少年園』の読者とその実態について検討する。投書の分析によって読者の実態に迫ろうとした研究はこれまでもなされてきたが、雑誌に掲載された投書は、あくまで雑誌表現の一部であり、編集者によって加工されている事例も少なくない。そこで本書では、読書実態に迫るための史料として、雑誌本体に遺された書き入れを用いる。読者による書き入れを復元し、分析することを通して、当時の読者たちがどの記事をどのような思いで読んだのか、またその書き入れは雑誌の価値をどのように変容させたのかを具体的に明らかにする。

最後に**第6章**では、読書する偉人二宮金次郎《にのみやきんじろう》の表象の形成過程を追うことで、当時子どもが本や雑誌を読むことがどのように考えられていたか、またそれは江戸期から明治期に至る過程でどのように変容したのかを明らかにするとともに、読書の方法の変容についても考察する。

終章では、本論で明らかになったことを整理したうえで、残された課題と今後の見通しについて述べる。

注

1　木村小舟『少年文学史　明治篇　別巻』童話春秋社、1943、3頁。
2　吉村冬彦『冬彦集　続』岩波書店、1932、386頁。
3　Frederic G. Melcher, "Booksellers in Japan and Their Buying", *Publishers Weekly*, June 14, 1947, pp. 2932-2936.
4　石井研堂「明治初期の少年雑誌」『太陽：明治大正の文化』33（8）、博文館、1927・6、413頁。
5　木村小舟『少年文学史　明治篇　上下』改訂増補、童話春秋社、1949〜1951。
6　続橋達雄『児童文学の誕生：明治の幼少年雑誌を中心に』桜楓社、1972、2頁。
7　フィリップ・アリエス著、杉山光信・杉山恵美子訳『〈子供〉の誕生：アンシァン・レジーム期の子供と家族生活』みすず書房、1980。
8　『群像』35（1）、講談社、1980・1、368〜382頁（『日本近代文学の起源』講談社、1980所収）。
9　成田龍一「『少年世界』と読書する少年たち：1900年前後、都市空間のなかの共同性と差異」『思想』845、岩波書店、1994・11、193〜221頁、E・H・キンモンス著、広田照幸他訳『立身出世の社会史』玉川大学出版部、1995、竹内洋『立身出世主義：近代日本のロマンと欲望』日本放送出版協会、1997、木村直恵『〈青年〉の誕生』新曜社、1998、今田絵里香『「少女」の社会史』勁草書房、2007など。
10　鳥越信「児童文学研究における「雑誌」の位置」『国際児童文学館紀要』創刊号、大阪国際児童文学館、1985、2〜17頁。
11　児童雑誌の復刻としての早い例は1979（昭和54）年の『赤い鳥』（日本近代文学館）であり、その後『少年園』（不二出版、1988）、『少年世界』（名著普及会、1990〜1991）、『穎才新誌』（不二出版、1991〜1993）、『小国民』（不二出版、1998〜1999）、『日本之少年』（柏書房、2010〜2011）、『幼年雑誌』（柏書房、2011

～２０１２）などが続いた。

12 前掲石井、４１３頁。

13 前掲書木村直恵、２８２～２９５頁。

14 鳥越信編著『はじめて学ぶ日本児童文学史』ミネルヴァ書房、２００１、６頁。

15 向川幹雄『日本近代児童文学史研究Ⅰ：明治の児童文学（上）』兵庫教育大学向川研究室、１９９９、30～67頁。

16 桝居孝編著『日本最初の少年少女雑誌『ちゑのあけぼの』の探索：「鹿鳴館時代」の大阪、京都、神戸』かもがわ出版、２０１１、30～31頁。

17 大澤聡「「編輯」と「綜合」：研究領域としての雑誌メディア」吉田則昭・岡田章子編『雑誌メディアの文化史』森話社、２０１２、42～47頁。

18 上笙一郎「二つの児童文学について：芸術的児童文学と大衆的児童文学」『日本児童文学の思想』国土社、１９７６、８～24頁。

19 上笙一郎「〈宗教児童文学の構図〉：神道・仏教・キリスト教系の児童文学」日本児童文学学会編『児童文学の思想史・社会史』東京書籍、１９９７、１１４頁。

20 上笙一郎「〈東の嘉志子〉と〈西の佳志子〉」（日本児童文学学会・冨田博之・上笙一郎編『日本のキリスト教児童文学』国土社、１９９５、79～94頁）では、『世を渡るたつきの風琴』がウォルトン（Amy Catherine Walton）の *Christie's Old Organ* の翻訳であること、訳者は澤山保羅の妻の妹である田島佳志子であることなどを指摘している。

21 前掲鳥越編著、６頁。

22 同右、１～15頁。

23 川戸道昭「外国文学との出会い」川戸道昭・榊原貴教編著『図説翻訳文学総合事典』1、大空社、2009、35頁。
24 永嶺重敏『モダン都市の読書空間』日本エディタースクール出版部、2001、iii〜iv頁。。
25 永嶺重敏『〈読書国民〉の誕生:明治30年代の活字メディアと読書文化』日本エディタースクール出版部、2004、vi頁。
26 和田敦彦「第1章　読書を調べる」『読者の歴史を問う:書物と読者の近代　改訂増補版』文学通信、2020、12〜30頁。
27 吉田亮「総合化するアメリカン・ボードの伝道事業:日本進出期の教派協力、教育、出版活動を対照して」同志社大学人文科学研究所編『来日アメリカ宣教師:アメリカン・ボード宣教師書簡の研究 1869〜1890』現代史料出版、1999、1〜53頁。
28 冨田博之・上笙一郎「まえがき」前掲書『日本のキリスト教児童文学』、1頁。
29 内藤知美「初期児童文学と外国婦人宣教師」前掲書『日本のキリスト教児童文学』、65〜78頁。
30 石澤小枝子「児童文学の観点から見た「女学雑誌」」『フランス児童文学の研究』久山社、1991、273〜326頁、濱澤譲二「明治初期の児童文学:『七一雑報』における児童向け読み物」『児童文学研究年報』5、兵庫教育大学向川研究室、1991、58〜73頁、勝尾金弥「『七一雑報』の子ども読み物」前掲書『日本のキリスト教児童文学』、34〜48頁、中川理恵子「『基督教新聞』における「小児之話」欄について:子どもを対象にした話の出発点を考える」『白百合児童文化』7、1996・9、141〜161頁など。
31 勝尾金弥「小波に先行する〈童話〉の試み:田村直臣の「童蒙」訳業」『児童教育学科論集』21、愛知県立大学文学部児童教育学科、1988・3、14〜22頁。
32 André Lefevere, "Why Waste Our Time on Rewrites? The Trouble with Interpretation and the Role of Rewriting in an Alternative Paradigm," Theo Hermans ed., *The Manipulation of literature: studies in literary translation*, London: Croom Helm,

1985, pp. 215-243.

33 André Lefevere, *Translation, Rewriting and the Manipulation of Literary Fame*, London: Routledge, 1992, pp. 14-15.

34 John T. P. Lai, *Negotiating Religious Gaps: The Enterprise of Translating Christian Tracts by Protestant Missionaries in Nineteenth-Century China*, Sankt Augustin: Institut Monumenta Serica, 2012.

35 小檜山ルイ「近代日本におけるキリスト教と女性」日本キリスト教文化協会編『近代日本にとってのキリスト教の意義：明治１５０年を再考する』教文館、２０１９、１４１～１４３頁。

36 橋本美保『明治初期におけるアメリカ教育情報受容の研究』風間書房、１９９８。

37 川戸道昭・榊原貴教編『明治の児童文学：翻訳編』五月書房、１９９９、同編『児童文学翻訳作品総覧：明治大正昭和平成の１３５年翻訳目録』ナダ出版センター、２００５～２００６など。

38 府川源一郎『明治初等国語教科書と子ども読み物に関する研究：リテラシー形成メディアの教育文化史』ひつじ書房、２０１４。

39 長尾宗典「史料としての雑誌：保存と活用のための論点整理」『メディア史研究』39、２０１６・2、26～42頁。

第1章　キリスト教伝道と子どもの読み物

第1節　伝道の開始とトラクト

19世紀なかば、欧米の諸教会、諸教派から次々に宣教師が日本へ派遣された。この条約では外国人居留地での宗教活動の自由は保障されたからである。とはいえ、1873（明治6）年2月にキリシタン禁制の高札が撤去されるまでは目立った活動は難しかった。[1] そこで、プロテスタントの宣教師らは施療所や英学塾を開くことで日本人に接するかたわら、日本語を学びながら、文書伝道の準備を行うことにした。[2] 日本へ新たに派遣される宣教師らのためにもなるよう、米国オランダ改革派教会（Dutch Reformed Church in America）のS・R・ブラウン（Samuel Robbins Brown）は1863（文久3）年に『日本語会話』を、長老派教会（Presbyterian Church）のJ・C・ヘボン（James Curtis Hepburn）は1867（慶応3）年に和英辞書『和英語林集成』を、それぞれ上海にあった長老派の印刷所である美華書館（American Presbyterian Mission Press）を利用して印刷・出版した。さらに、トラクトやキリスト教書籍をとりよせ、日本人にひそかに配布するとともに、その日本語訳に励むことになった。

彼らにとって思いがけず役に立ったのは、中国伝道で用いた漢文のキリスト教書籍類であった。こうした事情を、フルベッキ（Guido Verbeck）は以下のようにあらわしている。

漢訳の聖書および他のキリスト教文献が、非常に多く流布された。これらの文献は大部分、上海と香港にあった長老教会ミッションおよびロンドン・ミッションの印刷所から得られたものだった。これらの書物をあらわした信仰者たちは、中国の救いのために働いていたのであるが、ペンの先の二つあるペンで書くことによって日本のためにも働いていたのだということは、ほとんど気付くことはなかった。彼らが知らないでした働きは、神の摂理によって二重の祝福を受けたのである。[3]

実際に、香港からアメリカ経由でイギリスに戻る際、1860年4月上旬から6月なかばまで日本に滞在したイギリス国教会のジョージ・スミス（George Smith）は、中国語のキリスト教書籍を持参し、横浜で1000冊ほど配布した。スミスは自身の滞在記で「役人は日本語で訳された書物を、偏見をもって見るのとは違って、漢籍の場合は色めがねで見なかったので、おそらく漢訳の聖書や中国語で書かれた小冊子や書物は、ここしばらく、日本人に宗教上の真理をつたえるのに役立つ、唯一の伝達手段となることでしょう。教養のある日本人ならだれでも、漢字を読むことができる」[4]と述べている。キリスト教伝道が公認されないなか、漢訳聖書や中国語のトラクトならば役人の目を逃れることができ、知識人らがそれらを読みこなせることに気がついた宣教師らは、漢訳聖書や『天道溯原』など中国語のトラクトも大いに活用することにした。

しかし、これらの漢訳聖書などを読めるのは日本のごく一部に過ぎないことに宣教師らは気づきはじめた。ヘボンは「国民の大衆――多分一〇〇分の九五までは漢文の聖書を読むことができません。この国の人口のどの割合までが漢文の書物を読みうるか正確に言えません。しかし上に述べた割合でさえ過大評価にすぎるとわたしは考えます」[5]と述べ、平易な日本語で書かれたトラクトが必要だと考えた。そこでヘボンは中国派遣宣教師マッカーティー（Divie Bethune MacCartee、麦嘉締）の著した漢文トラクト『眞理易知』を和訳し、ひそかに横浜で版木を作らせ美華書館で印刷した。1867年に刊行されたこの冊子は日本で最初のトラクトとなった。[6]ある信者が幼少期に『眞理易知』を「子供心に一生懸命之を繰返し」読むことで信仰に至ったと回想しているように、[7]このトラクトの読者には子どもも含まれていた。

1872（明治5）年には「学制」が発布され、立身出世のための教育や学問の重要性が認識されると、学問熱が高まりをみせ、福澤諭吉『学問のすゝめ』や中村正直『西国立志編』などの翻訳啓蒙書がよく読まれるようになり、初期の小学校教科書としても用いられるようになった。[8] こうした学問熱・英学熱の高まりと、1873（明治6）年のキリシタン禁制の高札の撤去によって、西洋文化の窓口としてキリスト教に接近する人々も増加した。集会や日曜学校も設けられるようになると、子どもを対象にしたトラクトもさらに増えた。

ヘボンとその日本語助手であった奥野昌綱は子ども向けの信仰問答書である『さいはひのおとづれ　わらべ手びきのとひこたへ』を発行するが、これは1873（明治6）年ごろのものとされ、日本で最初の子ども向け信仰問答である（**図1―1**）。

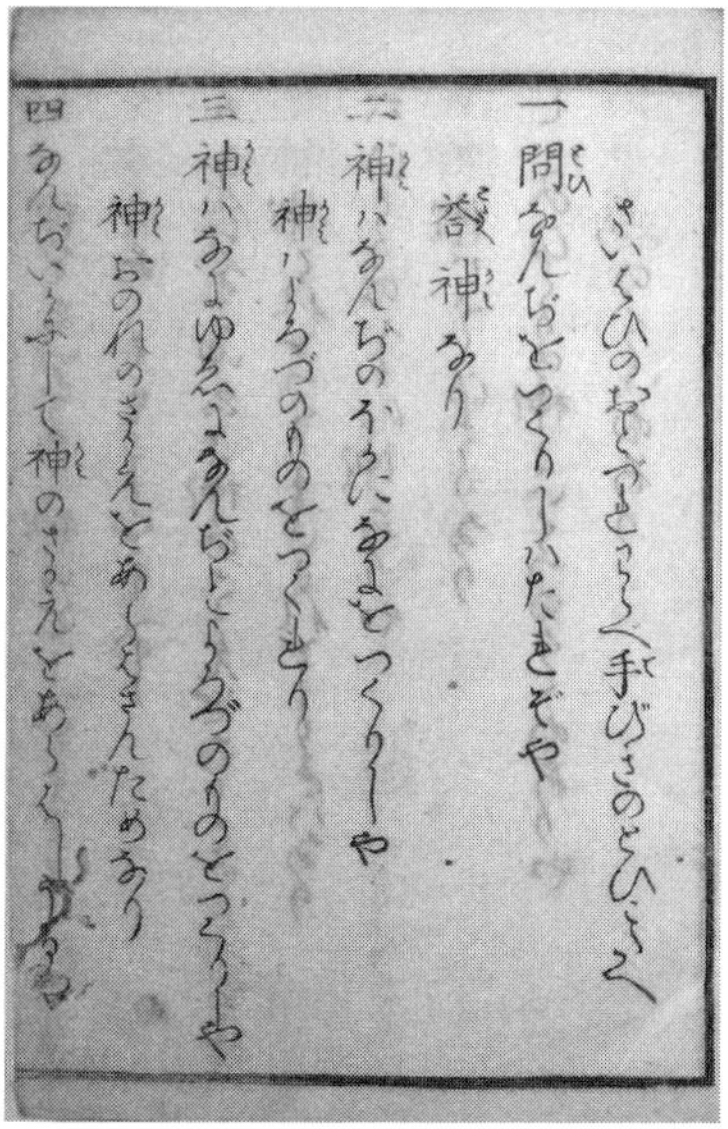

図1-1　『さいはひのおとづれ　わらべ手びきのとひこたへ』（横浜市立中央図書館所蔵、国文学研究資料館近代書誌・画像データベース）

また、関西を拠点に伝道を行っていたアメリカン・ボード（American Board of Commissioners for Foreign Missions）派遣宣教師J・D・デイヴィス（Jerome Dean Davis）もまた、『眞の道を知るの近路』を1873（明治6）年夏、有馬での避暑中に執筆し、翌年発行に至った。[9] このトラクトは、「夫れ世の中に神様々々と人々の敬ひなさる神様は数多御座りますれど其実を御噺しいたしまするに信実誠の神様ハ只一人で御座ります」

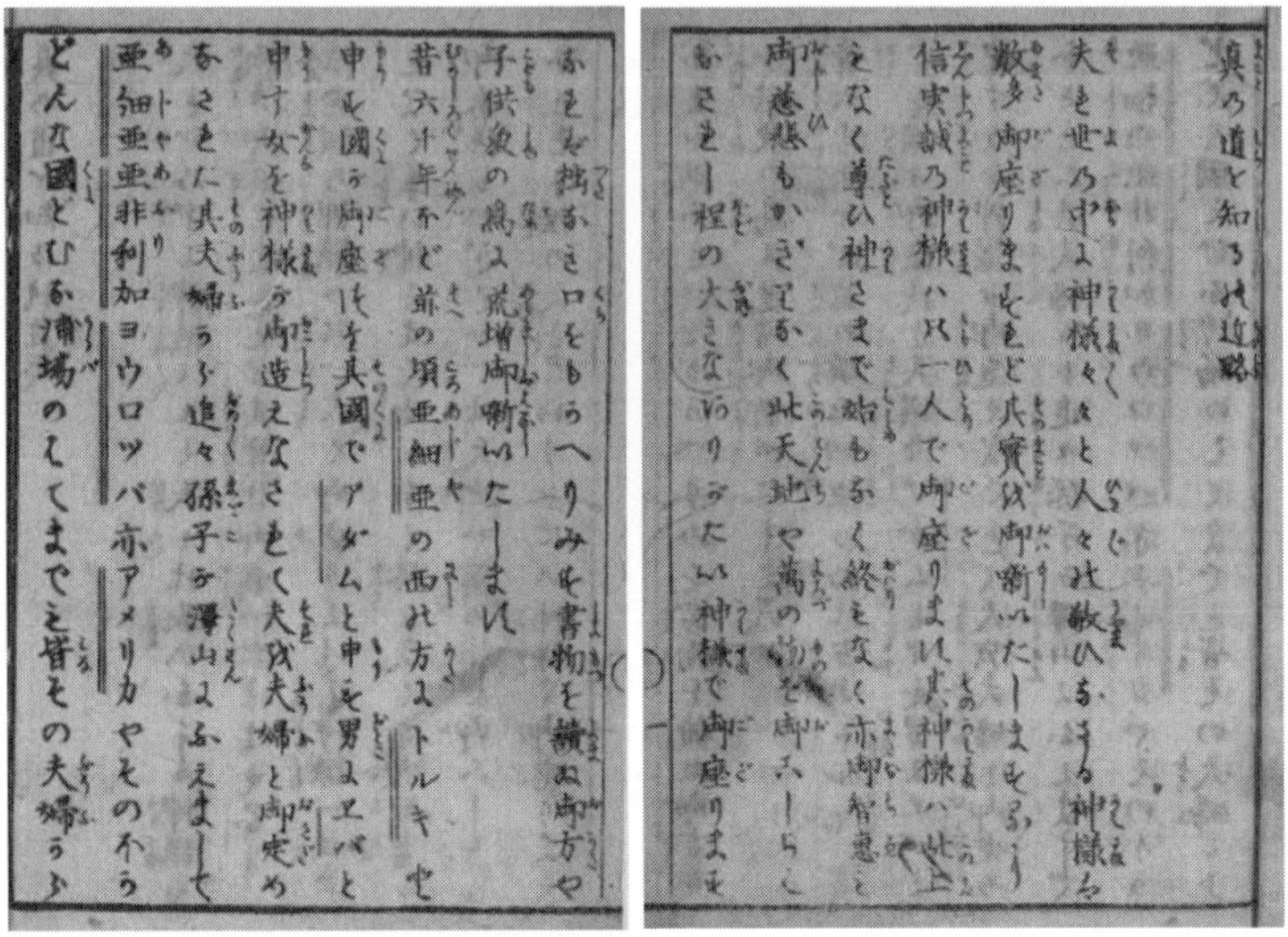
図1-2　『眞の道を知るの近路』（同志社大学所蔵）

とはじまり、「其神様ハ…（中略）…大きなありがたい神様で御座りますれば拙なき口をもかへりみず書物を読ぬ御方や子供衆の為に荒増御噺いたします」とあるように、子どもを含む漢字が読めない人を対象としたトラクトであり、ふりがながふられている（図1―2）。

さらに注目すべきことに「ノンフィクションの分野で、ヴィクトリア時代の子どもの宗教的な作品でひじょうに人気があった」[10]といわれるイギリス児童文学もこの時期に宣教師らによって日本に紹介されていたのである。そのイギリス児童文学は、「モーティマー夫人」として知られるファベル・モーティマー（Favell Lee Mortimer）が著した「ピープ・オブ・デイ」（*The Peep of Day*）シリーズである（図1―3）。[11] このシリーズは子どもに神や聖書の歴史をわかりやすく説明した作品である。

児童雑誌に先立って刊行された「ピープ・オブ・デイ」シリーズとその翻訳は、キリスト教ネットワークを介した児童書の流入過程を知る格好の作品群である。本章ではこのシリーズがどのように日本へもたらされたか、ま

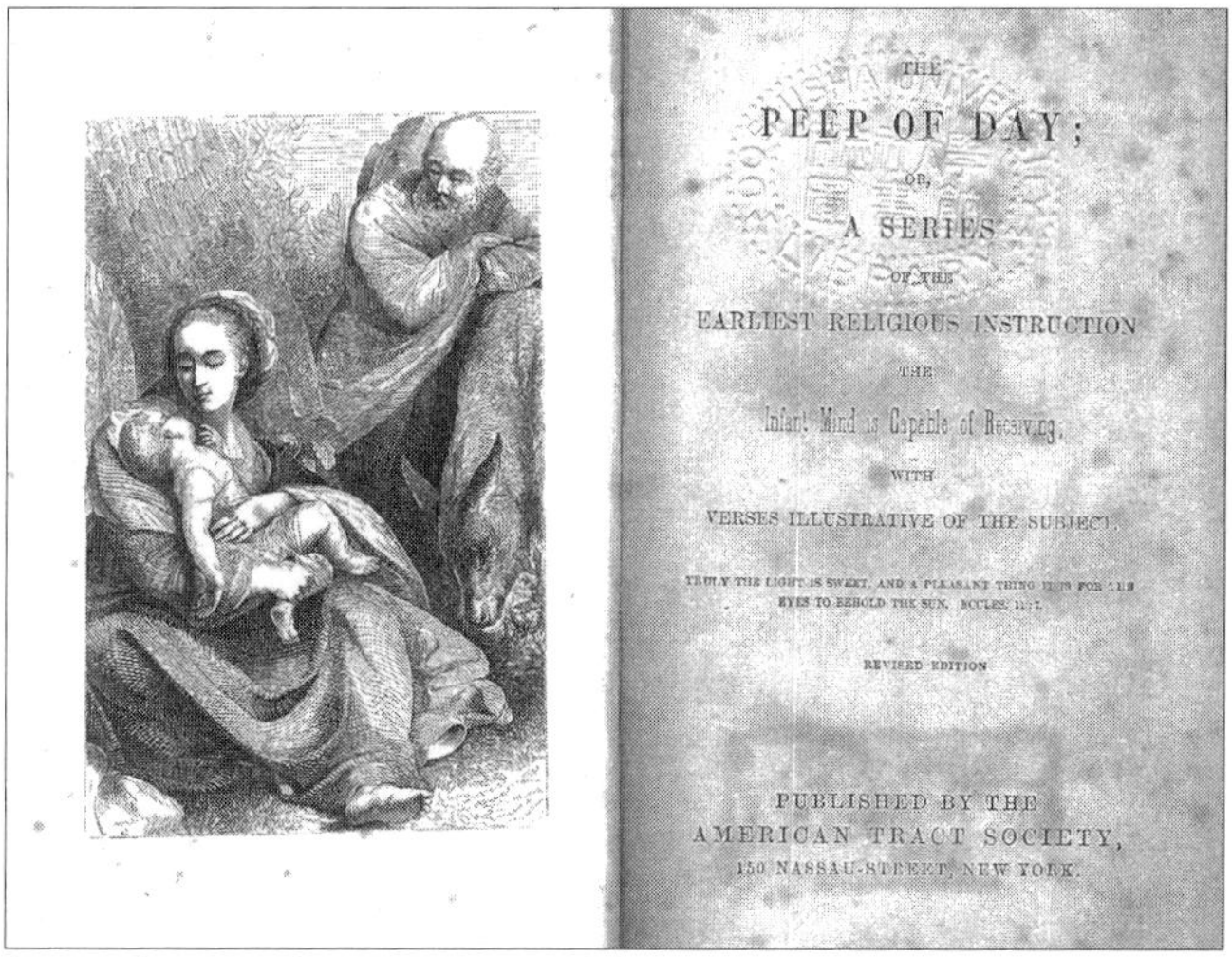

図 1-3　*The Peep of Day; or a Series of the Earliest Religious Instruction the Infant Mind Capable of Receiving with Verses Illustrative of the Subject*, New York: American Tract Society, 18--.（同志社大学所蔵）（口絵❶）

たどのように翻訳されたのかをアメリカからの援助のあり方も含めて検討する。この作業によって、イギリス児童文学がキリスト教ネットワークによって日本へ「届けられる過程」をまず解明していくこととする。

第2節　「ピープ・オブ・デイ」シリーズと日本での受容

(1)　イギリス児童文学史におけるモーティマー

ファベル・モーティマー、旧姓 Favell Lee Bevan は1802年にロンドンのラッセルスクエアで、銀行員の娘として生まれた。家族はクエーカー教徒であったが、25歳のときに福音主義に転向した。1827年からは父がフォスベリーに設立した教区学校で子どもたちに聖書を教えはじめ、この経験をもとに記した『ピープ・オブ・デイ』を1833年ロンドンのハッチャーズ社（Hatchards）から刊行した。[12]

モーティマーの活躍した19世紀なかばは、イギリス児童文学の黄金期ともいわれ、すでに教訓性を脱して純粋に子どもの楽しみを目指した児童文学も誕生しつつあった。チャールズ・キングスリー（Charles Kingsley）『水の子』（1863）やジョージ・マクドナルド（George MacDonald）『北風のうしろの国』（1871）など、キリスト教の立場からファンタジーを描いた作品も登場した。しかしモーティマーの作品はあくまで道徳的な立場をとり、日曜学校運動を背景に活躍した18世紀以来のサラ・トリマー（Sarah Trimmer）やメアリ・シャーウッド（Mary M. Sherwood）の立場を継承するものであった。[13]

モーティマーの作品の中で最もよく読まれたのは『ピープ・オブ・デイ』である。これは、4歳から6歳程度の子どもを対象にわかりやすく聖書の歴史や物語を説いたもので、『ライン・アポン・ライン』（*Line upon Line*）と『プリセプト・アポン・プリセプト』（*Precept upon Precept*）はその続編である。ほかにも文字教本や地理書などの子ども向けの作品がある。

これらの作品の特徴のひとつは、あたかも教室で教師が生徒に尋ねるように、子どもたちへ問いかけたり、語りかけたりする文体にある。また、子どもたちに知識を問う文が挿入されたり、讃美歌が挿入されたりすることもあるため、子どもが自分で読むだけでなく、母親が子どもと一緒に読んだり、教区学校で教師がテキストとして活用したり、あるいは日曜学校のご褒美としても用いられた。子どもたちに神への畏怖の念を抱かせることが目的のひとつであったために、ときにその表現は残酷であった。たとえば罪人が地獄の業火で焼かれ歯ぎしりをして泣き叫ぶ描写などが含まれていたため、むごすぎると批判を受けることもあったが、そうした残酷な表現と神の愛についてのあたたかみのある表現が対比されることが魅力のひとつであったといわれる。[14]

現在日本語で読めるモーティマーの作品は複数の地理書の抄訳『モーティマー夫人の不機嫌な世界地誌：可笑しな可笑しな万国ガイド』ぐらいであり、[15]日本ではほぼ忘れられた存在であるが、19世紀の日本伝道において、モーティマーの作品は重要な役割を果たしていたのである。

(2)　日本における「ピープ・オブ・デイ」シリーズの受容

『ピープ・オブ・デイ』は1833年に刊行され、1838年には5版が出版されるなど、イギリスで人気を博したのち、1863年から1901年の間に少なくとも37の言語や方言に翻訳されたという。日本伝道の参考となった中国においても、『暁初訓道』（1862）、『正道啓蒙』（1864）、『訓児眞言』（1867）と、複数の翻訳が発行されていたことからもわかるように、海外宣教に役立つものとしてひろく世界中で翻訳された。[16]

日本でもキリスト教禁止の高札が撤去された1873（明治6）年ごろから「ピープ・オブ・デイ」シリーズが活用されたものとみられる。アメリカン・ボードから最初に派遣された独身女性宣教師のひとりであるタルカット（Eliza Talcott）は、1873（明治6）年12月16日付の書簡で以下のように報告している。

3週間前に学校ができ、生徒はいま17名います。生徒の多くは英語のリーディングや裁縫を学びに来ています…（中略）…ある22歳の女性は若いクリスチャンの妻で、学校に来ないかと尋ねましたが、あまり時間がなく英語はとても難しいのでできるだけ聖書の勉強に時間を使いたいとのことでした。英語の教科書として『ピープ・オブ・デイ』を使うと私が説明すると、彼女は学校に出席することを決めました。[17]

タルカットらは神戸花隈村前田兵衛方で1873（明治6）年10月ごろから教育活動を開始した。[18] 石井紀子によると、この「神戸ホーム」ではこの学校が開始された1873（明治6）年からカリキュラムが改革される

1878（明治11）年まで、『ピープ・オブ・デイ』が定番の英語教科書として使われたという。[19]

一方、1873（明治6）年8月に熊本洋学校に入学した坂上竹松の旧蔵書にも『ピープ・オブ・デイ』が含まれていることが、竹内力雄によって明らかにされている。熊本洋学校の教師であったジェーンズ（Leroy Lansing Janes）は、長崎のヘンリー・スタウト（Henry Stout）から聖書やトラクトを取り寄せ、生徒たちへ配布していたというから、[20]この『ピープ・オブ・デイ』もまた、長崎のスタウト経由でジェーンズ、そして坂上のもとへ届いたものとみられる。

さらに1876（明治9）年のミッションの年次報告によると、E・T・ドーン（Edward Topping Doane）がポナペ島から京都へ着任し、同志社英学校で『ライン・アポン・ライン』および『プリセプト・アポン・プリセプト』を用いて英語のできる生徒に旧約聖書を教えはじめた。[21]ところが余科（神学科）の生徒たちは、すでに熊本洋学校でジェーンズの授業を英語で受けてきていた。ドーンが「南洋の裸の島民を取扱つた手心で我々を扱」い、旧約聖書の授業はひたすらテキストの暗誦であったことは彼らには受け入れがたく、「熊本から来た我々が承認する筈はなかつた」[22]と熊本バンドのリーダー格であった小崎弘道は回想している。神学の専門的な講義を期待した熊本バンドの生徒にとっては、子ども向けの信仰入門書が教材として用いられたことが大きな不満の種だったようである。[23]

ただ、キリスト教についてまったく知らず、英語もできない者にとっては「ピープ・オブ・デイ」シリーズは有効な教材であった。小崎らと同じく同志社英学校1期生の本間重慶の許嫁であった本間春は「イエスについては全く無知な状態」[24]で1877（明治10）年4月に同志社女学校へ入学した。本間春は、A・J・スタークウェーザー（Alice Jannette Starkweather）からオルガンの手ほどきを受け目覚ましい上達をみせた。さらに「イエス様について聞くすべてのことを吸収し、勉強面でも素晴らしい成果をあげ、*The Peep of Day* もちゃんと」読んでいるとスタークウェーザーは誇らしげに春の様子を本国に報告していた。[25]「ピープ・オブ・デイ」シリーズが活用された例は、熊本・京都だけでなく、横浜でも確認される。クララ・ヘボン（Clara Mary Hepburn）の学校では、ジェーン・ルーミス（Jane Herring Loomis）が毎週金曜日の朝12人の少女に讃美歌や『ピープ・オブ・デイ』のレッスンをしていたという（１８７４年12月4日付書簡[26]）。ジェーンは結婚前、オワスコアウトレット（Owasco Outlet Dutch Reformed Church）の女学校で働いていたというから、[27]少女の教育は得意分野だったのだろう。

また米国女性一致外国伝道協会（The Woman's Union Missionary Society of America for Heathen Lands）[28]から派遣され共立女学校で教鞭をとっていたリディア・ベントン（Lydia Benton）は、１８７５（明治8）年に日本でＪ・Ｃ・バラ（James C. Ballagh）と結婚し、クララ・ヘボンから住吉町小学校を引き継いだが、この学校でもまた、毎週水曜日は讃美歌や裁縫に加え、『ピープ・オブ・デイ』を1章ずつ読んでいたことが報告されている。[29]

以上みてきたように、とくに年少者や初学者を対象とした宣教師らの教育活動に「ピープ・オブ・デイ」シリーズは頻繁に用いられていた。さらに、特定の地域や教派に限定された使用ではなく、京都、熊本、横浜など複数の地で、またアメリカン・ボードや長老派など、異なる教派の宣教師らによって「ピープ・オブ・デイ」シリーズが活用されていたこともわかる。このことはすなわち、このシリーズの有効性が宣教師らにひろく理解されていたこと、また各地で「ピープ・オブ・デイ」シリーズを入手できる環境にあったことを示していよう。次項では宣教師らがどのように「ピープ・オブ・デイ」シリーズを入手していたのか、もう少し詳しくみていく。

(3) 米国聖教書類会社の役割

「ピープ・オブ・デイ」シリーズの入手経路を考えるとき手掛かりになるのが、日本に現存する「ピープ・オブ・デイ」シリーズの版元である。先にみたように『ピープ・オブ・デイ』は1833年にハッチャーズ社から刊行されるが、先述の坂上竹松旧蔵書および新島襄の旧蔵書コレクションである同志社大学社史資料センター新島旧邸文庫の『ピープ・オブ・デイ』は米国聖教書類会社（American Tract Society）発行である。ほかにも米国聖教書類会社発行のものは東京神学大学、北海道大学などに所蔵されていることから版元である米国聖教書類会社からまとまった冊数の「ピープ・オブ・デイ」シリーズが日本へ送付されたのではないだろうか。

米国聖教書類会社は、複数のトラクト出版社などが合併し、1825年にニューヨークで設立された組織である。1830年代には子ども用のトラクト・書籍も手掛けるようになり、19世紀なかばには、子ども用の書籍類だけで100万部以上を発行するとともに、子ども用の雑誌も発行するようになった。読者を世俗的な文学から救うためには、市場に出回っているほかのどの出版物よりも優れた魅力的な出版物を印刷することが不可欠だと考えたため、米国聖教書類会社の出版物は商業出版社の製品を凌駕する水準の挿絵を掲載したといわれる。[30]米国聖教書類会社で発行された子ども向けの出版物は西部開拓や海外伝道にも用いられた。アメリカでドイツ語、デンマーク語、ポルトガル語などのトラクトを発行したほか、海外伝道地にキリスト教文学を広めるための支援、具体的にはキリスト教書籍を発行するための資金や印刷機器の提供に加え、本国で発行されたキリスト教書籍を送り、それらを販売するための書店経営を援助するなどの活動がなされた。

日本で正式に米国聖教書類会社の委員会が組織されたのは1873（明治6）年のことである。各教派から選出された委員からなる委員会が組織され、初代の議長にはS・R・ブラウンが就任した。委員会では日本語に翻訳された書籍やトラクトを出版前に点検し、批評・承認を行う。そのうえで米国聖教書類会社に印刷費用等の適切な予算を求めるという手続きが定められた。米国聖教書類会社の援助を受けるトラクトは、教派にかたよらないものに限られた。[31]

高札撤去の前年ごろには複数の教派で聖書とキリスト教書籍を販売する書店設立の計画がもちあがっていた。これらの書店経営にあたっても、米国聖教書類会社の援助は不可欠であった。アメリカン・ボードから最初に日本に派遣された宣教師D・C・グリーン（Daniel Crosby Greene）は、1872年12月に神戸での聖書販売を日本の書店と契約したが、さらに自分たちで書店を経営しようと神戸の繁華街に一軒家を借りた。半分を礼拝堂、のこり半分を書店として運用すべく、グリーンが援助を求めたのが米国聖教書類会社であった。グリーンは米国聖教書類会社発行の書籍・トラクト類をカタログ価格の半値で卸す契約を交わすとともに、援助を受けた300ドルで美華書館発行のトラクトを購入、書店で販売することにした。さらに援助金はアメリカン・ボードで印刷・発行するトラクトの費用にもあてることになった。[32]

米国聖教書類会社の援助は、ここまでみてきたアメリカン・ボードのみならず、長老派の書店経営やトラクト発行に対しても行われた。そして、日本で最初の『ピープ・オブ・デイ』の翻訳は長老派の宣教師によって行われることになった。

第3節　『ピープ・オブ・デイ』の翻訳

(1)　カロザースと文書伝道

『ピープ・オブ・デイ』の翻訳を担ったのは、長老派の宣教師、C・カロザース（Christopher Carrothers）である。カロザースは妻ジュリア（Julia Carrothers）とともに、1869年7月に米国長老教会から日本へ派遣された。[33] ここでは長老派の本部および米国聖教書類会社へ宛てた書簡[34]を主な史料としながらカロザースが『ピープ・オブ・デイ』の翻訳に至った経緯についてみていきたい。

カロザースは1870年6月築地居留地6番地を落札、自分たちとタムソン（David Thompson）らのふたつの宣教師館を建てるが、この自宅に書庫兼販売所を併設した。カロザースは日本人に英語を教えつつ、自身も日本語を勉強するかたわら、キリスト教禁制下でありながら早くも1871年3月には聖書やトラクト類の販売を開始している（1871年3月18日付書簡）。さらにカロザースは翌年の1872年3月3日、以下のように本部へ書き送っている。

> 聖書やその他のキリスト教書籍が日増しに求められるようになっています。私はこのような本の書庫を自宅につくりました。最近米国聖教書類会社からたくさんの本を受け取りました。これらはちょうど販売が開始されるところです。このようにキリスト教書籍を流通させることは、とても重要な仕事だと私は考えています。というのも、まず真理とはなにかを知ることからはじまり、それからキリスト教の信仰へ導かれるはずだからです。[35]

翌月にもキリスト教書籍の売り上げが増えていること、中国語のトラクトの注文を受けたことを本部に報告しており（1872年4月20日付書簡）、販売は順調だったようである。カロザースはキリスト教書籍を頒布する基盤として書庫をつくったのち、自分でも翻訳を企画し日本語のキリスト教書籍の発行を目指していた。

カロザースは米国聖教書類会社へ以下の手紙を送り、トラクトの翻訳・出版に対する援助も求めた。

ここではすでに米国聖教書類会社の書籍に対する需要がかなりあります。この需要は、キリスト教が確固たる足場を築くまで、年々増加することは間違いないでしょう。もし米国聖教書類会社がその多くの貴重な書物の翻訳を出版すれば、それらは何百万人もの人々に買われ読まれることでしょう。日本人は大変読書家なのです。……（中略）……米国聖教書類会社は、日本人に合った作品の迅速な翻訳を奨励する必要があります。私はまもなく「ピープ・オブ・デイ」シリーズを印刷できるようにしますし、主要な巻の多くをすぐに翻訳することができます。……[36]

しかし1872年4月3日「銀座の大火」が発生、その翌日カロザース宅の台所ストーブの排気管から火が出て、宣教師館2棟の家財はすべて焼失した。[37] これによって、カロザース宅にあった販売用の書籍もすべて灰塵に帰した（1872年5月20日付書簡）。さらに、日本語教師とともに準備中であった書籍の翻訳原稿や辞書の原稿も燃えてしまったという。カロザースが本部に宛てた1872年6月19日付書簡には以下のように綴られている。

もうすぐ完成しかけていて、日本語の先生とともに心血を注いだ米国聖教書類会社の2冊の本、『ライン・アポン・ライン』と『プリセプト・アポン・プリセプト』の翻訳も燃えてしまいました。また、ヘボン氏の辞書とは異なる3000語を収録した辞書の原稿も同じ運命をたどりました。しかし覆水盆に返らずで、泣いても仕方ありません。

カロザースは『ライン・アポン・ライン』と『プリセプト・アポン・プリセプト』の翻訳原稿が燃えてしまったことを嘆くが、早くも『ピープ・オブ・デイ』だけでなくシリーズ3冊すべての翻訳を計画していたことは注目に値する。

カロザースはこの焼失によって生じた負債のため慶應義塾でお雇い教師として教えはじめるとともに、焼失した2棟の宣教師館の再建を急いだ。さらに、礼拝堂兼教場の小会堂およびキリスト教書籍の管理・販売のための石庫を改めて建設した。カロザースは二度と火事で書籍を焼くまいと、書庫の耐火性にはとくに気を配った。カロザースから受洗した原胤昭はこの販売所兼書庫について、「むちやに堅牢な石庫」で「二間に三間位な二階蔵、火を恐れて戸前口を小さく低く、カ氏の身丈けでは幾度も頭を打つた。二階の窓も小さかった」とその有様を回想している。[38] 本部には上海の美華書館から中国語のトラクトを送ってほしいと頼み、1873(明治6)年3月改めて書店を開業した。[39]

日本人にも外国人にも利用できるキリスト教書店にするため、Religious Book Depository と英語と漢字で入り口の上に彫りました。…(中略)…翻訳事業は目覚ましい進歩をしており、キリスト教書籍はコンスタントに売り上げを増やしています。私は『ピープ・オブ・デイ』を印刷する準備ができており、今は『ライン・アポン・ライン』の翻訳に取りくんでいます。この本のシリーズは日本人にとても人気があり、早いうちに日本語で出版されることが重要です（1873年2月6日付書簡）。

前節でみたように、たしかに「ピープ・オブ・デイ」シリーズはすでに日本に入ってきており、各地で活用されていた。ただし、カロザースが子ども向けのこのシリーズを翻訳しようと思ったのは、日本で人気があるという理由だけではなかったようである。

この時期の伝道の様子を伝える史料として、宣教師らの書いた報告書・書簡に加え、異宗徒掛諜者らの報告書がある。異宗徒掛諜者は明治政府の雇ったいわばスパイであり、信者として宣教師に近づき伝道の様子などを逐一報告した。[40] 諜者の中でカロザース周辺にひそんでいたのが豊田道二である。豊田は、カロザースがひそかに聖書の講義を行っていることや「書庫ヲ建テ宗書ヲ国中ニ売捌ク卸シ所トスルノ志願此頃普請最中」であったことなども報告していた。[41] カロザースは豊田に、『ピープ・オブ・デイ』の翻訳の動機についてこのように語ったという。

女房今月末ニ帰リマスユヘ二月朔日ヨリ女学校ヲコシラヘ女ノ子供ヲアツメ会話ヲ始メバイブルノ意味ヲ歌ナドニ造リ追々教ヘテ仕込ムナラハ終ニ真ノ耶蘇ノ弟子ニナリマセフ子供カラノ馴ガ大切デアリマス[42]

カロザースがとくに子どもにも読めるものにまず着手したのは、子どものころからキリスト教に親しみをもた

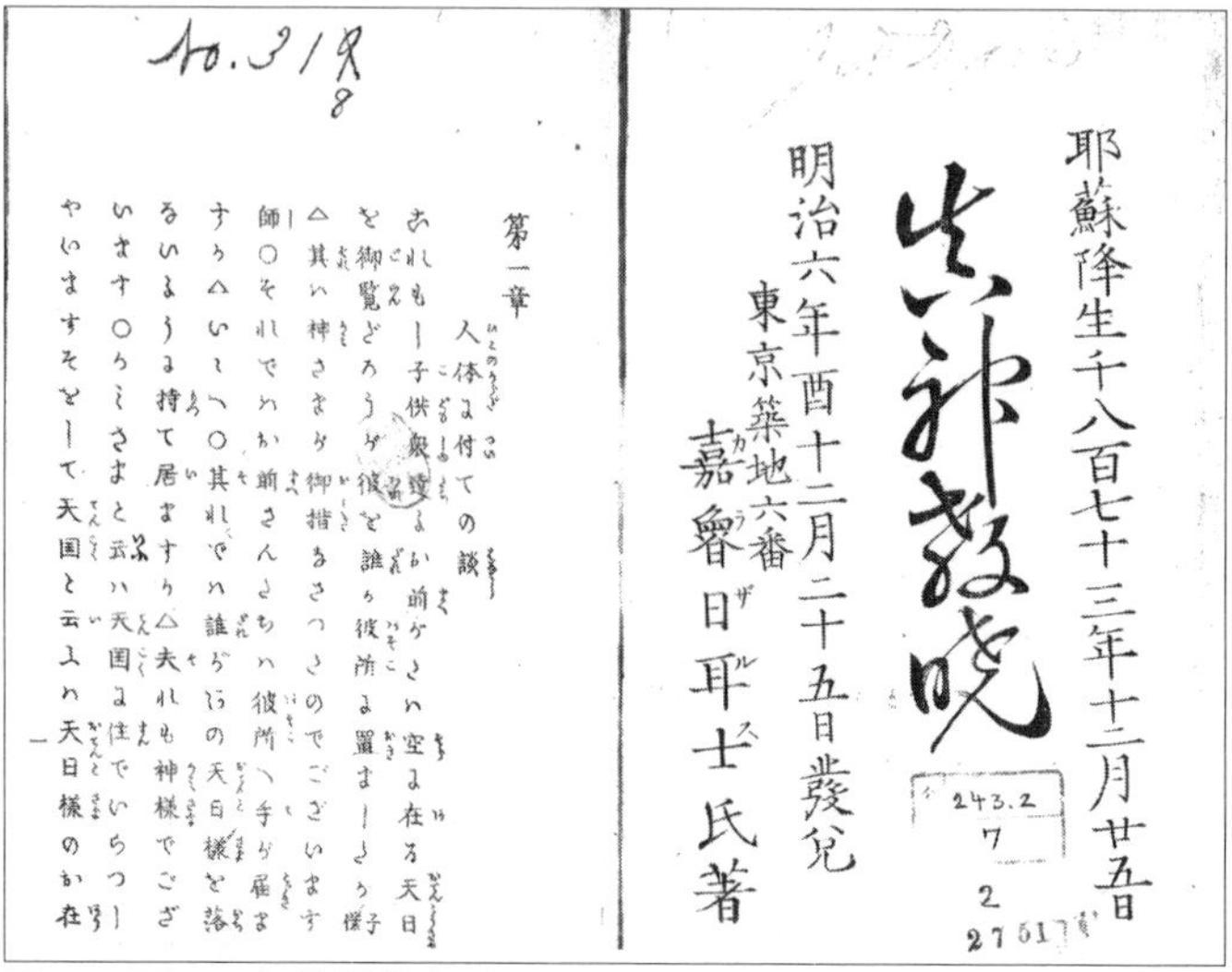

図1-4　嘉魯日耳士『眞神教暁』巻之一、1873.12（同志社大学所蔵）（口絵❷）

せることで、やがてクリスチャンに成長することを期待してのことだったのである。翻訳が完成した暁には、妻ジュリアの学校で教科書として用いる計画もあった。

『ピープ・オブ・デイ』は『眞神教暁』と訳され、10月には版の作成および『ライン・アポン・ライン』の翻訳も開始された（図1―4）。翌年1月には『眞神教暁』の印刷が完成し、1874（明治7）年1月19日付書簡で本部へ以下のようにその成果を報告した。

『ピープ・オブ・デイ』の翻訳の印刷をちょうど終えたところです。日本人、とくに一般の人々や子どもたちはこの本の翻訳が出たことにとても喜んでいるようです。翻訳文は口語体なので、無学な人々も含めあらゆる人々がすっかり理解することができます。…（中略）…これまでの私たちの働きはすべて教育を受けた人々のためのものでした。…（中略）…この『ピープ・オブ・デイ』の翻訳によってはじめて一般の人々にも理解できるトラクトを届けるこ

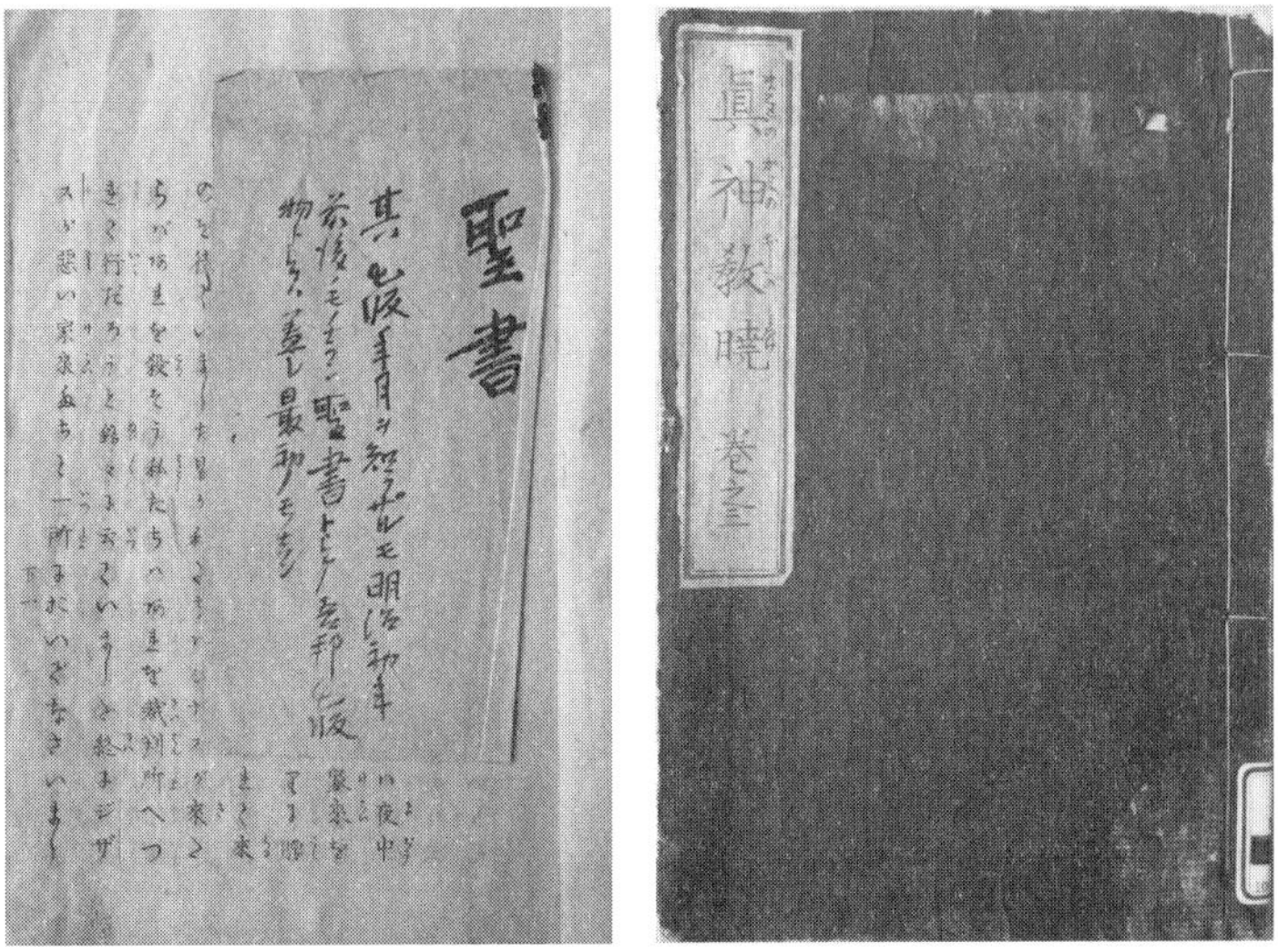

図1-5　『眞神教暁』巻之三（人間文化研究機構国立国語研究所所蔵）

とができるようになったのです。

カロザースはこれまでの伝道の対象が知識人に限られていたことから、子どもを含めた漢字を読むことのできない人々のためのキリスト教書籍の必要性を感じていた。そのため、「ピープ・オブ・デイ」シリーズを翻訳するとともに、その訳文は口語体で、さらにかつ漢字を読むことのできない人々にもわかるように訳すということを重視していた。以下では、具体的な翻訳の内容についてみていこう。

(2)『眞神教暁』の翻訳文

本書では「巻之一」「巻之二」は同志社大学今出川図書館所蔵のものを、「巻之三」は国立国語研究所研究図書室所蔵のものを用いた。いずれも題箋には「眞神教暁」とあり、「まことのかみのおしへのよあけ」とルビがふられている（図1―5）。木版和装本で「巻之一」が58丁、「巻之二」が66丁、「巻之三」59丁の3冊から成る。[43]

先にカロザースが口語訳にこだわったと述べたが、1丁の翻訳文（／は改行を示し、筆者による）と原文を以下に対照させてみたい。

第一章

人体《ひとのからだ》に付《つい》ての談《はなし》

これもし子供衆達《こどもしゆたち》よお前《まへ》がたは空《そら》に在《あ》る天日《おてんとさま》／を御覧《ごらん》だろうが彼《あれ》を誰《だれ》か彼所《あそこ》に置《おき》ましたか／子供△其《それ》は神《かミ》さまが御措《おゝき》なさつたのでございます／師《し》○それではお前《まへ》さんたちは彼所《あそこ》へ手《て》が届《とどき》ま／すか△い、へ○其《そ》れでは誰《だれ》があの天日様《おてんとさま》を落《おち》／ちないように持《もつ》て居《い》ますか△夫《そ》れも神様《かミさま》でござ／います○かみさまと云《いふ》は天国《てんこく》に住《すん》でいらつし／やいますそをして天国《てんこく》と云《い》ふは天日様《おてんとさま》のお在《あり》／なさるところより尚高《もつとたかい》ところに在《あり》ますがお前《まへ》／さんがた神様《かみさま》を御覧《ごらん》なさる事《こと》がありますか△／い、へ夫《そ》れは見《み》ることはできません○其《それ》でも／神様《かみさま》は能見《よくみ》て何《なん》事でも知《しつ》ていらつしやいます／し世《よ》の中《なか》に在《あ》［ママ］るとあらゆる物《もの》は皆神様《みんなかみさま》が創御《はじめにお》／造作《こしらへ》なさいまして復其《またそれ》を気《き》を付《つけ》て護《まもつ》ていてく／ださいます神《かミ》さまは先《ま》づ一番始《いちばんはじめに》彼《あ》の天日様《おてんとさま》を／おつくりなさつて是《こ》のようにしじゆう照《てら》して／くださいますし加之雨《それにあめ》を御創造《おこしらへ》なさつて降《ふら》し／てくださいますに風《かぜ》も作《こしらへ》て吹《ふか》してくださいま／す

……

LESSON I. OF THE BODY.

Mr dear little Children — You have seen the sun in the sky. Who put the sun in the sky? God.

Can you reach up so high? No.

Who holds up the sun, that it does not fall?
It is God.
God lives in heaven; heaven is much higher than the sun.
Can you see God? No.
Yet he can see you, for God sees everything.
God made everything at first, and God takes care of everything. God made the sun, and God makes it shine every day. God made the rain. God pours it down. God made the wind, and he makes it blow.

これらを比較すると、ほぼ原文に即した訳文であることがわかる。翻訳では会話であることがわかるように子どもの台詞には△、教師の台詞には○の記号が冒頭に附されている。こうした変化はあるものの、基本的には原文に沿って総ルビ・談話体での翻訳がなされており、モーティマー作品の特徴である、子どもへ語りかける口調が雰囲気をそのまま残して訳されている。

『眞神教暁』の場合、他言語の翻訳に比べても内容的な書きかえも少ない。先述のように中国では1860年代に、『ピープ・オブ・デイ』の翻訳書が複数出ていたが、中国の翻訳書では多くの書きかえがみられる。たとえば、3章の父についての課では、“What is your father, Mary? - A shepherd.”と、Maryという少女に父の職業を問う文が出てくる。Maryは直訳すれば「玛丽」であるが、1862年に広東語で訳された『暁初訓道』では、少女は中国の地名にちなんだ「亞鳳」という名に変更され、職業も当時一般的な職業のひとつであったポーターに変化している。これらの変更はともに、当時の中国人読者により伝わりやすくするためのものであった。▼44

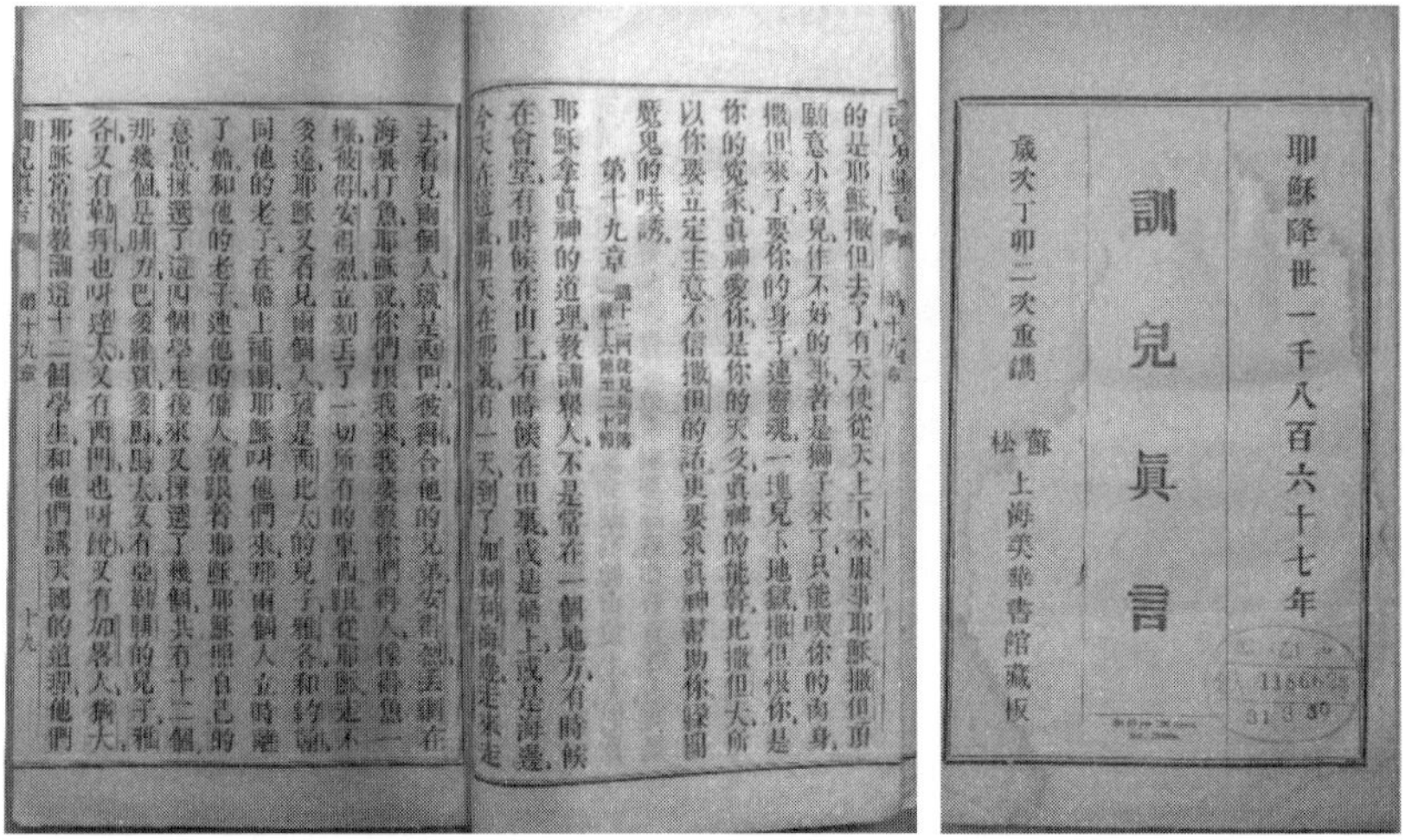

図 1-6 『訓児眞言』上海美華書館、1867（香川大学図書館神原文庫所蔵）

一方、『眞神教暁』でこの部分は「マレー女名や貴様の父様は何者でございます△はい羊飼でございます」と、「マレー」に傍線を付し、女の名であることを示すという工夫はなされているものの、基本的には原文通りの訳になっており、父の職業も「羊飼《ひつじかい》」と直訳されている。

また、上海美華書館で発行された『ピープ・オブ・デイ』の翻訳『訓児眞言』（図1―6）では、ところどころに補足がある。十二使徒に関する19章では、原文では One was called Peter, and another John, and another James, and another Thomas. But I will not tell you the names of all, lest you should forget them. とあり、一気に紹介されることで子どもたちが忘れてしまわないようにと十二使徒のなかで名前が紹介されるのはペテロ・ヨハネ・ヤコブ・トマスのみである。『眞神教暁』では「一人《ひとり》をピーテルと云又一人《いひまたひとり》ジヨンヌと申《まふ》し又一人《またひとり》をゼムスと云又一人《いひまたひとり》をトヲンムスと申《まふし》ます併《しかし》わたくしは皆御弟子《みんなおでし》のお名《な》を貴様《あなた》におきかせ申《まふし》てもことによると彼等《かれら》の名《な》を御忘《おわす》れなさいましょう」と、ほぼ原文通りである。

ところが『訓児眞言』では「耶穌照自己的意思。揀選了這四個學生。後來又揀選了幾個、共有十二個。那幾個、是腓力、巴多羅買、多馬、馬太、又有亞勒腓的兒子、雅各、又有勒拜、也叫達太、又有西門、也叫鋭、又有加畧人、猶大、耶穌常常教訓遶十二個學生、和他們講天國的道理、他們也喜歡、聽耶穌的教訓、最愛耶穌、所以称耶穌是主」と、原文にない十二使徒全員の名前を追記し、十二使徒がイエス・キリストを愛したことなども加えている。ほかにも、『訓児眞言』21章ではイエスの起こした奇跡の詳細が書かれているが、これはルカ伝から引用し、加えられた箇所である。

また、『ピープ・オブ・デイ』のハングル訳である『훈아진언』（図1―7）は、原文ではなく『訓児眞言』からの翻訳であり、ともに描かれる親子の関係性に原文とは大きな違いがある。イ・コウン（이고은）によれば、原文では子を慈しむ母親が描かれるのに対し、『訓児眞言』や『훈아진언』では原文にない文を挿入し、子どもをしかったりたたいたりと、子を厳しくしつけようとする母親が描かれる。また、父親との関係についても、原文では父が子どもを膝の上にのせる描写があるが、こうした表現は家父長制をとっていた中国・朝鮮では読者が想像しがたいため『訓児眞言』や『훈아진언』では削除されているという。ほかにも、母親が子どもをあやし、子どもの頬にキスをするという表現なども、中国・朝鮮ともに習慣としてないため削

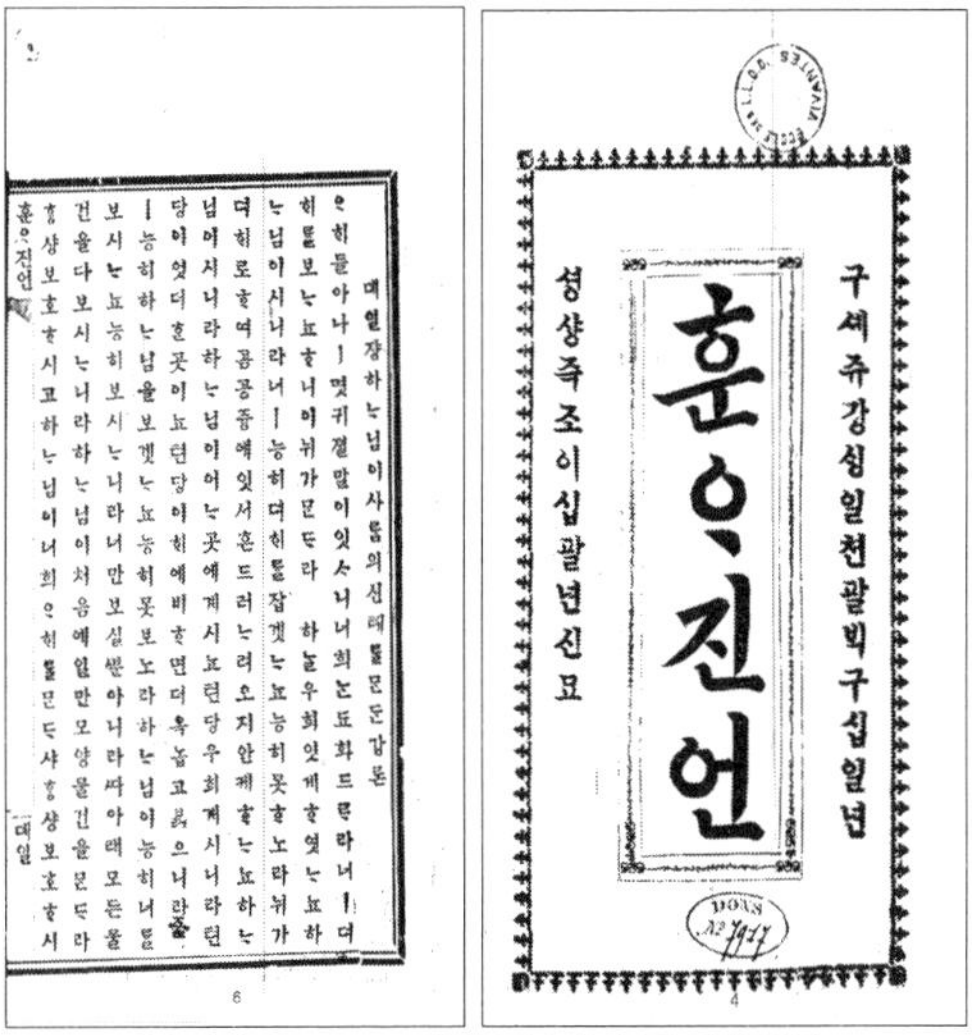

図1-7　『훈아진언』1891（韓国国立中央図書館所蔵）

除されたとの指摘がなされている。[45]

これらと比較すると、『眞神教暁』では she often kissed you を「幾度《いくたび》も貴様《あなた》の口《くち》を吻《すう》たりして」と訳するなど、基本的には原文に忠実に、子どもをあやす父母の様子がそのまま描かれている。『眞神教暁』では、全体的にこうした文化の違いに配慮した書きかえの例はあまりみられず[46]、beech-tree など訳しにくいものは「ビエイチ」とカタカナでそのまま訳してある。これは可能な限り原文に忠実に翻訳したとみることもできるが、文化的背景に配慮せず機械的に翻訳した結果ともいえる。

全体的に用語の統一などには気を配られておらず、たとえば、Eve は初出の10章では「イバ」だが11章では「イウ」と表記される。Jesus Christ の訳語についてみると、7章では「ジユスクライスト」、10章では「イエスウクライスト」、16章は「ジザス」と統一がみられない。翻訳にあたっては、もちろん日本人が大きく関わったと考えられるが、実際に『眞神教暁』の翻訳に携わったのはどのような人物だったのだろうか。これについてもやはり詳しいのは諜者豊田による報告である。

川田新吉ト申スハ旧幕下ノ人ニテカルロデス来着已来彼カ和語ノ師匠トナリ今日マテ、日々和語ヲ教ユ然ルニ近来彼宗教ニ泥ミ教師ト共ニゼーヒープヲプデー／訓児真言ト訳ストイヘル三巻ノ書アルヲ会話ノ語ニ訳シ出板シテ廣ク童子幷ニ愚徒ヲ誘ントス上二巻近日成訳セリ迂遠ノ謀略巨害眼前ニブラ〳〵

ここからは、カロザースの日本語教師であったのが川田新吉という人物で、カロザースは川田とともに『ピープ・オブ・デイ』の翻訳にあたっていたことがわかる。ここでは「訓児真言ト訳ス」と述べられていることから、おそらく上海の美華書館で出版された『訓児眞言』もカロザースは入手していたとみられる。しかし、先の比較でみたように、『訓児眞言』のような文化的な書きかえはなされておらず、むしろ原文に忠実であったことから、英語からの翻訳であったと考えてよさそうである。豊田の報告には、さらに翻訳の顛末が詳しく書かれている。

今正月三日ノ晩千村五郎カルロデスニ来リ川田新吉ガ訳スル三巻ノ書中末ノ一巻ヲ訳シ持参シテ云リ我竊ニコノ巻ヲ反訳イタシタリ何卒コレヲ板ニシ玉ヘ併シ私カ訳シタルコト誰ニモ咄シマスナアナタノ反訳トシテ弘メ玉ヘト云云教師喜ンテ受ケ清書シテ送リ玉ヘ再往調ヘテ后ニ板ニスヘシ上二巻モ近々調ヘハ早速出板ノツモリ横浜女教師ノ処ヨリモ早ク板ニスルヤフ頼ミマスユヘ丁度宜敷アリマスト云云[47]

ここからは、川田だけでなく千村五郎という人物も翻訳に携わったことがわかる。千村は「英学熟達ノ人」で「バイブルモ貫読シテ深ク宗義ニ達シ」、禁教下ではあるもののカロザースに洗礼を授けるよう頼み、外国人宣教師だけでは不足だろうからぜひ自分も伝道にあたりたいとカロザースらに頼んだと諜者報告にある。[48]ここで報告されている通り、千村は江戸幕府最大の洋学研究・教育機関蕃書調所の最初の英学教師をつとめた人物として知られ、調所の刊行した『英和対訳袖珍辞書』（1862）の編纂にも補佐として関わった。[49]千村の経歴をみると、『眞神教暁』が英語の原文から翻訳されたこともうなずける。[50]

またカロザースが「横浜女教師ノ処ヨリモ早ク」刊行したがっていたことも興味深い。これはおそらく改革派教会から派遣されたメアリ・E・キダー（Mary E. Kidder）の学校（のちのフェリス・セミナリー）の生徒を指すと思われる。改革派の1873（明治6）年の年次報告には、キダーの女学校生徒のひとりが『ピープ・オブ・デイ』

を訳したとある。[51]『眞神教暁』の翻訳にずさんさがみられるのは、競合するほかのミッションに先んじて出版したいという焦りもあったのかもしれない。

第4節 『眞神教暁』の評価

タムソンは1873（明治6）年5月、「カロザース夫婦から大変流暢な『ピープ・オブ・デイ』の1章の訳を受けとりました…（中略）…可能な限り早く出版できるよう、ほかのミッションとも協力して米国聖教書類会社へ推薦したい」と好意的に本部へ報告していた。[52] しかしルーミス（Henry Loomis）の評価は手厳しいものだった。

彼の編纂した『夜明け』（『ピープ・オブ・デイ』）は皆にとってたいへんな失望でした。…（中略）…私が横浜におけるその仕事の取り扱いに当たっています。…（中略）…並外れた値段（75セント）は人々の手の届く範囲を超えていますし、文体は私が今までに見たものとは違っています。[53]

ルーミスは価格においても文体についても『眞神教暁』をまったく評価していないことがわかる。おそらく口語文の翻訳の必要性やカロザースの意図がミッション内で十分に共有されていなかったのだろう。そもそも、カロザースは慶應義塾での給与の報告を怠ったり、さまざまな面での独断専行がみられたりと、すでに同僚や本部からの不信をかっており、ルーミスはカロザースに対する不満を本部に書き送ったりもしていた。[54]

売り上げについて、カロザース自身が1875（明治8）年1月に申告したところによると、1874年の間の売り上げは3冊揃で１５５部、分冊で49部とある。[55] ルーミスの１８７５（明治8）年11月25日の書簡によると、この本はミッションに３００ドル費やさせ、本の売り上げは28ドルだったという。[56] 現在閲覧できる『眞神教暁』は極めて限られていることからみても、あまり多くは流通しなかったのかもしれない。[57]

ただ、妻ジュリアは著書の中でこの本が「夜明け」と呼ばれていること、この本を通してキリスト教に興味をもつ女性がいたことについて述べている。[58] また、アメリカン・ボードの宣教師J・H・デフォレスト（John Kinne Hoyde Deforest）の妻、サラ・デフォレスト（Sarah Elizabeth DeForest）もまた、ある主婦とともに『眞神教暁』を読み、信仰に近づいていると報告しているから、[59] カロザースが意図した通り漢字を読むことができない女性や子どもの伝道に活用されたようである。

カロザースはその後、宣教師を辞任することになった。１８７６（明治9）年1月の長老派会議において、日本ミッションで発行する印刷物に使用する「耶蘇」の読みは「ヤソ」「イエス」どちらでもよく、正式には「エス」とルビをふることが決定された。ところがカロザースは「ヤソ」のみを正式とするという案にこだわり、これが認められなければ宣教師を辞任するとまで宣言した。本心では宣教師を辞めるつもりではなく、むしろ自分と対立する宣教師の処分を期待しての発言であった。しかし、先述のようにカロザースは他の宣教師と協力して仕事を進められなかっただけでなく、金銭的にルーズなところがあった。先述の書庫の建築にはミッションの許可なく多額の費用を投じたり、書庫兼販売所での売上をミッションへ報告せず米国聖教書類会社への正確な決済を怠ったりした。結局同僚宣教師らは慰留せず、ミッションの了承を受け、4月4日の日本ミッションの会議で正式に辞任が認められた。[60]

こうしてカロザースは宣教師を辞任、企画されていた『ライン・アポン・ライン』や『プリセプト・アポン・

プリセプト』の翻訳は、アメリカン・ボードの女性宣教師ジュリア・ギューリック（Julia A. E. Gulick）によってなされることになった。

第5節 『ライン・アポン・ライン』の翻訳

(1) ジュリア・ギューリックと翻訳

ジュリア・ギューリックはウーマンズ・ボード（Woman's Board of Missions）ウースター支部（Worcester Country Branch）から派遣された女性宣教師である。ジュリア・ギューリックは1845年6月5日、宣教師ピーター・ギューリック（Peter J. Gulick）の末娘としてホノルルで生まれた。[61] すでに来日していた兄のO・H・ギューリック（Orramel Hinckley Gulick）がハワイへ迎えに来て、両親とともに1874（明治7）年6月来日した。来日後しばらくは日本語を学びながら神戸ホームを手伝い、女性や子どもに英語などを教えていた。とりわけ開拓伝道に手腕を発揮し、神戸在住のころから三田、篠山、彦根などへの伝道を行っていたが、その後は新潟、九州の開拓伝道などで活躍し、「各地の人々の心に強く残る女性となった」といわれる。[62]

ジュリア・ギューリックは1878（明治11）年に『ライン・アポン・ライン』の翻訳である『旧約聖書の話』を刊行しているが、この翻訳を手掛けることになったのはなぜだろうか。先述したが、神戸ホームでは『ピープ・オブ・デイ』が教材として用いられており、ジュリア・ギューリック自身も「子どもたちは正確な英語を勉強しながら旧約聖書の物語を学んでいます」と報告していたというから、[63] 神戸ホームを手伝う中で『ピープ・オブ・デイ』の有用性については十分に承知していたことだろう。

また、アメリカン・ボードの日本ミッションでは排耶書が売り上げを伸ばしていることに対する危機感から、これに対抗する正統なキリストの生涯を描いた書籍の必要があるとの認識が共有された時期でもあった。彼らは開拓伝道も成果を挙げつつある今こそがキリスト教書籍を頒布する絶好の機会と考えた。また日本人キリスト者の中には教養があり英語のできる若者が多いため翻訳者や著述家としての彼らの能力への期待もあった。そこで1877年度には2000ドルという高額を米国聖教書類会社へ要求した。[64] 結局援助は600ドルにとどまったが、ミッションがこの時期に伝道のための出版事業をいかに重要と捉えていたかを示すものでもある。

このころからキリスト教書籍・トラクトの出版はミッションの仕事として規模を拡大し、「女性のための女性の仕事」の一環として女性宣教師も子どもや女性用の書籍を手掛けるようになる。先駆けとなったのは1877年のダッドレー（Julia Dadley）による日曜学校用のカテキズムである『聖書史記問答』(Question Book for Sunday School)で、ダッドレーは1880（明治13）年には福音社から『育幼艸』を出版している。1878（明治11）年4月には神戸教会、兵庫教会、多聞教会合同の日曜学校行事が和田の浜で開催されるなど、[65] 日曜学校の活動がさかんになるなかで、子どもたちのための日曜学校用の書物の必要性が明らかになったのではないだろうか。ジュリア・ギューリックが『ライン・アポン・ライン』の翻訳を手掛けるようになったのは、こうした背景があったと考えられる。

ジュリア・ギューリックがボードへ宛てた1879（明治12）年10月7日付の書簡では、兄ジョン（John Thomas Gulick）と赴いた篠山、亀岡、彦根、三田への伝道について綴られたあと、『ライン・アポン・ライン』の翻訳を行ったことが以下のように報告される。

……私は小さな本を準備しています。この本は、旧約聖書の話を簡単な言葉で訳したもので、大部分は『ライン・アポン・ライン』の翻訳です。この翻訳に多くの時間と労力をさきました。学のある人々のために一般的な構成の本を作ろうとするならば私の仕事は比較的容易なものだったのでしょうが、アメリカの子どもが『ライン・アポン・ライン』を読んでいるのと同じように、日本の女性や子どもも読み、理解できるように物語を読みやすく書きなおすのに骨を折りました。これは新しい試みで、日本では前例のないものです。これまでに出版された同じようなものは東京で出版された『ピープ・オブ・デイ』の翻訳がたった1冊あるだけです。

英語を理解できる人によって訳されたあと、新島氏が翻訳を承認するようになるまで、すべてを2度書きなおさざるを得なかったのです。[66]

このとき、アメリカン・ボードにおける米国聖教書類会社の委員はD・C・グリーンに代わってJ・D・デイヴィスと新島襄が担当していた。[67] 委員は出版物の審査を行う必要があったため、新島による確認が行われたものだろう。ジュリアは「アメリカの子どもが『ライン・アポン・ライン』を読んでいるのと同じように、日本の女性や子どもも読み、理解できるように」との意図で「新しい試み」で翻訳を行ったが、その文体がどのようなものだったのか、次項で確認していこう。

(2) 『ライン・アポン・ライン』の翻訳文

『ライン・アポン・ライン』でも、モーティマー作品の特徴である、子どもに語りかけるような文の構造がなさ

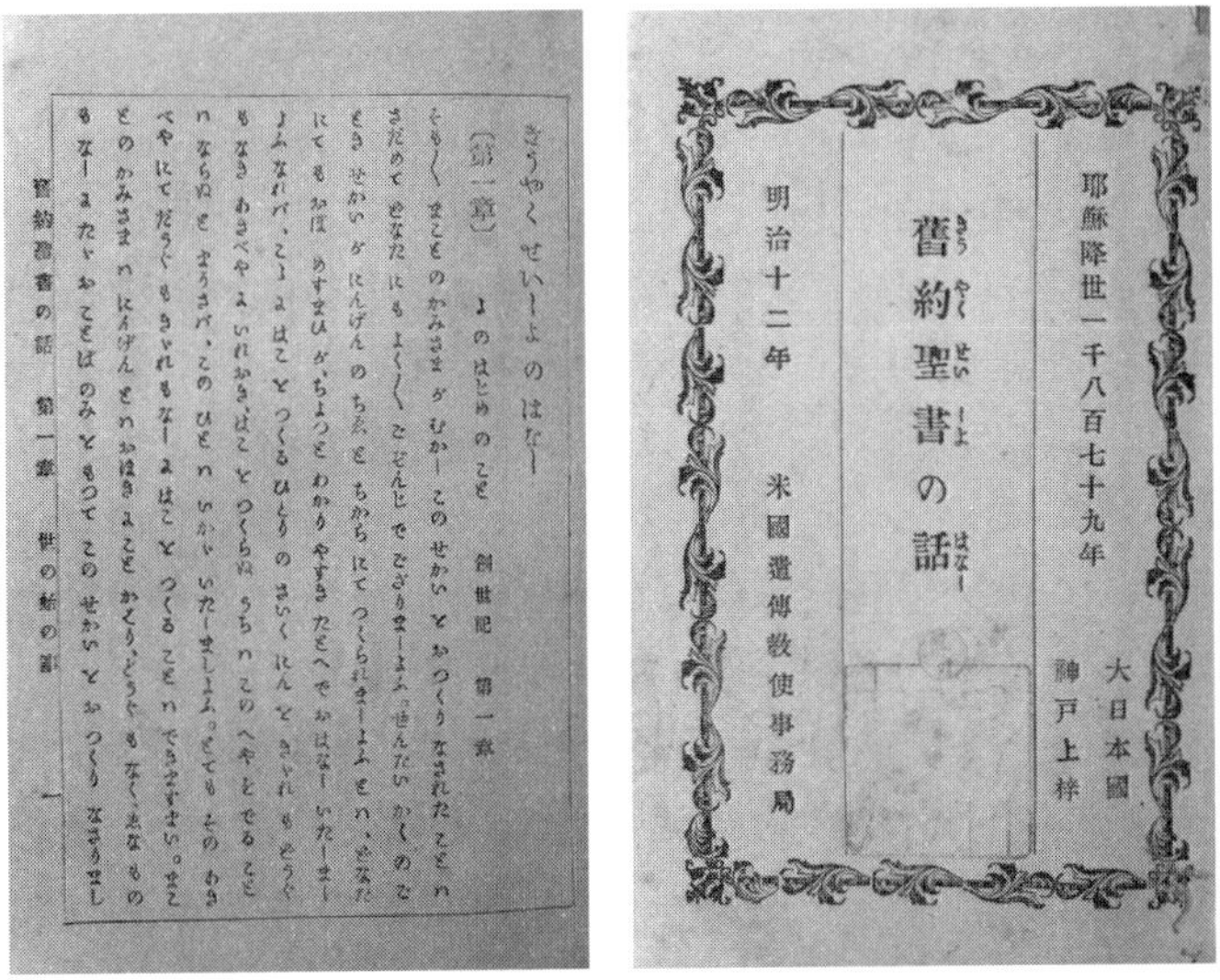

図1-8 『旧約聖書の話』米国遣伝教使事務局、1879（人間文化研究機構国立国語研究所所蔵）

れている。たとえば、1章は次のようにはじまる。

My dear children, - I know that you have heard that God made the world. Could a man have made the world? No; a man could not make such a world as this.

Men can make many things, such as boxes and baskets. Perhaps you know a man who can make a box. Suppose you were to shut him up in a room, which was quite empty, and you were to say to him, " You shall not come out till you have made a box," - would the man ever come out?

No - never. A man could not make a box, except he had something to make it of. He must have some wood, or some tin, or some pasteboard, or some other thing.

これに対し、『旧約聖書の話』（図1―8）の冒頭は、以下の通りである。

そも〳〵 まこと の かみさま が むかし この せかい を おつくり なされし こと は／さだめて どなた にも よく〳〵 ごぞんじ で ござりましよふ。ぜんたい かく の ご／とき せかい が にんげん の ちゑ と ちから にて つくられましよふ とは どなた／にても おぼしめすまひが。ちよつと わかりやすき たとへ で おはなし いたしまし／よふなれば。こゝに はこ をつくる ひとり の さいくにん を きゞれ も だうぐ／も なき あきべや に いれおき はこを つくらぬ うち は この へや を でる こと／は ならぬ と まうさば この ひと は いかゞ いたしましよふ。とても その あき／べや にて だうぐ と きゞれ なし に はこ を つくる こと は できますまい。……

教師と生徒の会話というよりは、読者へ直接語りかけるような訳文となっている。また、一見してわかる通り、『旧約聖書の話』の大きな特徴は、全文がひらがなの分かち書きで構成されているという点である。これはジュリアの大きなこだわりであったが、自分の周囲にいる翻訳者はみな高度な教育を受けた人々であり、彼らは口語で書くということにまったく慣れておらず、漢語を用いたがるためにジュリアはおおいに苦心したという（1879年10月7日付書簡）。

当時の日本人キリスト者は旧士族が多く、漢文の素養を身に付けていた。難解な翻訳文に対する不満と、より一般に受け入れられやすい翻訳文を目指すべきだという考えは、ほかの宣教師にも共有されていたようである。グリーンもまた、聖書も含めたキリスト教書籍の翻訳において、ひらがなを用いることの重要性を主張していた。

グリーンは学者たちが漢文に固執する様子を批判し、伝道は学者のみに対するものではないのだから「女性や機械工、志の高い店主や機械工が読みたがる文体」が重要だと主張し、[68]のちにひらがなで書かれた『新約聖書またいでん』を出版している。[69]

さらにジュリアは、すべてがひらがなかつ口語で書かれた本への偏見は非常に強いために、翻訳に関わった5人の男性のうち、自分の名前を出したがるのはひとりぐらいだったといい、次のように続ける。

わたしたちの新聞の日本人オーナーは印刷所の長でもありますが、彼はとても困惑しており、このような本は読者に手にとってもらえないだろうとよく話していました。教育を受けた人はこのような本を嫌うし、無学な人々はどうしたって読めないからだといいます。彼はこの本を出版することで、印刷所の評判が傷つけられるのではないかと心から恐れている様子でした。彼はわたしたちの間では最も開明的な人物のひとりなのです（1879年10月7日付書簡）。

これは、キリスト教週刊新聞『七一雑報』の社長兼印刷人であり、のち福音社の社主となった今村謙吉のことと考えられる。『七一雑報』では、その創刊号において、草双紙などは読めても大新聞が読めない層が多いことを指摘し、誰にでも読めるよう平易な文体の新聞であることを宣言し、談話体にふりがな付きのいわゆる両文体をとっていた。[70]そのような新聞を発行していた今村にとっても、すべてひらがなで書かれたこの本は受け入れがたかったようである。

進藤咲子は、明治初期の日本社会のリテラシーの階層について、まったく文字の読み書きのできない非識字層、かなの読み書きができるが漢字の読み書きがあまりできないかなの階級、漢学の素養のある漢字の階級と分類している。[71] 今村が危惧したのは、ひらがなのみで書かれた文章は準識字層しか対象とし得ないということだったのだろう。先にみた千村も、カロザースに自分の名前を出さないように伝えたが、これは当時の知識人に共通してみられた反応だったようで、『眞の道を知るの近路』の翻訳者（佐治職といわれる）も同様に口語体の文章を書いたことを知られれば恥だから、誰にも私の名を明かさないように告げたという。[72] 知識人らにとって、いかに口語文が抵抗あるものであったかがうかがえる。

この翻訳は、ジュリアの意図したように受け入れられたのだろうか。項を改めてみていこう。

(3) 『旧約聖書の話』の評価

今村は『旧約聖書の話』の出版を不安視していたが、この本は好評であったようで、11月に販売が開始され、約半年後の1879（明治12）年6月18日には1000部刷ったうち、すでに残りは100部以下であるとの報告がなされている。そこで急遽2版を準備し、1500部を印刷しはじめたという。[73] このことは、それだけ準識字層や非識字層が多かったということを示唆している。それを裏付けるのが、同志社大学今出川図書館所蔵『旧約聖書の話』の表紙の貼り紙である（図1—9）。

旧約聖書ノ話　　本間氏蔵

本書ハ平がな専門の口語的ニテ訳出シタルモノニテ／其時代ニハ小学校ノ設備モ極テ幼稚ニシテ漸ク／小数ノ童女ガ小学ニ入学ヲ始シ頃ナレバ成人タル／婦女子ニアリテハ極上流家庭ノ婦人ノ外ハ文／字ノ教育ア

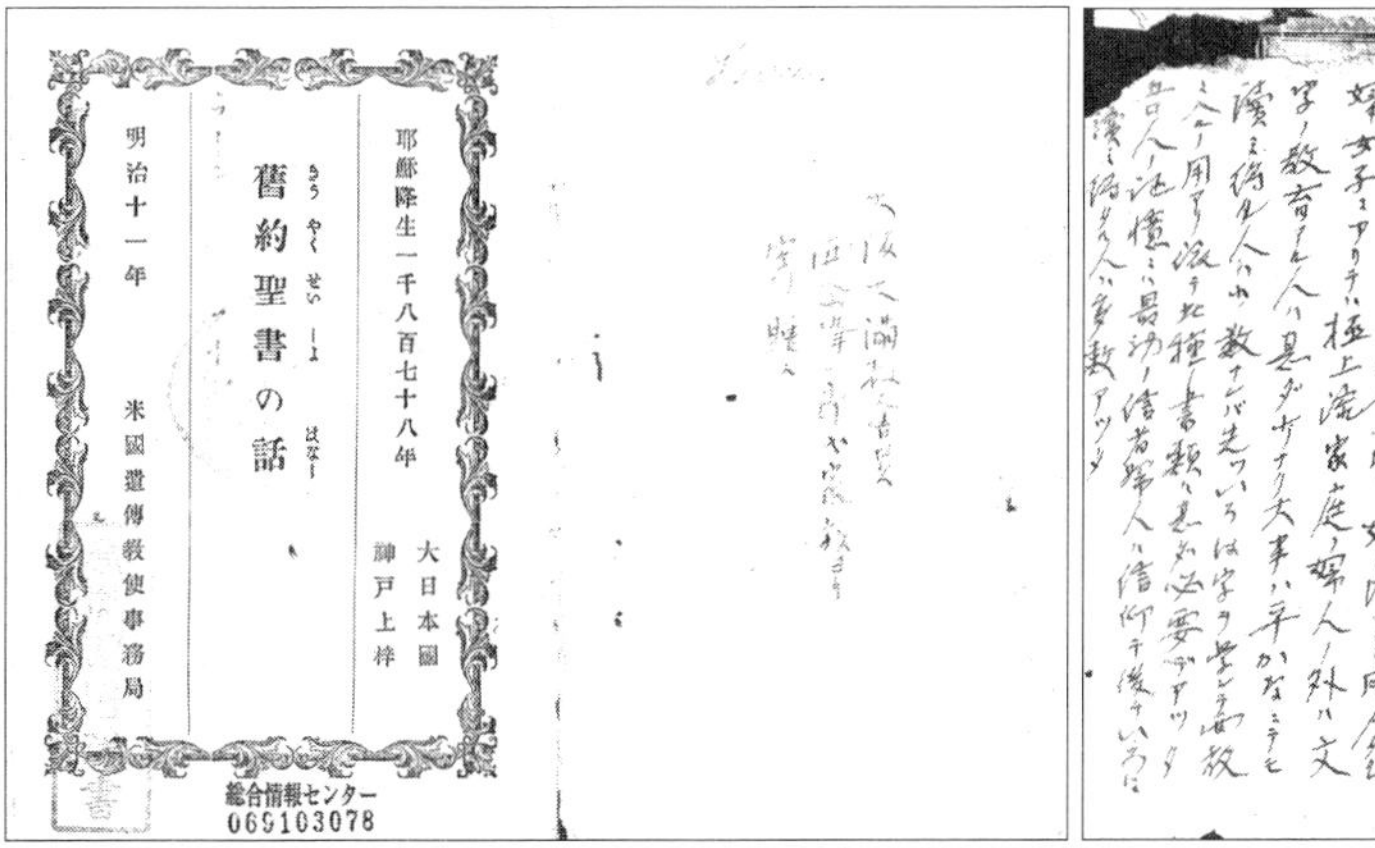

図 1-9 『旧約聖書の話』米国遣伝教使事務局、1878（同志社大学所蔵）

ル人ハ甚ダ少ナク大半ハ平かなニテモ／読ミ得タル人ハ少数ナレバ先ツいろは字ヲ学ンテ西教／ニ入ルノ用アリ従テ此種ノ書類ハ甚ダ必要デアッタ／吾人の記憶ニハ最初ノ信者婦人ハ信仰テ後チいろは／（破れで1字程度判読不明）読ミ得タル人ハ多数アッタ

これがいつごろ、誰によって書かれたものかはわからない。貼り紙には「本間氏蔵」とあるが、見返しには「Haru」とあり、さらにその下には「大阪天満教会会員西条峰三郎氏家族ヨリ寄贈ス」との書き入れがある。本間重慶はジュリアの最初の日本語教師であり、先述のように春はその妻であった。西条峰三郎については不明だが、本間が1885（明治18）年から牧師をつとめたのが天満教会だったため、会員の西条の手元にわたったものだろうか。さらに中扉には「原胤昭旧蔵書」の印もあり、この貼り紙がいつごろ誰によって書かれたものかは不明だが、当時を知る人が回想して書いたものと思われる。

貼り紙にあるように、たとえばジュリアが伝道に赴いた滋賀県では就学への熱心な取りくみがなされていたもの[74]の、1879（明

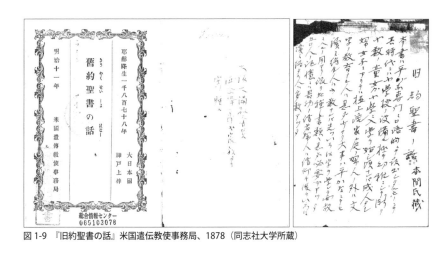

治12）年当時、自分の名前を書ける女性の割合は半数を下回っていた。[75] ジュリアが「女性と子どものために」と述べたように、子どもだけでなく、すでに成人した非識字層または準識字層の女性にもまた読まれるものにしようという意図は、翻訳文からも読みとれる。

たとえば17章では、ヨセフが兄弟をもてなす場面が描かれるが、原文では章の終わりに、「ある子どもがあなたにいじわるしてきたらあなたもいじわるをしますか？」や「兄弟があなたのケーキを食べたらどうしますか？」など、明らかに子どもを対象とした問いかけがある。ところが、『旧約聖書の話』ではこの部分は「これみなむかしのことなれど、どなたもむかしのはなしとせず、わがみにこのことをおこなふ」（読点は筆者）ようにとの書きかえがなされている。

全体を通してもChildrenなどの呼びかけはすべて訳出されていないことをみると、子どものみを対象としたものではなく、成人した女性にも読まれるための工夫であったと考えられる。そしてこのことが、ひろく読者を獲得した要因であったともいえよう。

この成功を受け、ジュリアは『ライン・アポン・ライン』の続篇『プリセプト・アポン・プリセプト』もまたすべてひらがなで翻訳し、『旧約聖書の話　第二』として１８８２（明治15）年に出版した。『旧約聖書の話』はよく読まれ、１８８６（明治19）年にはさらに版を重ね、福音社から出版されている。

第6節　宣教師と日本社会のリテラシー

この章では、イギリスのキリスト教児童文学である「ピープ・オブ・デイ」シリーズが、日本にもたらされ、翻訳されるまでの過程について検討してきた。イギリスでは聖書を読む準備段階として６歳までの子どもを対象に読まれたものだったが、日本ではキリスト教にはじめて触れる人々や英語を学ぼうとする人々のための教材としても最適のものとして受け入れられた。流入の背景には、米国聖教書類会社による資金援助、書籍の提供があったことも明らかになった。

宣教師らの目的が信者数を増やすことにあったことはたしかだが、日本社会のリテラシー階層、そして女性や子どものための読み物の未熟さを見抜き、結果としていち早く女性や子どものための読み物を提供することになった。幼少期からキリスト教に触れることで、真のキリスト者となるだろうという期待は、宣教師らの積極的な子ども用のトラクト・キリスト教書籍の作成につながっていった。次章では、宣教師らによって創刊されたキリスト教児童雑誌についてみていく。

注

1　ただし、高札撤去前からＪ・Ｈ・バラによる矢野隆山の受洗（１８６５）や、１８７１（明治４）年のゴーブル（Jonathan Goble）による『摩太福音書』の木版印刷の例はあった。横浜ではキリスト教に対する禁令が徹底しており聖書を出版する者がなかったが、東京の業者はキリスト教の書物であることに気が付かずゴーブルの『摩太福音書』を出版したという。結局この本はまもなく政府に没収されることとなった（小林功芳「横浜：和訳聖書誕生の地」『英学史研究』13、１９８１、１０７頁）。

2　土肥昭夫『日本プロテスタント・キリスト教史』新教出版社、１９８０、10〜14頁。

3 G・F・フルベッキ『日本プロテスタント伝道史：明治初期諸教派の歩み 上』日本基督教会歴史編纂委員会、1984、42～43頁。

4 G・スミス著、宮永孝訳『スミス 日本における十週間』雄松堂出版、2003、475頁。

5 岡部一興編、高谷道男・有地美子訳『ヘボン在日書簡全集』教文館、2009、197頁。

6 秋山憲兄『本のはなし：明治期のキリスト教書』新教出版社、2006、18頁。

7 大濱徹也『明治キリスト教会史の研究』吉川弘文館、1979、350頁。

8 関口安義「日本児童文学の成立」日本児童文学学会編『児童文学の思想史・社会史』東京書籍、1997、11～46頁。

9 前掲書秋山、39頁。

10 高鷲志子訳「宗教教育」ハンフリー・カーペンター、マリ・プリチャード著、神宮輝夫監訳『オックスフォード世界児童文学百科』原書房、1999、343頁。

11 佐波亘編『植村正久と其の時代』5（教文館、1941、500頁）には『眞神教曉』、『旧約聖書の話』、『訓蒙耶蘇物語』の3冊が「英国の婦人」の翻訳児童書として紹介されている。

12 モーティマーについてはLouisa C. Meyer, *The Author of the Peep of Day Being the Life Story of Mrs. Mortimer by Her Niece Mrs. Meyer; with an Introduction by F.B. Meyer* (London: The Religious Tract Society, 1901）を参照。

13 Frederick Rankin MacFadden Jr., "Favell Lee Mortimer," Meena Khorana ed., *Dictionary of Literary Biography: DLB. 163, British Children's Writers, 1800-1880*, Detroit, Mich.: Gale Research, 1996, pp. 217-221.

14 Ibid.

15 トッド・プリュザン著、三辺律子訳『モーティマー夫人の不機嫌な世界地誌：可笑しな可笑しな万国ガイド』バジリコ、

２００７（原書は Todd Pruzan & F. L. Mortimer, *The Clumsiest People in Europe, or Mrs. Mortimer's Bad-tempered Guide to the Victorian world*, New York: Bloomsbury Publishers, 2005）。ただしプリュザンによる記事の抄出が恣意的である点や訳書の不備など、いくつかの問題が指摘されている。詳しくは立岡裕士「Mortimer の地理書の概要：プリュザン『モーティマー夫人の不機嫌な世界地誌』批判」（『鳴門教育大学研究紀要』25、２０１０・３、２７３〜２８７頁）を参照。

16　Meyer, *op. cit.*, pp. 56-57.

17　"Letter from Miss Talcott," *Life and Light for Woman*, 4(5), May 1874, p. 139.

18　坂本清音「ウーマンズ・ボードと日本伝道」同志社大学人文科学研究所編『来日アメリカ宣教師：アメリカン・ボード宣教師書簡の研究　１８６９〜１８９０』現代史料出版、１９９９、１３３〜１３４頁。

19　Noriko Kawamura Ishii, *American Women Missionaries at Kobe College, 1873-1909: New Dimensions in Gender*, New York: Routledge, 2004, p. 83.

20　竹内力雄「熊本洋学校三級（期）生 坂上竹松（さかのうえたけまつ）：貴重遺品と洋学校教育」『同志社談叢』36、２０１６・３、１１５〜１８１頁。

21　Annual Report of Japan Mission, 1876.（同志社大学人文科学研究所所蔵「アメリカン・ボード宣教師文書」）。ハーバード大学にはアメリカン・ボードのボストン本部に宣教師らが宛てた書簡・報告書類がおさめられているが、本書では同志社大学人文科学研究所に所蔵されている複製のマイクロフィルムをおもに使用した。同研究所に複製がないものについては、Research Publications 製のマイクロフィルム Papers of the American Board of Commissioners for Foreign Missions を使用した。

22　小崎弘道「回顧六十年」同志社事業部編『我等ノ同志社：同志社創立六十周年記念誌』同志社事業部、１９３５、32頁。

23　本井康博『徳富蘇峰の師友たち：「熊本バンド」と「神戸バンド」』教文館、２０１３、１６７～１６８頁。

24　矢吹世紀代訳「日本の京都にて、１８７８年12月20日、アレン夫人宛」日比恵子監訳、矢吹世紀代・秋山恭子・大熊文子・柿本真代訳「アメリカン・ボード宣教師文書：同志社女学校女性宣教師を中心として〈スタークウェーザー書簡：訳および註〉（４）」『Asphodel』46、同志社女子大学英語英文学会、２０１１・７、１７６頁。

25　秋山恭子訳「日本の京都にて、１８７７年5月19日、チャイルド宛」坂本清音監訳「アメリカン・ボード宣教師文書：同志社女学校女性宣教師を中心として〈スタークウェーザー書簡：訳および註〉（１）」『Asphodel』45、同志社女子大学英語英文学会、２０１０・７、３００頁。

26　*Woman's Work for Woman*, 5(3), May. 1875, pp. 80-81.

27　中島耕二・辻直人・大西晴樹『長老・改革教会来日宣教師事典』新教出版社、２００３、80頁。

28　東洋の婦人と子どもの伝道と教育、福祉を願って、サラ・ドリーマス（Sarah Platt Haines Doremus）を中心にニューヨークで創設された、アメリカで最初の女性宣教団体（前掲論文坂本、１１９～１５０頁および小林恵子「婦人宣教師、ミセス・プラインの「おばあちゃんの手紙」（１）」『幼児の教育』91（４）、お茶の水女子大学、１９９２・４、14～20頁）。

29　Mrs. J. C. Ballagh, "Some Girls of Yokohama," *Children's Work for Children*, 2(6), June 1877, pp. 86-87.

30　Gregory M. Haynrs, "American Tract Society," Peter Dzwonkoski ed., *American Literary Publishing Houses, 1638-1899*, 49, Detroit: Gale, 1986, pp. 16-20.

31　*Annual Report of the American Tract Society* 1873, pp. 108-109. 以下、*AR of ATS* と表記。

32　茂義樹「D・C・グリーンの手紙（V）：１８７３（明治６）年5月より10月まで」『梅花短期大学研究紀要』25、

１９７６、49頁および同『明治初期神戸伝道とＤ・Ｃ・グリーン』新教出版社、１９８６、１１３〜１１７頁。

33 クリストファー・カロザースおよびその妻ジュリア・カロザースについては数多くの研究の蓄積があるが、とくに宣教師在任期間については以下を参照した。会田倉吉「カロザスの事績」『史学』36（2・3）、１９６３・９、41〜59頁、森下憲郷「東京第一長老教会の創立者：Ｃ・カロザース 上・中・下」『白金通信』１８２〜１８４、１９８４・2〜4、5頁、7頁、6頁、小檜山ルイ「第三章　決断：婦人宣教師」「第四章　拠点：日本での仕事」『アメリカ婦人宣教師：来日の背景とその影響』東京大学出版会、１９９２、１１５〜２６２頁、中島耕二「クリストファー・カロザース：明治学院の一系譜」明治学院人物列伝研究会編『明治学院人物列伝：近代日本のもう一つの道』新教出版社、１９９８、１０４〜１２０頁、同「ジュリア・ドッジ・カロザース：女性のための女性の仕事」『明治学院大学キリスト教研究所紀要』38、２００６・２、１４５〜１７１頁。

34 米国長老教会歴史協会（The Presbyterian Historical Society）にマイクロフィルム化され所蔵されているカロザースから本部にあてられた書簡、*Records of U.S. Presbyterian Missions*, Japan Letters の紙焼き（横浜開港資料館所蔵）を使用した。以下で引用するカロザース書簡については特筆しない限り長老派本部のラウリー博士宛である。

35 From C. Carrothers, March 3, 1872. Japan Letters by Presbyterian Missions, *Records of U.S. Presbyterian Missions*. 以下本資料からの引用は本文中に発信日を示すのみとする。

36 *AR of ATS* 1874, pp. 110-111.

37 川崎晴朗「カロザース夫人の見た築地居留地（3）」『都市問題』83（1）、１９９２・1、１０５〜１０６頁。

38 原胤昭「基督教古文献売出し時代の思ひで（6）」『福音新報』１９２０、１９３２・6・9。

39 小澤三郎「諜者正木護の耶蘇教探索報告書」『幕末明治耶蘇教史研究』亜細亜書房、１９４４、３１９〜３７０頁。

40　大日方純夫『維新政府の密偵たち：御庭番と警察のあいだ』吉川弘文館、２０１３、71～72頁。

41　小澤三郎「慶應義塾御傭教師Cカロゾルス」『明治文化』16（10）、明治文化研究会、１９４３・10、7～18頁。

42　諜者豊田道二等「耶蘇教諜者各地探索報告書」早稲田大学図書館古典籍総合データベース、請求記号：イ14_a4154。杉井六郎校注「小沢三郎編日本プロテスタント史史料（一）：諜者豊田道二の耶蘇教徒探索報告書について」『キリスト教社会問題研究』20、同志社大学人文科学研究所、１９７２・3、１８１頁。

43　同志社大学今出川図書館所蔵の「巻之一」には「J. D. Davis」の署名が、「巻之二」には「同志社生徒　喜多梅二郎拝借」の書き入れがある。また、国立国語研究所研究図書室の「巻之三」1丁表には「聖書　其出版年月ヲ知ラザルモ明治初年前後ノモノナラン　聖書トシテ吾邦出版物トシテハ蓋シ最初ノモノナラン」と書き入れがある。

44　John T. P. Lai, *Negotiating Religious Gaps: The Enterprise of Translating Christian Tracts by Protestant Missionaries in Nineteenth-Century China*, Sankt Augustin: Institut Monumenta Serica, 2012, pp. 163-164.

45　이고은「19세기 한중 개신교 전도문서의 번역자와 번역태도 비교:『訓児眞言』（１８６５）과『훈아진언』（１８９１）」『번역학연구』18（5）、한국번역학회、２０１７・12、１４３～１７０頁。

46　ただし、9章ではchurchを「御寺」と訳すなど、意訳が行われている箇所もあるが統一されたものではなく、31章では「礼拝堂」と訳されている。

47　前掲杉井校注、１８０頁。

48　同右。

49　茂住實男「千村五郎：蕃書調所最初の英学教師」『日本英語教育史研究』4、１９８９、37～57頁。

50　会田によると、日本語教師は北原義直、のちに出した『天道遡源解』の訳者は新聞記者であった加藤九郎という（前掲論文会田１９６３、46〜47頁)。

51 *The 41st Annual Report of the Board of Foreign Missions, of the Reformed Church in America*, April 1873, p. 36.
フェリス女学院１５０年史編纂委員会編『フェリス女学院１５０年史資料集第３集　ＲＣＡ伝道局報告書に見るフェリス』フェリス女学院、２０１５、18頁。本資料は尾崎るみ氏のご教示による。

52 *Annual Report of the Board of Foreign Missions of the Presbyterian*, 36, May 1873, p.90.

53 「１８７４年8月13日ラウリー博士宛」岡部一興編、有地美子訳『宣教師ルーミスと明治日本：横浜からの手紙』有隣堂、２０００、80頁。

54 「１８７５年11月25日ラウリー博士宛」、前掲書岡部編有地訳、１７１〜１７３頁。

55 C. Carrothers, "Report of Books sold on Religious Book Depository Tokio Japan during the year 1874," Jan. 4, 1875.

56 「１８７５年11月25日ラウリー博士宛」、前掲書岡部編有地訳、１７０頁。

57 国際基督教大学アジア文化研究委員会編『日本キリスト教文献目録』(国際基督教大学、１９６５)では、青山学院大学、同志社大学、国学院大学、田中良一の所蔵が記載されている。CiNiiで検索すると、ほかに明治学院大学図書館、天理大学図書館に全巻がある。また、先にみた熊本洋学校の坂上の旧蔵書の中にも、『眞神教暁』が含まれている。そのほか、山梨大学附属図書館・近代文学文庫にも所蔵があり、国文学研究資料館近代書誌・近代画像データベースで一部が閲覧可能である。全巻ではないが、巻之一・巻之二が東京大学大学院法学政治学研究科附属近代日本法政史料センター明治新聞雑誌文庫吉野文庫に、巻之三のみが国立国語研究所研究図書室に所蔵されている。

58 Julia D. Carrothers, "The 'Peep of Day'," *The Sunrise kingdom; or, Life and Scenes in Japan and Woman's Work for Woman There*, Philadelphia: Presbyterian Board of Publication, 1879, pp. 204-209.

59 "Letter from Mrs. DeForest," *Life and light for Woman*, 11(12), Dec. 1881, p. 449.

60 前掲書小檜山、１９８～２０７頁および前掲論文中島１９９８、１１６～１１７頁。

61 Clifford Putney, *Missionaries in Hawai'i: The Lives of Peter and Fanny Gulick, 1797-1883*, Amherst: University of Massachusetts Press, p. 80.

62 勝尾金弥『『七一雑報』を創ったひとたち：日本で最初の週刊キリスト教新聞発行の顛末』創元社、２０１２、１５２頁。

63 Ishii, *op.sit.*, p. 83.

64 *AR of ATS* 1877, p.98.

65 佐野安仁「明治初期の日曜学校：揺籃期の特色」『キリスト教社会問題研究』31、１９８３・3、56頁。

66 From Julia. A. E. Gulick to Nathaniel G. Clark, Oct. 7, 1879.（同志社大学人文科学研究所所蔵「アメリカン・ボード宣教師文書」）。以下本資料からの引用は本文中に発信日を示すのみとする。

67 *AR of ATS* 1880, p.98.

68 茂義樹「Ｄ・Ｃ・グリーンの手紙（Ⅷ）：横浜時代（２）１８７６年」『梅花短期大学研究紀要』40、１９９１、１０７～１０８頁。

69 茂義樹「新約聖書翻訳事業とアメリカン・ボード」前掲書『来日アメリカ宣教師』１５３～１７５頁。

70 『七一雑報』とその文体については笠原芳光「週刊誌としての『七一雑報』」同志社大学人文科学研究所編『『七一雑報』の研究』（同朋舎出版、１９８６、23～49頁）および金成恩「第三章　メディア：キリスト教新聞における言文一致と読者層」『宣教と翻訳：漢字圏・キリスト教・日韓の近代』（東京大学出版会、２０１３、59～１０９頁）を参照。

71 進藤咲子『明治時代語の研究：語彙と文章』明治書院、１９８１、１５６頁。

72　J. D. Davis, "The Early Difficulties and Present Opportunities on Mission Work in Japan," *The Missionary Herald*, 88(4), Apr. 1892, p. 149.

73　O. H. Gulick, Report of the Committee of Publications, June 18, 1879.（同志社大学人文科学研究所所蔵「アメリカン・ボード宣教師文書」）。

74　リチャード・ルビンジャー著、川村肇訳『日本人のリテラシー：１６００―１９００年』柏書房、２００８、２６２〜２６３頁。

75　八鍬友広「明治期滋賀県における識字調査」『東北大学大学院教育学研究科研究年報』64（２）、２０１６・６、１〜18頁。

第2章　児童雑誌の源流——『よろこばしきおとづれ』と日曜学校運動

第1節　『よろこばしきおとづれ』の編集

(1) 編集者と誌面の変遷

『よろこばしきおとづれ』は１８７６（明治９）年12月に創刊された、月刊のキリスト教児童雑誌である。この雑誌の誕生を沖野《おきの》岩三郎《いわさぶろう》は「当時の日本にはまだ児童の読物といふものがなく…（中略）…児童を目的に児童文学と意識して執筆した雑誌の世に現れたことは、日本の文学史上に看過し得ない大きな事件」であったと評価した。[1] 1章ではプロテスタント伝道にともなってイギリス児童文学が日本にもたらされ、翻訳が完成する過程をみてきたが、この章では『よろこばしきおとづれ』というキリスト教児童雑誌がどのようにつくられ、また読者へ届けられたのかを中心にみていきたい。[2]

創刊号は *Glad Tidings* の下に縦書きで『よろこびのおとづれ』とあり、「クリスマスのこと」という記事からはじまる（図2―1）。次号以降は『よろこばしきおとづれ』と変わるが、この後も数度に渡りレイアウトが変更された。最も大きな変化は１８７８（明治12）年３月で、表紙には巻号と価格が明記されるようになったのに加え、最後の頁に英文の contents が示され、また頁数もそれまでの8頁から12頁が基本となった（図2―2）。

さらに１８７９（明治12）年5月には本文が2段組みとなり（図2―3）、１８８０（明治13）年1月からは *Glad Tidings* の英題が消えるとともに、巻号や価格に日本語が添えられることになった（図2―4）。１８８２（明治15）年3月に『喜の音』と改題されるまではこの様式が用いられた。購読料は年間購読10部につき１・２ドル、のち1円20銭と、10部単位での購読であったことから、教会での購読や配布が見込まれたものと考えられる。頁数は

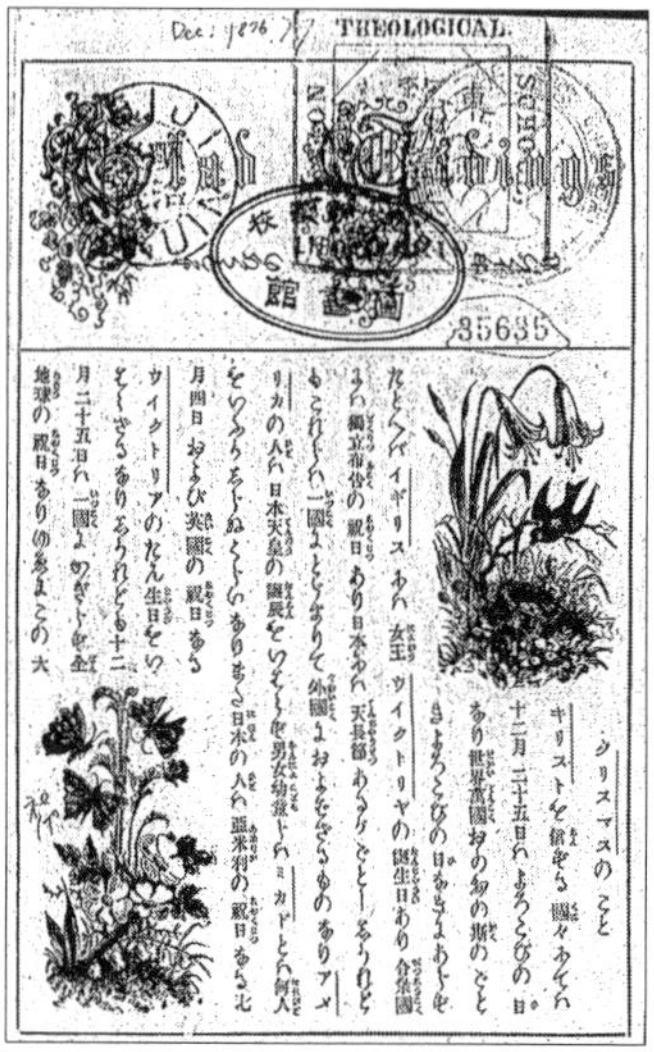

図 2-1 『よろこばしきおとづれ』創刊号、1876.12（東京神学大学所蔵、以下『よろこばしきおとづれ』はすべて東京神学大学所蔵）

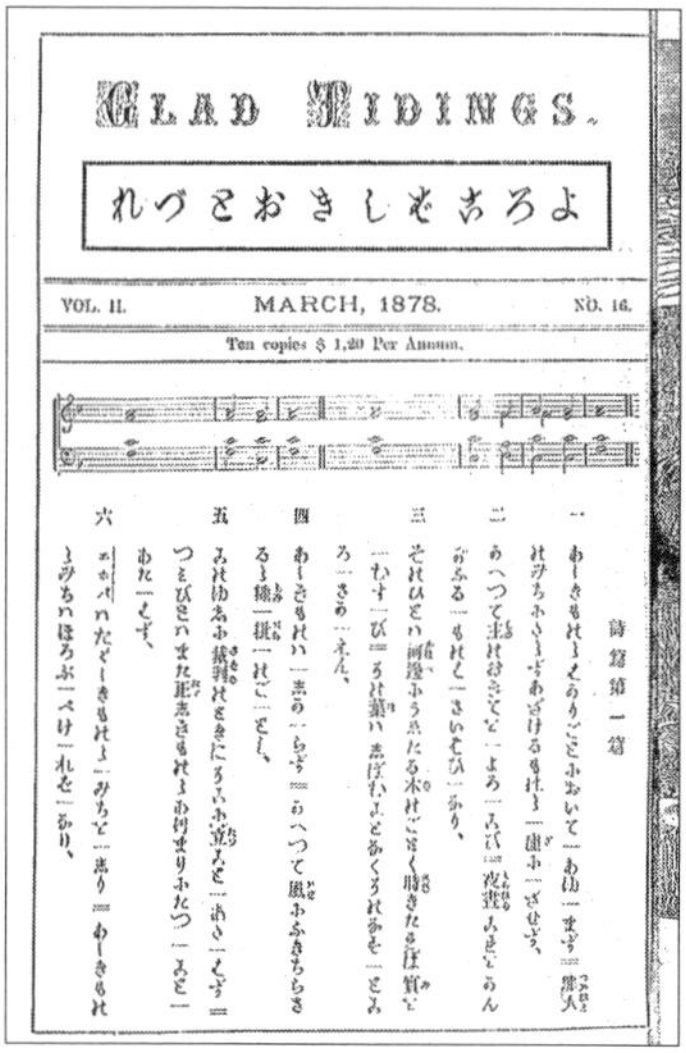

図 2-2 『よろこばしきおとづれ』2（16）、1878.3

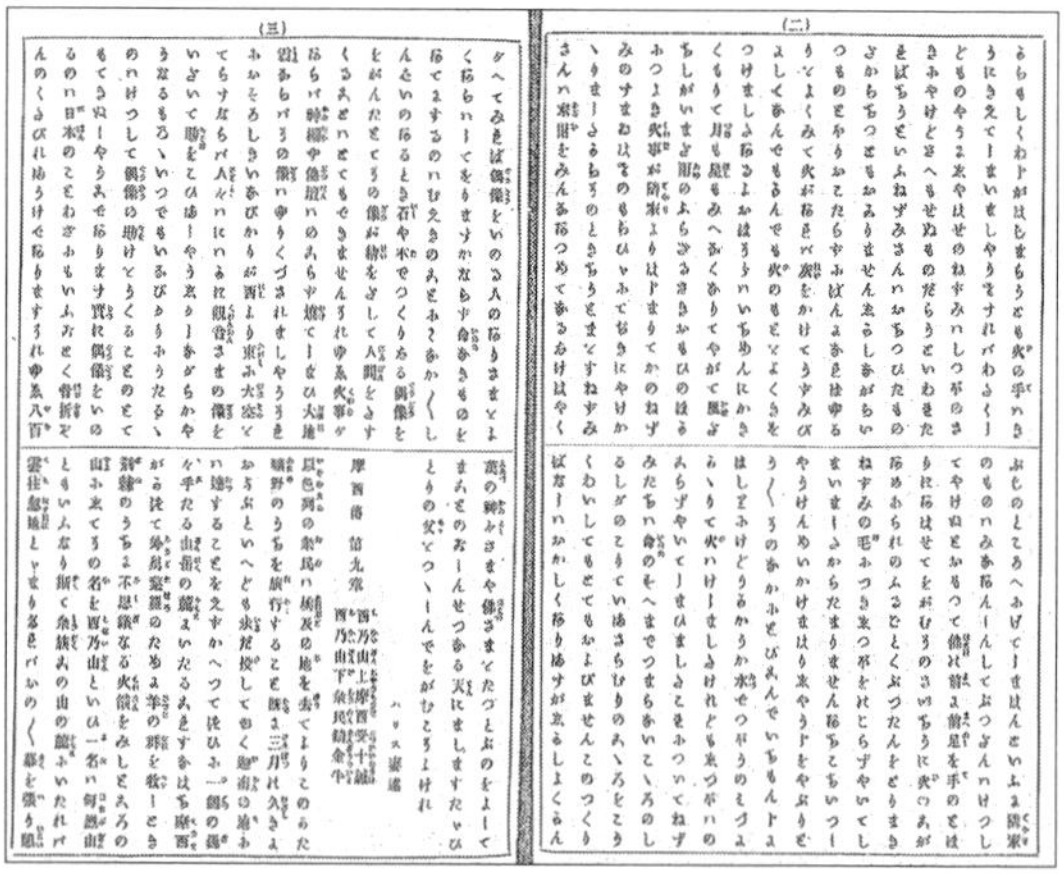

図 2-3 『よろこばしきおとづれ』3（30）、1879.5

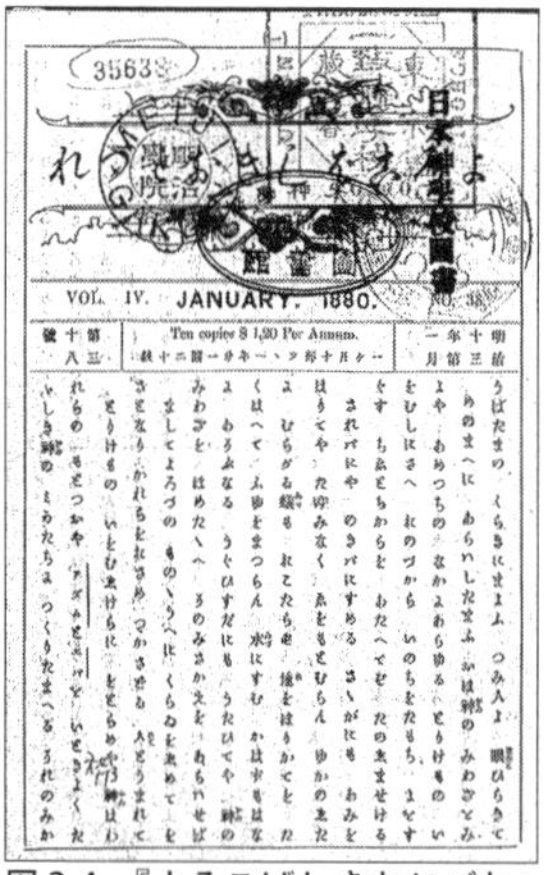

図 2-4 『よろこばしきおとづれ』4（38）、1880.1

号によってばらつきがあるものの、創刊当初は8頁、のち12〜14頁で構成された。

この雑誌の編集にあたったのは、米国女性一致外国伝道協会より派遣された女性宣教師マクニール（Sophia B. McNeal）であった。マクニールは、1876（明治9）年7月に来日し、共立女学校で教鞭をとりつつ『よろこばしきおとづれ』を編集・発行した。

共立女学校は、1871（明治4）年米国女性一致外国伝道協会から派遣されたプライン（Mary Putnam Pruyn）らによって設立された「混血児」のための施設、アメリカン・ミッション・ホーム（American Mission Home）を母体とする。1872（明治5）年には横浜山手212番地に移転、日本で最初の女子寄宿舎がつくられ、1875（明治8）年には共立女学校と呼ばれるようになった。『よろこばしきおとづれ』は、この共立女学校の一室で編集作業が行われていた。

資金は外国日曜学校協会（Foreign Sunday School Association）から提供され[3]、創刊当初、印刷を行っていたのは、バプテスト派の宣教師ネイサン・ブラウン（Nathan Brown）のミッション・プレスであった[4]。ネイサン・ブラウンは「日本人に新約聖書を与え、50人のバプテスト会員を有するバプテスト教会を設立すること」を目的に1873（明治6）年に来日した。聖書翻訳委員の一員となるが、「バプテスト」の訳語をめぐってほかの委員と対立し、委員を辞退すると、自宅のあった横浜山手67番地に印刷所を構えた。聖書を学ぶにはできる限り簡易な文字によるべきだと考えた彼は、かな文字で聖書を印刷することにした[5]。そこで用いられたのが、独特の連綿活字である。

図2―5は『よろこばしきおとづれ』の、**図2―6**はネイサン・ブラウンが和訳した新約聖書『志無也久世無志与』の「ヨハネ3章16節」である。これらを比較すると、多少異同はあるものの、同じ活字が用いられていることがわかる。

図 2-5 『よろこばしきおとづれ』1（5）、1877.4

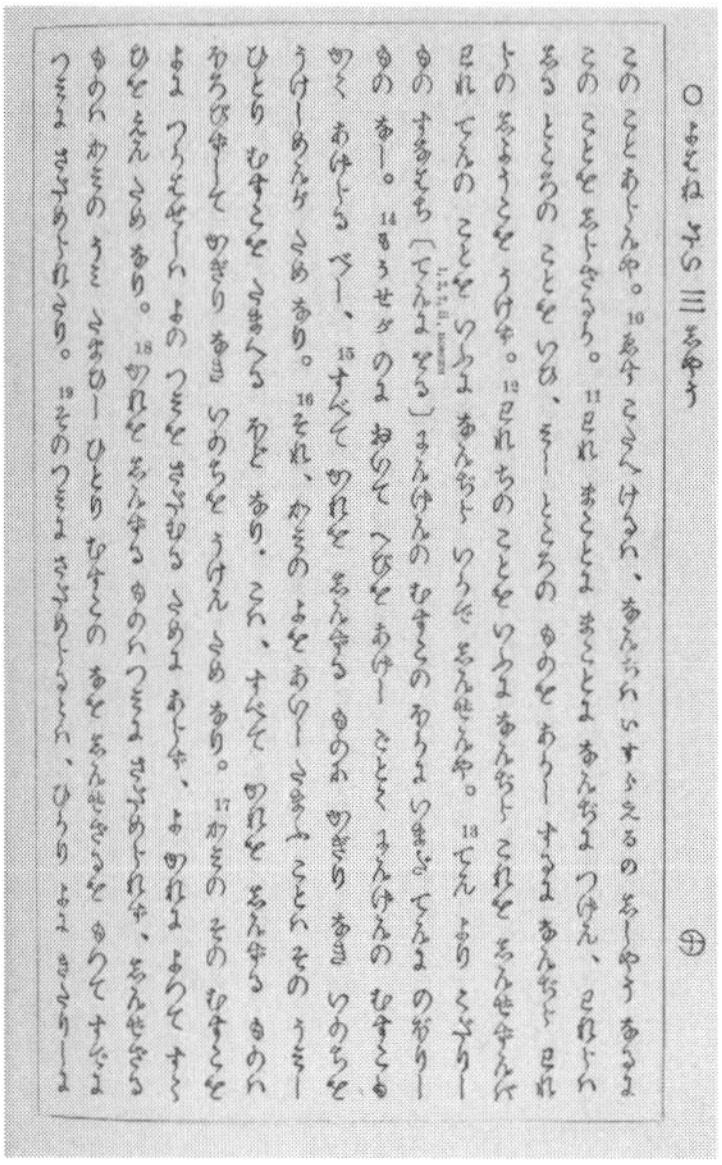

図 2-6 ネイサン・ブラウン訳『志無也久世無志与』（明治学院大学図書館デジタルアーカイブス https://www.meijigakuin.ac.jp/mgda/bible/search/book.php?id=1879ntnbr、現物資料は東京神学大学図書館所蔵）

小宮山博史によると、これは平野活版印刷所作製の連綿体ひらがな活字である。[6] 石崎康子は、誌面の変遷と活字の変化の関連性を指摘している。[7] 石崎によると、創刊当初しばらくはミッション・プレスの活字が用いられているが、1878（明治11）年5月の2巻16号以降は題字に平野活版印刷所の「二号明朝仮名」、本文は「前期五号」の模索期のものが用いられるなど、字形に混用がみられるため、ほかの印刷所で印刷された可能性があるという。また、1880（明治13）年2月の4巻40号以降は「前期五号」が用いられており、東京の築地活版製造所での印刷であった。この変化について、石崎は編集者マクニールの転居と関連づけて考察している。

編集の中心であったマクニールは、共立女学校のあった横浜から、1878（明治11）10月に東京築地へ転居し、雑誌の編集を続けた。[8] マクニールは1880（明治13）年1月に離日しており、石崎の指摘するように、誌面の変遷と印刷所の変化の背景にはマクニールの移動があったものと考えられる。

(2) 執筆陣と日本人助手

以上から、印刷・発行にあたってはマクニールの影響が大きかったことがわかるが、すべての記事をマクニールが執筆していたわけではない。齋藤元子がすでに指摘しているように『よろこばしきおとづれ』に多く記事を寄せているのは、北海道函館で伝道したメソジスト監督派教会派遣の宣教師メリマン・ハリス（Merriman Colbert Harris）の妻フローラ・ハリス（Flora Lydia Harris）と、S・R・ブラウンやヘボンの聖書翻訳事業を助けた高橋五郎の2名である[9]。フローラは著述を得意とし、『土佐日記』の翻訳などを手掛けた。高橋五郎は一時共立女学校の教師もつとめ、和漢洋いずれの能力にも長《た》けていたといい、聖書翻訳を志していたヘボンやS・R・ブラウンから高く評価されていた人物である[10]。

ほかに署名などがみられるのは、共立女学校の教師であった熊野雄七、ヘボンやS・R・ブラウンを助け聖書や讃美歌の翻訳に貢献した奥野昌綱、共立女学校に学び、後に女学校をおこした桜井ちかなど、いずれも横浜や築地を中心に活動していたキリスト者であった。宣教師のなかでは、長老派の女性伝道局から派遣されたヤングマン（Kate M. Youngman）や、改革派のS・R・ブラウンやアメルマン（James Lansing Amerman）などの名前がみられる。これらからは、特定の教派からの寄稿によるのではなく、超教派主義をとった雑誌であったことがわかる。

この雑誌がどのような編集体制をとっていたのか、もう少し詳しくみていくことにしたい。この件について詳しいのは、初代の日本人編集者であったという植村正久の回想である。

今でもイ・アアル・ミロル夫人Mrs. E. R. Millerの許から発刊される『喜の音』は、明治九年の頃であつたらう、共立女学校の教師マクニイル女史Miss McNealが上海の『小孩月報』（支那は其の頃既に基督教の立派な雑誌を所有して居たのみならず、児童の分までも能く手が届いて凡て日本基督教の師匠役であつた。之も今と事情の甚しく異つた一つである。）に倣い、本邦児童の為めに良き読みものを供給するの目的を以て始めて設けられたのである…（中略）…『喜の音』は現今三浦徹君の編纂であるが、友人吉田信好氏も井深梶之助氏も、マクニイル女史から依頼されて骨を折られたこともあると記憶する。然し最初の編集人は斯く申す余であつた。[11]

以上の回想によると、日本人の初代編集人は植村であり、次に吉田信好、井深梶之助と、ブラウン塾出身者が編集を担当したようである。植村は「支那は其の頃既に基督教の立派な雑誌を所有して居たのみならず、児童の分までも能く手が届いて凡て日本基督教の師匠役であつた」と指摘しているが、1878（明治11）年当時、中国ではすでに宣教師らによって『万国公報』（*The Globe Magazine*）『格致彙編』（*The Chinese Scientific Magazine*）などの雑誌が刊行されていた。

また第1章で述べたように、来日宣教師の多くは中国で著された聖書やトラクトを活用していた。とりわけ宣教師マルティン（William Alexander Parsons Martin、丁韙良）が1854年に寧波で著した『天道溯原』やマッカーティーの『眞理易知』などは幕末から明治初期の日本においても非常によく読まれたという。[12] このような状況をみれば、先行する中国の雑誌を参照したこともうなずける。では、この『小孩月報』はどのような雑誌だったのか、節を改めて詳しくみていこう。

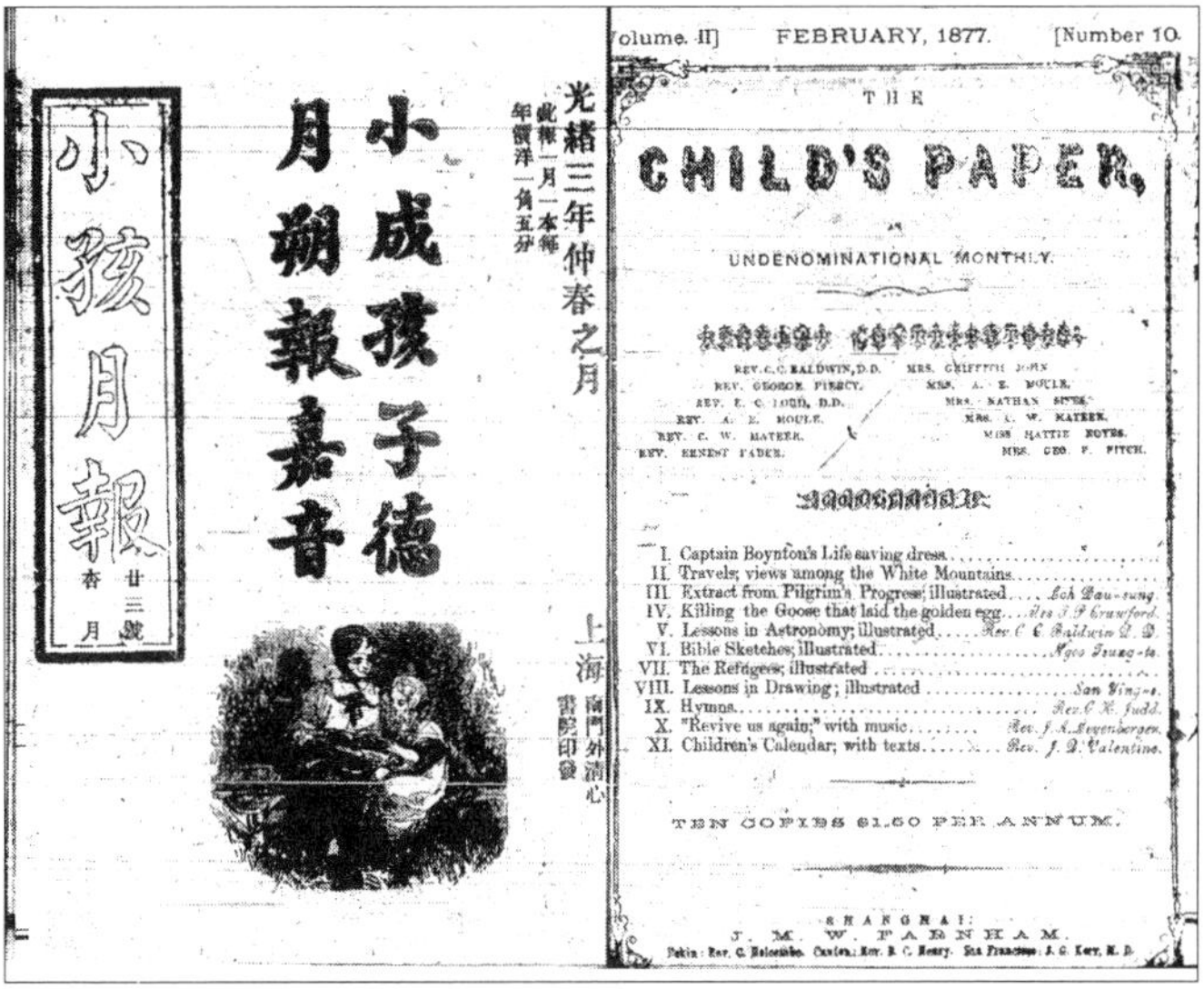

図2-7　『小孩月報』2(11)、1877.3（上海図書館所蔵、以下『小孩月報』はすべて上海図書館所蔵）

第2節　『小孩月報』と『よろこばしきおとづれ』

『小《しょう》孩《がい》月《げっ》報《ぽう》』（xiaohai yuebao、英題 *The Child's Paper*）は、1874年2月に長老派の宣教医ジョン・カー（John G. Kerr）が広東で創刊した月刊のキリスト教児童雑誌である。カーは病院の仕事で忙しくなり、10月に中断したが、1875年5月に北米長老教会派遣の宣教師ファーナム（John Marshall Willoughby Farnham、范約翰）によって引き継がれ、上海で発行されるようになった。▼13 編集・発行は、ファーナムが教師を務めていた教会附設の学校である清心書院で行われていた。この学校は長老派からの資金援助を受けていたものの、南北戦争などによって資金難に陥った。そこでファーナムは印刷業などに従事しながら学べる体制に切り替え、業務の一環として印刷を行うことになったという。▼14

図2―7は、『小孩月報』2巻11号（1877・3）の表紙および2巻10号（1877・2）裏表紙である。裏表紙には、『よろこばしきおとづれ』と同様に英語のインデッ

表2-1 『よろこばしきおとづれ』と『小孩月報』の共通記事

	『よろこばしきおとづれ』		『小孩月報』	
	タイトル	日付	タイトル	日付
1	ニアガラ瀑布のこと	1877.12	遊歴筆記：尼愛格垃流水	1877.1
2	難船救助場のこと	1878.3	救生船略	1878.9
3	船長ボイントン氏のこと	1878.8	救命衣	1877.2
4	流星説、隕石説	1878.9	天文易知 第十課 彗星流星隕石	1877.3
5	雪片ヲ顕微鏡ニテ見タル図	1879.1	<なし>	1877.11
6	海馬を捕る図	1879.2	捕海馬図	1877.5
7	上海長老教会ミッション之図	1879.8	此係清心書院主人住房右辺女学塾	1878.7
8	支那広東ミッションノ図	1879.10	広東長老会福音堂図	1878.8
9	ダビデとゴリヤの話	1880.6	聖経古史	1880.6
10	フヰンガル洞	1881.6	遊歴筆記：海辺石洞内形式	1877.8
11	マウナロアの噴火口	1881.8	三得維支海島故事	1879.8

クスが付されているほか、価格も年間購読10部につき1・5ドルと、『よろこばしきおとづれ』と同様の体系をとっていた。

しかし、『よろこばしきおとづれ』と『小孩月報』の類似性は、これだけにとどまらない。**図2―8**および**図2―9**を参照されたい。**図2―8**が『小孩月報』、**図2―9**が『よろこばしきおとづれ』の誌面である。ふたつを並べてみると明らかなように、これらの記事は、内容のみならず、レイアウトまでもが酷似している。

『小孩月報』と『よろこばしきおとづれ』を比較してみると、**図2―8**、**図2―9**のような、内容や構図の共通する記事が散見される。これらの記事を一覧にまとめたものが、**表2―1**である。

共通する記事のほかにも、『小孩月報』3巻1号（1877・5）にマクニールのメッセージが掲載されていたこと（**図2―10**）や、『よろこばしきおとづれ』2巻19号（1878・6）には上海にあるファーナムの日曜学校に見学に行ったというマクニールの署名記事が掲載されていることから、両者の人的交流があったこともうかがえる。

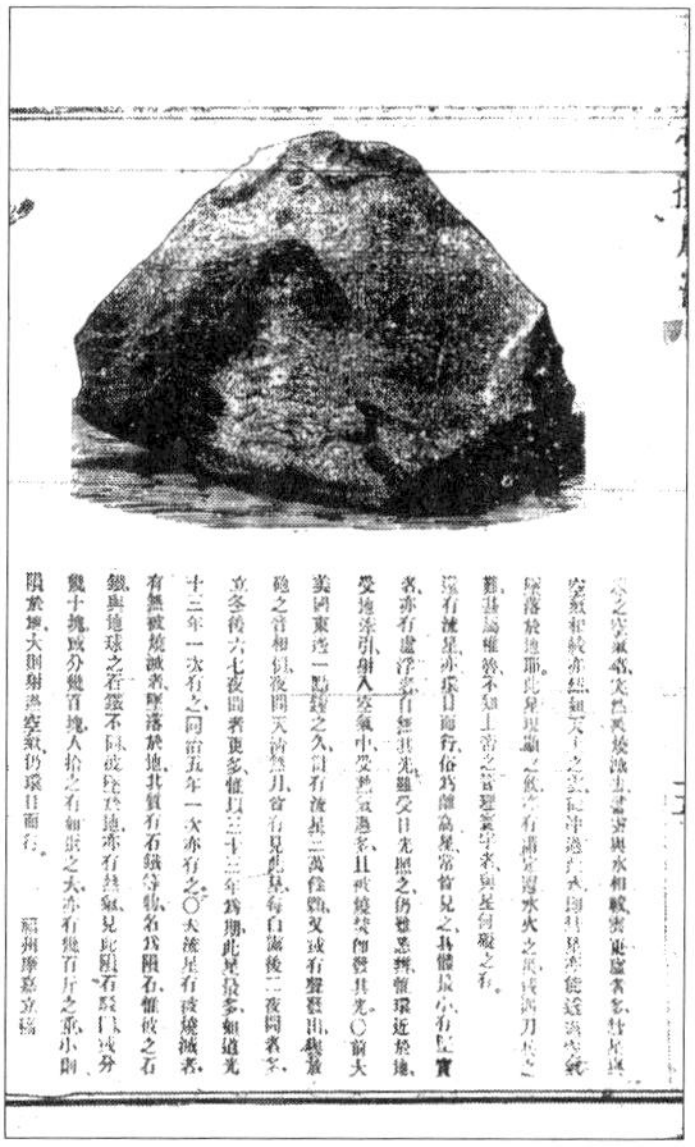

図 2-8　『小孩月報』2（11）、1877.3

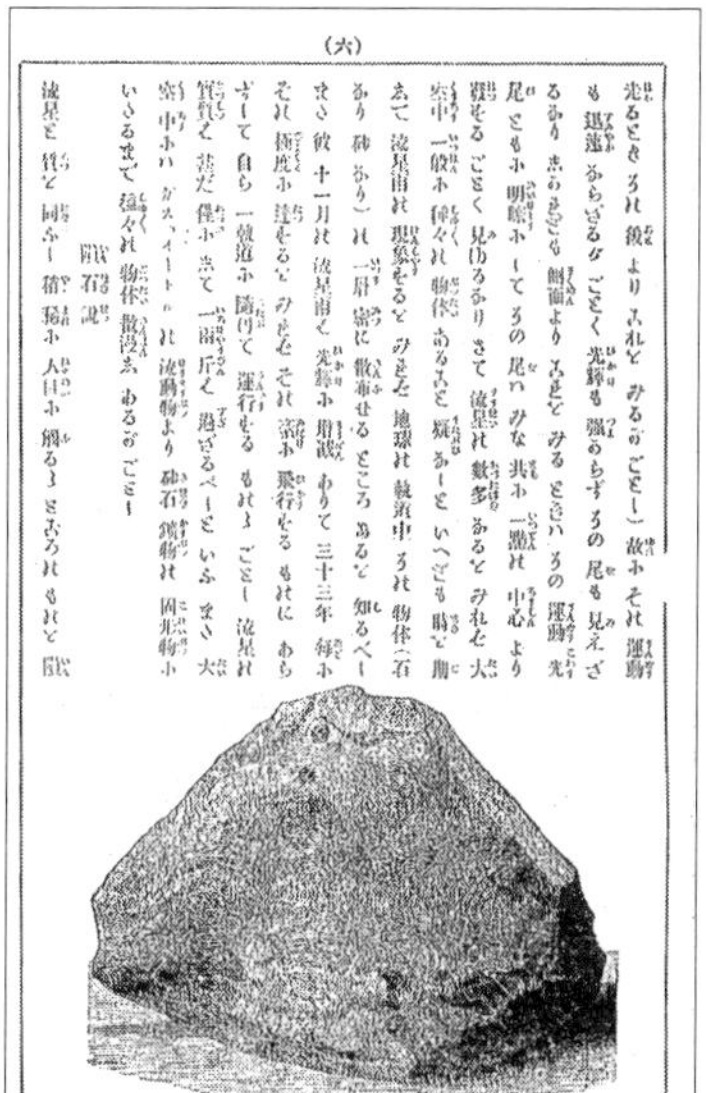

図 2-9　『よろこばしきおとづれ』2（22）、1878.9

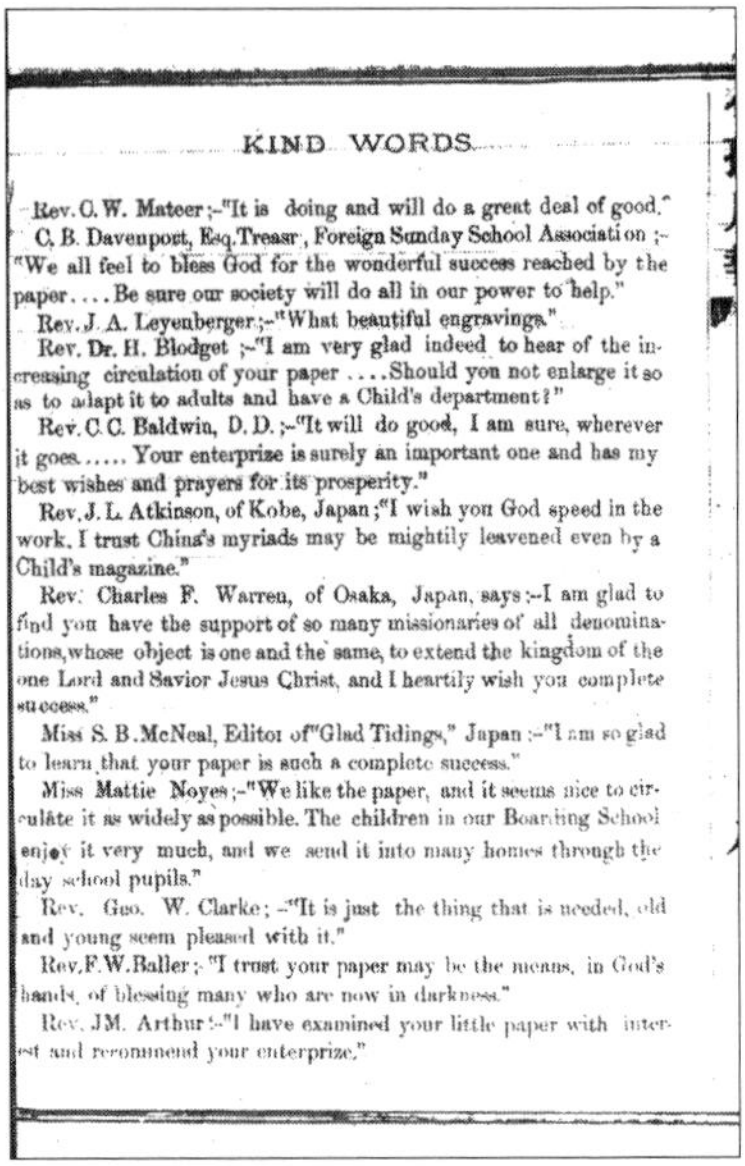
KIND WORDS

Rev. C. W. Mateer ;-"It is doing and will do a great deal of good."

C. B. Davenport, Esq. Treasr., Foreign Sunday School Association ;-"We all feel to bless God for the wonderful success reached by the paper. . . . Be sure our society will do all in our power to help."

Rev. J. A. Leyenberger ;-"What beautiful engravings."

Rev. Dr. H. Blodget ;-"I am very glad indeed to hear of the increasing circulation of your paper . . . . Should you not enlarge it so as to adapt it to adults and have a Child's department?"

Rev. C. C. Baldwin, D. D. ;-"It will do good, I am sure, wherever it goes. . . . . Your enterprize is surely an important one and has my best wishes and prayers for its prosperity."

Rev. J. L. Atkinson, of Kobe, Japan ;"I wish you God speed in the work. I trust China's myriads may be mightily leavened even by a Child's magazine."

Rev. Charles F. Warren, of Osaka, Japan, says ;--I am glad to find you have the support of so many missionaries of all denominations, whose object is one and the same, to extend the kingdom of the one Lord and Savior Jesus Christ, and I heartily wish you complete success."

Miss S. B. McNeal, Editor of "Glad Tidings," Japan :-"I am so glad to learn that your paper is such a complete success."

Miss Mattie Noyes ;-"We like the paper, and it seems nice to circulate it as widely as possible. The children in our Boarding School enjoy it very much, and we send it into many homes through the day school pupils."

Rev. Geo. W. Clarke ; -"It is just the thing that is needed, old and young seem pleased with it."

Rev. F. W. Baller ;-"I trust your paper may be the means, in God's hands, of blessing many who are now in darkness."

Rev. J. M. Arthur :-"I have examined your little paper with interest and recommend your enterprize."

図2-10　『小孩月報』3（1）、1877.5

両者をつなぐものは何だったのか。先にみたマクニールのメッセージの上には（図2―10）、外国日曜学校協会の理事ダブンポート（C. B. Davenport）から、「この新聞がすばらしい成功を収めていることで、私たちはみな神に感謝しています。わたしたちの協会は、必ずできる限りのお手伝いをします」とのメッセージが寄せられている。すなわち、『よろこばしきおとづれ』に資金提供をしていた外国日曜学校協会という団体が、『小孩月報』の運営にも支援を行っていたのである。次節では、外国日曜学校協会という団体とその活動についてみていく。

第3節　外国日曜学校協会と雑誌の運営

(1) アメリカ日曜学校運動と協会の設立

日曜学校の起源は、イギリス国教会の信徒レイクス（Robert Raikes）が1780年に貧しい子どもを日曜日に集め、読み書きや道徳を教えたことにはじまる。その後アメリカにも移植され、東海岸のフィラデルフィア、ボストン、ニューヨークなどの都市部から進展していった。19世紀前半には公立学校の生徒数が増加し、宗教が公教育から分離されたことから、日曜学校はとくに宗教教育機関としての役割が重視されるようになった。

アメリカでは１８００年代から30年代にかけて大規模な第二次信仰復興のもと、米国聖書協会（American Bible Society）や、１章で論じた米国聖教書類会社など、国家を強調した超教派主義の協会や機関が数多く設立されるが、このような流れの中で、１８２４年に米国日曜学校連盟（American Sunday School Association）が誕生することとなった。連盟は西部開拓地において時に教会に先立って日曜学校を設立し、「健全な」児童文学を大量に発行することで読書の趣味と信仰心を育てようとした。

平信徒、とくに女性信徒の熱心なボランティア活動と、発展しゆく印刷技術を背景に、連盟は精力的に活動し南北戦争後、日曜学校はさらに発展していった。日曜学校は宣教活動としても認識され、福音的な推進力をもつ運動となっていった。[15]運動の拠点となった米国日曜学校連盟と米国聖教書類会社は、ともにおびただしい数の子ども向けの書籍・雑誌を発行した。[16]これらの組織による書籍や雑誌は、一般の商業的出版社の分野にも大きく割り込み、19世紀以降のアメリカの子ども向け読み物の発展に重要な役割を担ったといわれる。[17]

このような日曜学校運動はやがて海外伝道地にもひろがっていく。そこで結成されたのが外国日曜学校協会である。この協会は、日曜学校のまだ存在しない国へ、福音と日曜学校を紹介することを目的に、会長アルバート・ウッドラフ（Albert Woodruff）とボランティアを中心に構成された団体であった。米国日曜学校連盟の副会長でもあったウッドラフは、１８５６年からイタリアやドイツなどヨーロッパにおける日曜学校の設立に尽力し、アメリカに戻ったのち１８７８年に本格的に外国日曜学校協会を組織するに至った。[18]ブルックリンの自宅を本部として、活動の場をさらに広げ、アメリカ在住のボランティアや世界各地の宣教師と協力しながら活動を展開した。[19]彼の目的に賛同するものならば、教派にとらわれず、誰でも自由に参加できたことが、多くの協力者を得た大きな要因であろう。[20]運営資金も、各宣教団体や教会からの献金で成り立っていたが、その中でも重要だったのがアメリカの子どもたちの献金である。

(2) 海外伝道と子どもたちの献金

19世紀後半、アメリカでは女性たちによる海外伝道が大規模に展開されていった。プロテスタント教会の女性教会員らによって組織された女性海外伝道局では、献金が集められ、集まった献金をもとに選ばれた女性を宣教師としてアジアやアフリカに次々に派遣していった。女性教会員に求められた役割のひとつに、子どものキリスト教教育、とくに海外伝道に関心をもたせることがあった。子どもたちは将来の宣教師候補であったし、献金の提供者にもなり得たからである。[21]

子どもたちは異教徒の子どもたちを救うべく、タオルに刺繍を入れて売ったり、薪を運んだりしてお小遣いを稼ぎ、それをマイト・ボックス（Mite Box）あるいはミッション・ボックス（Mission Box）と呼ばれる箱に入れて献金を集めていった。[22] 外国日曜学校協会の運営資金は、主にこうした子どもたちによる献金で成り立っていた。協会は「子どもたちを通して諸外国の人々に福音を伝えることを目的としており、アメリカ中のすべての日曜学校の子どもたちによって支えられ、継続されるべきもの」と年次報告で述べられており、アメリカの1万を超える各日曜学校から少額ずつの献金を募ることによってその活動を維持していたのであった。[23] こうして集められた献金の一部が、『よろこばしきおとづれ』の運営費になっていたのである。

前述したように、『よろこばしきおとづれ』の最初の編集者はマクニールだが、日本に日曜学校と子どものための雑誌を創刊すべく外国日曜学校協会に援助を依頼したのはアメリカン・ミッション・ホームの創設者のひとり、プラインである。

外国日曜学校協会の1873年10月の報告によれば、プラインが横浜で開始した日曜学校に対し、協会から75ドルの援助がなされていた。[24] プラインは1875年、「子どもだけでなく大人も読むことができる日本語の日曜学校新聞を確保したい」と、協会へ以下のように書き送っている。

日曜学校新聞に関して…（中略）…ここではまだキリスト教新聞は発行されておらず、私はこの種のものの必要性を非常に感じています。…（中略）…日本初のキリスト教新聞が貴協会によって創刊されることは、はかりしれないほどの価値のあるものであり、教会の野心を満たし誇りとなるものと確信しています。[25]

結果として、『よろこばしきおとづれ』に先んじて神戸で『七一雑報』が創刊されたため、『よろこばしきおとづれ』が日本最初のキリスト教雑誌とはならなかった。しかし、キリスト教新聞がまだなかったことから、子どもだけでなく大人も対象とした新聞の発行の援助を外国日曜学校協会へ依頼したものと考えられる。

プラインは資金を得るため、自分の孫やアメリカの日曜学校の子どもたちに宛てて日本の子どもの様子を伝え、献金をお願いする手紙を繰り返し書いて送っている。やや長くなるが、手紙の一部を引用しておこう。

日本の子どもは、たいへん素直でおとなしいので、ここに住む人は幸運です。…（中略）…生まれつき、こんなに性格の良い子どもは、他の国にはいないと思いますから。…（中略）…私がとても悲しく思うのは、この人たちが、生活を向上させる術を知らないことです。…（中略）…両親が、清潔で、勤勉で、きちんとした生活をすれば、子どもはそのようにひどい病気にならないでしょう。この人たちが拝む偶像は、決して病気を治すことはありません。それが出来るのは、私たちの信仰する神様だけであるということを知りません。……（中略）……もうおわかりでしょうが、私たちにはお金が、それもとても大金が必要です。……（中略）……子どもたちにも助けてもらいたいのです。……（中略）……私のかわいい孫は、楽しい家で幸福に、何不足なく生活し、聖書を備え、天に在すお父様の愛をよく知っていますね。あなたたちも、神様を知らない、かわいそうな子どもに同情して、何かしてほしいと思います。お小遣いを全部自分のために使ってしまわないで、節約した分をミッション・ボックスに入れてもらいたいと希望しています。自分のためだけにお金を使うのは、わがままなことで、やがて、無慈悲で不親切な心の人になるでしょう。でも、何か善いことをしようと努力し、自分の出来ることをして他人を助けると、あなたたちは救い主の心に近づき、自分も幸せになるばかりか、他人からも愛されるでしょう。神様が、そういう子どもにしてくださるようにと、祈っています（1872年8月6日付書簡[26]）。

子どもたちから献金を求める宣教師の手紙にはいくつかの特徴があるが、このプラインの書簡はそれらをよく伝えている。

まず、赴任地の子どもたちが「かわいそう」な存在であることを強調するという点である。この手紙では日本の子どもたちの気立てのよさを述べたうえで、親が無知であるがゆえに病気を放置されていることを批判している。異教徒の子どもの親に対する批判も典型的なレトリックのひとつだった。親を悪く描くことによって、異教徒の子を精神的にも経済的にも救わなければならないという義務感がアメリカの子どもたちに芽生え、疑似的な親子関係が形成され、金銭的な奉仕へとつながったとの指摘もある[27]。

異教徒の子どもたちを「かわいそう」に描くことで、アメリカの子どもたちがいかに恵まれた存在であるかもまた強調される。アメリカの子どもたちは神に選ばれ恵まれているのだから、自分のことだけを考えるのではなく、異教徒のために少しでもできることをすべきである。その奉仕こそが、自分たちの精神を満たしよりよい人生に近づける鍵なのだ、と子どもたちを説得する。

このような宣教師らの発信によって、子どもたちに海外伝道と献金の重要性が伝えられていった。一人ひとりの献金額は決して大きいものではなかったが、少額ずつが積み重なって、各教派や外国日曜学校協会の運営資金となっていったのだった。

(3)　外国日曜学校協会からの支援

外国日曜学校協会から各国への支援内容について、具体的な状況を協会の年次報告からみてみよう。まず日本のマクニールは、協会から送られる資金の使い道について、大部分は日曜学校の黒板やカードに使用しており、そのうち一部は伊藤藤吉に支払っていると伝えている。伊藤は、植村らと同じくブラウン塾・東京一致神学校出身で、静岡県三島などに伝道を行った。彼は伝道の中で、『よろこばしきおとづれ』の効果を実感したようで、資金の使い道として『よろこばしきおとづれ』に使うのが最も効果的だと度々マクニールに進言したため、彼に持たせるためにもう１００部の増刷を考えていると報告されている。

次にファーナムの報告である。日曜学校には平均して１７０名が参加しており、運営には毎年40ドル必要だと伝える。さらに『小孩月報』をもっと発行したいから、次年度の協会からの支援額を増やしてほしいと要求する。また『小孩月報』の大部分は、物語やすでに翻訳され印刷された本の中から記事を選んでおり、日曜学校蔵書も、具体的な数はわからないがかなりあるという。こうした日曜学校用の本を翻訳・印刷する事業は重要な仕事だと思う、資金さえ得られれば喜んで協会から示された実話や有益な本を喜んで翻訳・印刷する、とも述べている。さらに、『小孩月報』は子どもとその親に効果を感じているが、大人たちの雑誌の発行も企画しているため250ドル年間で追加を頼めないか、との要求もなされている。

具体的な援助金額について、外国日曜学校協会の年次報告に記載がある。*Glad Tidings* すなわち『よろこばしきおとづれ』および日本の日曜学校に対しては1877年は432・25ドル、1878年には402・80ドル、1879年は322ドル、*Child's Paper* すなわち『小孩月報』および中国の日曜学校に対しては1877年は99・13ドル、1878年には113・50ドル、1879年は100ドルであった。そのほかへの援助としては、ポルトガル・ブラジル・アゾレス地域の雑誌 *O Amigo da Infacia* には101・37ドル、スペイン・メキシコ・南アメリカ地域の雑誌 *El Amigo de la Infancia* には609・05ドルの出資がなされていた。[28]

以上みてきたように、外国日曜学校協会の支援は、世界の日曜学校ならびに『よろこばしきおとづれ』や『小孩月報』といった各国の日曜学校雑誌の運営にも寄せられた。『よろこばしきおとづれ』が、本部を通じてデンマーク在住の外国日曜学校協会会員に送られた例があるように、[29]おそらくは外国日曜学校協会の援助によって刊行された各国の雑誌は、本部にも送られ、本部からまた別の国に送付される例もあったのではないかと推測される。いずれにせよ、『小孩月報』と『よろこばしきおとづれ』は、ともに外国日曜学校協会の活動の一環として発行されていたのであり、両者の類似性の要因のひとつはここにあったといえる。

創刊にあたって、日本の場合は、同じアジア圏の先例として『小孩月報』を参照することが可能だったが、中国の場合はどうだったのか。ファーナムが「大部分は、物語やすでに翻訳され印刷された本」から、と協会へ報告していたように、『小孩月報』には、すでに中国で発行されていたトラクト類からのリライトの記事も散見される。

中国のプロテスタント伝道においては、宣教師によって約８００種のトラクトが用意されたといわれるが[30]、こうしたトラクト類が『小孩月報』の編集にあたっても有用であった。具体的には、まず『小孩月報』のイソップ物語は、ロバート・トーム（Robert Thom）の『意拾喩言』からの転載であることが内田慶市によって明らかにされている[31]。そのほかにも、宣教師クォーターマン（John Winn Quartermann、卦徳名）が寧波で著した『聖経図記』や、ホブソン（Benjamin Hobson、合信）の『博物新編』、Ｒ・Ｑ・ウェイ（Richard Quarterman Way、褘理哲）の『地球説略』と類似の内容（図２―11、図２―12）が見受けられた。これらの書籍は、幕末明治初期に西洋文化を紹介するものとして、日本でもよく読まれたという[32]。

また、英文の目次には『格致彙編』、『万国公報』、『福音新報』（*The Gospel News*）などの雑誌名がみられ、共通する記事の存在が成實朋子によって指摘されていることから[33]、これらの先行するトラクト・雑誌は『小孩月報』の編集にあたって範としての役割を担っていたことがわかる。また、日曜学校蔵書がかなりの数あり、これらを翻訳したいというファーナムの報告や、「中国から、（アメリカの――筆者）日曜学校新聞を送ってくれとの依頼があった」[34]という記録があることから、アメリカで発行されていた日曜学校用の図書や新聞なども参照していたことがわかる。

一方、『よろこばしきおとづれ』の場合を考えると、日本では伝道が開始されて日が浅く、印刷所も限られる状況であっただけでなく、先行するキリスト教関係の定期刊行物としては、１８７５（明治８）年神戸で創刊された『七一雑報』しか存在しなかった[35]。こうした状況であったため、外国日曜学校協会からの出資も中国に比べ多

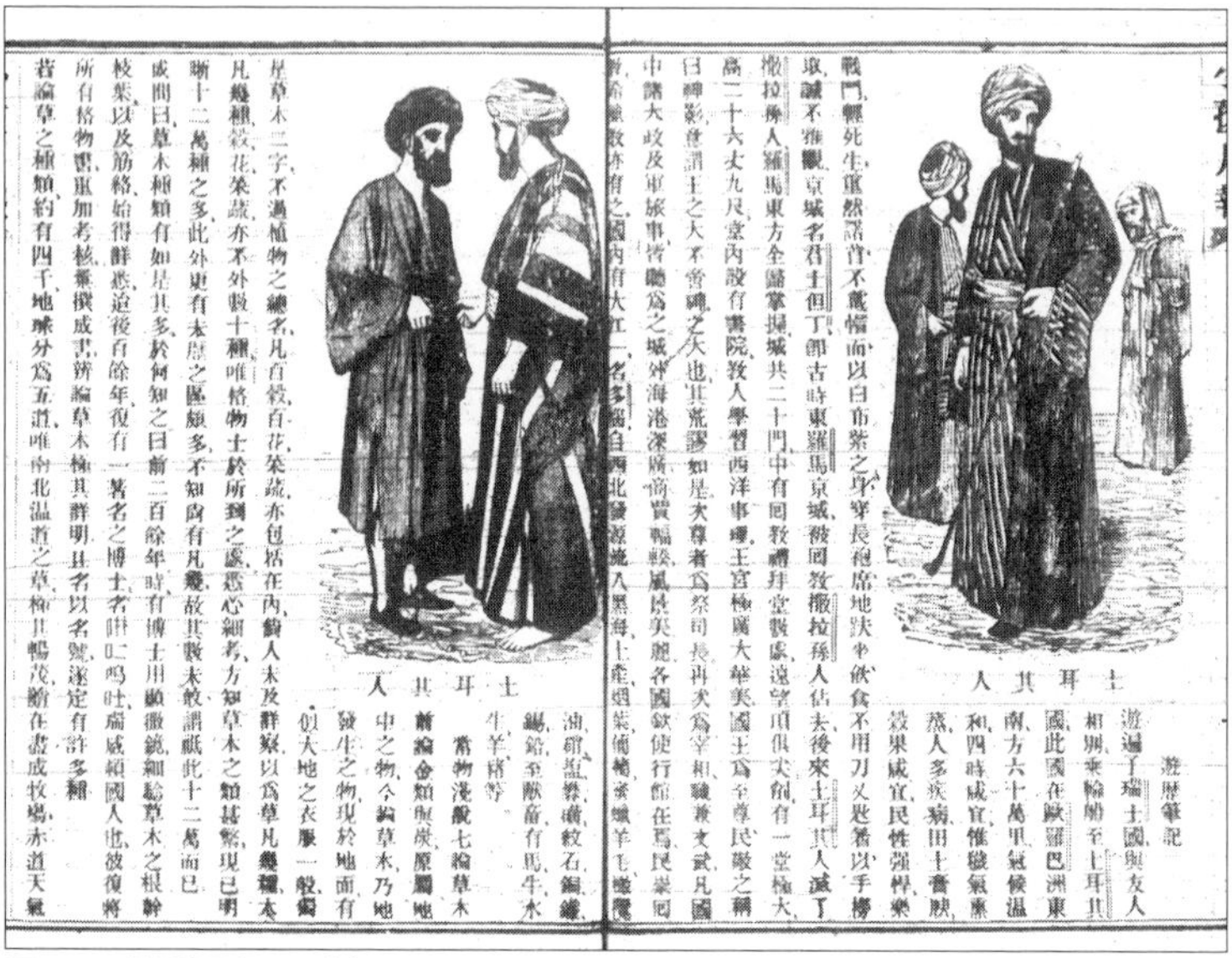

小孩月報

遊歷筆記

遊遍了瑞士國、與友人相別、乘輪船至土耳其國、此國在歐羅巴洲東南、方六十萬里、氣候溫和、四時咸宜、惟臟氣薰蒸、人多疾病、用土香㷔、穀果咸宜、民性强悍、樂戰鬭、輕死生、重然諾、首不戴帽、而以白布紫之、身穿長袍、席地趺坐、欲食不用刀叉匙箸、以手攫取、誠不雅觀、京城名君士但丁、即古時東羅馬京城、被回教撒拉孫人佔去、後來土耳其人滅了撒拉孫人、羅馬東方全歸掌握、城共二十門、中有回教禮拜堂數處、遠望頂俱尖銳、有一堂極大、高二十六丈九尺、京內設有書院、教人學習西洋事體、王宮極廣大華美、國王爲至尊、民皆之稱曰神影、意謂王之大、不啻神之大也、其荒謬如是、大尊者爲祭司長、再次爲宰相、職兼文武、凡國中諸大政及軍旅事、皆聽爲之、城外海港深闊、商賈輻輳、風景美觀、各國欽使行館在焉、民崇回教、希臘教亦有之、國內有大江一、名多惱、自西北發源、流入黑海、土産煙葉、[illegible]、羊毛、蠟燭、油、礦、鹽、礬、磺、紋石、銅、鐵、錫、鉛、至獸畜有馬、牛、水牛、羊、豬等

土耳其人

格物淺說七論草木

前論金類與炭、原屬地中之物、今論草木、乃地發生之物、現於地面、有似大地之衣服一般、獨是草木二字、不過植物之總名、凡百穀、百花、菜蔬、亦包括在內、論人未及詳察、以爲草凡幾種、木凡幾種、穀、花、菜蔬、亦不外數十種、唯格物士於所到之處、悉心細考、方知草木之類甚繁、現已明晰十二萬種之多、此外更有未歷之區頗多、不知尚有凡幾、故其數未敢謂祇此十二萬而已

或問曰、草木種類有如是其多、於何知之、曰前二百餘年時、有博士用顯微鏡、細驗草木之根幹枝葉、以及筋絡、始得詳悉、迨後百餘年、復有一著名之博士、名啉吶嗚吐、瑞威頓國人也、彼復將所有格物書、重加考核、彙撰成書、辨論草木極其詳明、且名以名號、遂定有許多種

昔論草之種類、約有四千、地球分爲五道、唯南北溫道之草、極其暢茂、漸在盡成牧塲、赤道天氣

土耳其人

図 2-11 『小孩月報』6（3）、1880.7

図 2-12 リチャード・Q・ウェイ『地球説略』華花聖経書房、1856（ハーバード燕京図書館所蔵）

表2-2　参照した雑誌・書籍と記事タイトル（番号は表2-1に対応）

	媒体名	タイトル	日付、頁
1	*I.C.W*＊1	The Niagara Falls.	1874.6.6
1	*C.P*	The Niagara Falls.	1874.10.1
2	*C.P*	The United States Life-Saving Service.	1877.11.1
3	*I.C.W*	An Amphibious Man.	1875.4.17
4	*I.C.W*	Falling Stars.	1874.2.7
5	*C.C.S*＊2	The Voices of the Leaves and the Snow-Flakes.	p.15
6	*C.P*＊3	The Walrus-Hunt.	1857.7
9	*S.B*＊4	David meets Goliath, and kills him.	pp.25-31
10	*C.P*	Fingal's Cava - Staffa.	1854.6
11	*C.P*	The Crater of Mauna Loa.	1858.11
11	*I.C.W*	Mauna Loa.	1874.3.7

＊1　*The Illustrated Christian Weekly*、本文を参照。
＊2　Edwin A. Abbott, *The Child's Christmas Sheaf from the Bible Field*, Boston: American Tract Society, n.d.
＊3　*The Child's Paper*、本文を参照。
＊4　Horace Hooker, *Scripture Biography for the Young with Critical Illustrations and Practical Remarks: David and Solomon, including Saul and Rehoboam, Gallaudet's series*, New York：American tract society , 1843.

かったのだろうし、『小孩月報』を参照することにしたものと考えられる。

ただ注意すべきなのは、日本にも、『小孩月報』だけでなく、アメリカの日曜学校用図書や新聞も同時に送られていた可能性も高いという点である。『よろこばしきおとづれ』がどの程度『小孩月報』を参照していたのか、それ以外のアメリカの図書や新聞・雑誌をどの程度参照していたのか。影響関係について、次節で改めて考察する。

第4節　比較と特色

(1) 影響関係

第1節において、『小孩月報』と『よろこばしきおとづれ』には共通する記事がいくつか存在することを確認した（表2―1）。しかし、両者がともに外国日曜学校協会からの資金援助を受けていたこと、また中国には外国日曜学校協会からアメリカの書籍や新聞・雑誌が送られていたことをあわせて考えると、それぞれが別々にアメリカのものを引用した可能性も考慮しなければならない。

そこで、**表2—1**の記事の中で、アメリカで発行されていた米国日曜学校連盟や米国聖教書類会社発行の子ども向け書籍・雑誌を中心に比較・検討を行ったところ、**表2—2**の結果が得られた。

表2—1で挙げた記事の多くは、米国聖教書類会社で発行された、『チャイルズ・ペーパー』（*The Child's Paper*）や『イラストレイテッド・クリスチャン・ウィークリー』（*The Illustrated Christian Weekly*）に類似する記事がみつかった。

『チャイルズ・ペーパー』は1852年1月創刊の子ども向けキリスト教雑誌で、美麗な木口木版の挿絵で知られた。[36] 米国聖教書類会社は『アメリカン・メッセンジャー』（*The American Messenger*）という家庭用宗教誌を1850年に創刊したが、これが月20万部を売り上げる成功をおさめたことから、子どもの親や日曜学校の教員から子ども版を求める声が寄せられ創刊に至ったという。[37] 1870年には約35万人の購読者をほこったとされる。月1回発行で4頁建て、価格は年間10部1ドルという設定からみても、『小孩月報』や『よろこばしきおとづれ』の模範となったことは容易に想像がつく。

『イラストレイテッド・クリスチャン・ウィークリー』（以下『ウィークリー』と表記）は1871年4月に創刊された週刊の家庭用宗教誌で、8頁建て、こちらも宗教誌でありながら、ティモシー・コール（Timothy Cole）による美麗な木口木版の挿絵が豊富に挿入され、著名な神学者ライマン・アボット（Lyman Abbott）が編集に携わった。[38] 安息日の家庭用読み物というコンセプトから、子ども向けの読み物欄も併設されていた。[39]

では、『よろこばしきおとづれ』は、こうしたアメリカの雑誌類から直接翻訳していたのか、それとも『小孩月報』の中国語から翻訳していたのだろうか。具体的な記事を比較して影響関係を考察していく。

まず**表2—1**および**表2—2**の3「船長ボイントン氏のこと」という記事についてみていこう。**図2—13**、**図**

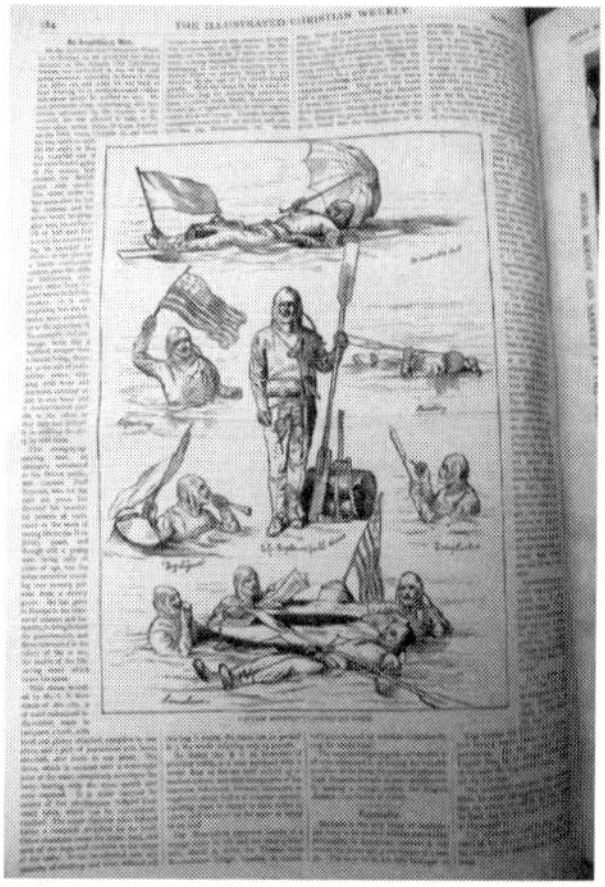

図 2-13　*The Illustrated Christian Weekly* 5 (16), 1875.4.17（Collection of the New-York Historical Society.）

図 2-14　『小孩月報』2（10）、1877.2

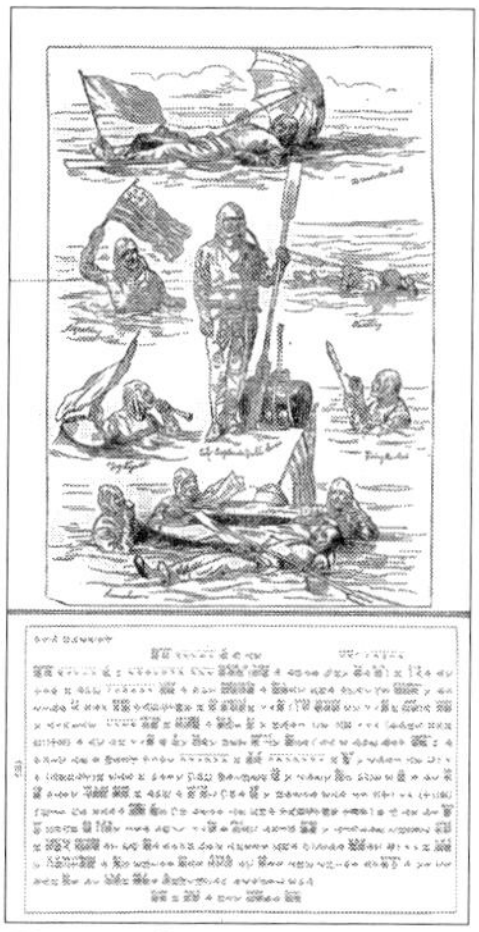

図 2-15　『よろこばしきおとづれ』2（21）、1878.8

2—14、図2—15は、それぞれ『ウィークリー』、『小孩月報』、『よろこばしきおとづれ』の記事だが、すべて同じ挿絵を用いている。

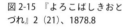

この記事は、ニュージャージー州アトランティックシティ救命隊の隊長であったボイトン（Paul Boyton）が、新たに開発されたゴム製の潜水服のデモンストレーションを行ったというものである。挿絵は、傘を開いたり旗をふったりして、こんなことをしてもおぼれないということをアピールしたボイトンの行動を図示したものである。▼40

問題は、『よろこばしきおとづれ』が『ウィークリー』を参照していたのか、それとも『小孩月報』だけを参照していたのかだが、ボイトンの出身地、あるいはデモンストレーションの舞台がどのように表記されているかに注目してみよう。『小孩月報』は、ボイトンの出身地を「紐約」、すなわちニューヨークと表記しているのに対し、『よろこばしきおとづれ』では「ニウゼルシイ」、すなわちニュージャージー州で救命活動をしていたと書かれている。また、デモンストレーションの舞台については、『小孩月報』では「英国倫敦」としか書かれていないのに対し、『よろこばしきおとづれ』では、「アイルランドの海岸ファステネットの岬」と、より具体的に示されている。

原典だと考えられる『ウィークリー』をみてみると、ボイトンが救命活動をしていたのはNew Jersey coastとあり、デモンストレーションが行われたのはCape Fastnet on the Irish coastとなっている。このように、『よろこばしきおとづれ』に書かれた地名の表記が、『ウィークリー』の表記と一致していることやマクニールの署名入り記事であることから、少なくともこの記事に関しては、『ウィークリー』を参照していたといえる。

また、訳語に注目してみると、ボイトンが身に付けたゴム服を、『小孩月報』では「救命衣」と訳しているのに対し、『よろこばしきおとづれ』では「生命服（いのちごろも）」と訳しており、訳語についても『小孩月報』との共通の影響はみられない。

先に**図2―9**に挙げた「流星説、隕石説」の記事に関しても、『小孩月報』で「彗星」と訳されているものが、『よろこばしきおとづれ』では「流星」と訳されており、ここでも訳語は統一されていない。これらの例をみると、少なくとも一部の記事では、『よろこばしきおとづれ』の編集は、『小孩月報』だけを参照していたわけではなく、適宜アメリカの文献を参照して行われていたといえるだろう。

では、『よろこばしきおとづれ』では、『小孩月報』を介さず、アメリカの文献から直接引用している記事があるのだろうか。判明した限りのものを**表2―2**の記事を除きまとめたのが**表2―3**である。ただし、この時期のアメリカでは英米の新聞・雑誌から無許可で記事を転載することが行われていたため、初出以外のものも含まれている。[▼41] 初出が示されていた記事については備考に記した。

ここに挙げた通り、アメリカの文献から直接引用したと思われる記事も、『よろこばしきおとづれ』には多数存

表2-3 『よろこばしきおとづれ』典拠一覧

記事タイトル	年月	記事タイトル／書籍著者	雑誌・書名	年月	備考
表紙	1877.2	The Shepherd King.	*Child's Paper*	1855.5.1	※絵のみ
またいでん十三しやう四十八せつ	1877.6	Textual Helps from Bible Lands.	*Illustrated Christian Weekly*	1873.5.3	※絵のみ
凶夢のはなし	1877.8	The Bad Dream.	*Child's World*	1874.9.1	
第はじめのふしぎなるわざ	1877.9	The Miracle at the Marriage.	*Illustrated Christian Weekly*	1873.7.5	※絵のみ
［老人］	1877.10	nontitle	*Child's Paper*	1874.3.1	
			Illustrated Christian Weekly	1872.2.1	
応報のはなし	1877.10	A Story of Retribution.	*Youth's Companion*	1875.11.25	
イエスのためにはたらひた少年のこと	1877.12	Working for Jesus.	*Baptist Union*	1875.3.23	
るかでん十七しやう七せつ	1878.3	Textual Helps from Bible Lands	*Illustrated Christian Weekly*	1872.9.28	※絵のみ
路可伝十六章を見よ	1878.5	Textual Helps from Bible Lands	*Illustrated Christian Weekly*	1874.1.10	※絵のみ
猿のはなし	1878.10	My Pet Monkey.	*The Churchman*	1875.5.8	
［ねずみをくわえる猫］	1878.11	Breakfast is Ready	*Illustrated Christian Weekly*	1874.6.20	※絵のみ
愛の働	1878.11	What love has done	*Sower & the Gospel Field*	1877.2.15	
支那葬礼之図	1879.1	Chinese Mourning for The Dead	*Mission Dayspring*	1882.8	※絵のみ
彼れは光明を間違へたり	1879.4	He Mistook the Light.	*Youth's Penny Gazette*	1846.12.9	
貧しき人を憫むは快楽の本	1879.3	The Shoes and the Two Dollars.	*Sunday School Advocate*	1851.1.1	
年寄りたる祭祀のはなし	1879.10	Favell L. Mortimer	*More about Jesus*	1859	
耶蘇に来るの回歩	1879.11	Four Steps to Jesus	*Child's Paper*	1876.6	
風を見んと欲したる話	1879.12	Looking for the Wind	*Illustrated Christian Weekly*	1872.11.2	
溺死の神	1880.2	The drowned God	*Child's Paper*	1860.7.1	
「ヂョンピング、ヂャックト」云フ木人形ノ話	1880.2	The Origin of the Jumping-Jack	*St. Nicholas*	1879.2	
「ペンニー」三枚	1880.3	The Three Pennies.	*Well Spring*	1870.1.1	*The Cottager*
華盛頓善く其兵を守る	1880.3	Washinton's Care of his soldiers	*Child's Paper*	1861.10.1	
世界を造る手伝	1880.4	Helping to build the World.	*Child's Paper*	1860.2.1	
ヒュー、ミレル氏の話	1880.4	Hugh Miller.	*Child's Paper*	1860.6.1	
時を守るの訓へ	1880.9	Punctuality of Washington.	*Youth's Companion*	1863.8.27	
髑髏の釘	1880.9	The Nail in a Skull.	*Maine Evangelist*	1857.8.29	
父様は甲板に居りますか	1880.11	Is Father on Deck?	*Christian Advocate*	1872.4.11	*The Chrstian*
キリストはこゝに居ますか	1880.12	Does Christ Live Here ?	*Child's World*	1871.12.15	
エルシーの夢	1881.1	Elsie's Dream	*Child at Home*	1865.1	
キリストの為に僕ち為りし人	1881.1	A Willing Servant.	*Child's Paper*	1860.10.1	
最初の殉教者	1881.3	Favell L. Mortimer	*Line upon Line*	183-?	
播種の譬	1881.5	Textual Helps from Bible Lands	*Illustrated Christian Weekly*	1872.10.26	※絵のみ
哥林多前書九章の九節十節を見よ	1881.7	Textual Helps from Bible Lands	*Illustrated Christian Weekly*	1873.7.26	※絵のみ
狼を殺せし男児の話	1881.8	The Boy Who Killed a Wolf.	*Philadelphian; or, Lutheran Church-visitor*	1867.6.5	*Child's Companion*
諸侯と来賓の話	1881.8	The Baron and His Visitor.	*Child's Paper*	1860.1	
キリスト徒弟の足を洗ふ（約翰傳十三章三節ヨリ十一節ニ至ル）	1881.9	nontitle	*Child's Paper*	1863.8	
正直ダンカン	1881.9	Richard Newton	*Kings Highway*	n.d.	
真珠商売	1881.10	Pearl Fishery.	*Child's Paper*	1857.2.1	
瓠と棕櫚の話（寓言）	1881.11	The Gourd and the Palm.	*Well Spring*	1847.11.12	
ジヤクエス狼を殺す	1881.11	Jacques and the Wolf.	*Youth's Companion*	1873.5.22	
印度国郵便脚夫	1882.1	Indian Post Carriers.	*Child's Companion*	1874.3.1	
脚燈	1882.2	A Foot Lamp	*Sunday School Companion*	1876.7.1	
虚言のこびりつき	1882.2	A Lie Sticks.	*Child's Paper*	1868.7.1	

※タイトル［］つきは便宜上筆者がつけた。

在していた。また、前述のように、『よろこばしきおとづれ』2巻16号（1878・3）には「米人ウードラフ氏より横浜の女子某におくられたる書簡」が掲載されていることから、先の記事比較とあわせれば、手紙や資金とともに、参考となる書籍も、外国日曜学校協会から直接送付されていたことは明らかである。

また、『小孩月報』および『よろこばしきおとづれ』には1章で検討した米国聖教書類会社からも援助が行われていた。米国聖教書類会社は印刷費用だけでなく挿絵や印刷機材の提供も行っており、1876年には『小孩月報』へ533・93ドルを、1877年には『よろこばしきおとづれ』へ565ドルを電鋳版のために送付している。米国聖教書類会社は『チャイルズ・ペーパー』や『ウィークリー』の版元でもあり、費用とともにこれらの雑誌や挿絵も提供されたものと考えられる。[42]

しかし、『よろこばしきおとづれ』に『小孩月報』が何の影響も与えなかったかというと、もちろんそうではない。先にも示したように、『よろこばしきおとづれ』には、マクニールがファーナムの日曜学校へ見学に行った記事も掲載されており、中国ミッションとの間にはさかんな人的交流があったことがうかがえる。

ほかにも、上海の美華書館で印刷した図版がそのまま掲載されたという例もあり（1878・6）、上海長老派ミッションの図（1879・8）や広東ミッションの図（1879・10）などの挿絵のほか、中国の風習を伝える記事（「支那人先祖を祭祀ること」1878・12）やアメリカ留学を経験した中国人キリスト者、黄勝のはなし（「支那人黄勝氏の履歴」1877・5）や盲目の中国人少女の話（1879・7）が寄せられるなど、中国関係の記事は数多く掲載されている。なかには漢文で寄せられたと思われる、中国人キリスト者からの投稿もあるが（1879・12）、こうした漢文の翻訳にあたっては、日本人助手らが担当したと思われる。

初代助手をつとめたという植村正久やウッドラフから書簡を寄せられた熊野雄七ら、関係した日本人キリスト

図 2-16　『小孩月報』13、1876.5

図 2-17　『喜の音』10（110）、1891.2
（東京神学大学所蔵）

者はほとんどが旧士族であったことから、彼らにとって漢文を読むことはそう難しいことではなかっただろう。第1章でみてきたように、漢訳聖書や中国のトラクト類は日本にももたらされ、書店でも扱われていた。なかには日本語訳が出版されたものもあることを考えると、『小孩月報』もまたアメリカあるいは上海から直接輸入され、『よろこばしきおとづれ』の編集の際に参照されていたのではないだろうか。『よろこばしきおとづれ』は、同じアジア圏の唯一先行する雑誌として、『小孩月報』からは体裁などを学びつつ、さらに英語の文献から記事を翻訳するなどによって編集されていたものと考えられる。

一方で、『小孩月報』と『よろこばしきおとづれ』には大きな違いもいくつか見受けられる。ひとつは挿絵である。『小孩月報』では創刊当初から当時の中国の勉強風景を描いたとみられる挿絵（図2―16）が掲載されるのに対し、『よろこばしきおとづれ』では、明らかに日本を舞台にした挿絵（図2―17）や日本人による挿絵が表れるのは『喜の音』と改題されたあとのことである。

おそらくこの違いは、『小孩月報』が印刷されていたのが清心書院であったことに起因するのではないだろうか。清心書院は勉強する場であると同時に、印刷業を学ぶ場でもあった。なかには、のちに商務印書館を設立する卒業生たちもいた。▼43『小孩月報』で創刊当初から中国を舞台にした挿絵が用いられたのは、清心書院に在籍する中国人の生徒によって描かれた挿絵が用いられていたからではないだろうか。

また、もうひとつの相違点として、『小孩月報』では医療や健康に関する記事が連載されるが、『よろこばしきおとづれ』ではこうした記事はない。これは中国における医療伝道の重要性とも関わるのかもしれないが、科学記事の中でも、『よろこばしきおとづれ』では地理や天文に関する記事は掲載したものの、理科的な読み物や医療に関わる読み物の割合は、『小孩月報』に比べると極めて小さいものであった。

『小孩月報』と『よろこばしきおとづれ』に共通する記事は徐々に減り、『喜の音』ではほとんどなくなったことからみると、▼44漢訳聖書や漢文トラクト類と同様に、日本語の聖書やトラクトが充実するにつれて、『小孩月報』が参照されることは少なくなっていったものと考えられる。ただ、少なくともマクニールが編集を担当した創刊の時期にあっては、『小孩月報』はとくに漢文にあかるい日本人助手にとって手本となる雑誌として貴重な役割を果たしたといえるだろう。

(2) 特徴

『よろこばしきおとづれ』が、『チャイルズ・ペーパー』や『ウィークリー』の記事を多く引用していたことは、先にみた通りである。しかし、実際に記事を比較してみると、翻訳というより、むしろ手が加えられているものが多いことがわかる。

具体的な例をみていこう。まず、表2―1・表2―2の1「ニアガラ瀑布のこと」についてである。これは、『ウィークリー』に1874年6月に掲載された記事であり（図2―18）、2人の人物がニューヨークへ赴き、ナイアガラの滝を観光しながら会話するという旅行記のような内容であった。次に同年10月、『チャイルズ・ペーパー』にも掲載される（図2―19）。『小孩月報』では「遊歴筆記」という連載の世界一周の旅行記として掲載された。ニューヨーク周遊記という体裁にはなってはいるが、会話で構成される記事ではなく、滝に関する記述よりもむしろ新たにニューヨークで発祥したというモルモン教に関する記述が、記事のほとんどを占めている（図2―20）。

『よろこばしきおとづれ』では、叙述の多くが『チャイルズ・ペーパー』と共通しているものの、アメリカ五大湖のことなど、地理的な説明が加わっている。おそらくアメリカの子どもたちには自明のことであったから『チャイルズ・ペーパー』には記載がなかったものだろう。ほかは『チャイルズ・ペーパー』と同じく、ナイアガラの滝の形状や大きさ、危険性を伝える内容になっている（図2―21）。

しかし、最後にはこのような箇所が付け加えられている。「……しかれどもなをこれより恐るべきものあり　悪徳これなり　それ悪習の勢ひはこのナイアガラの急流よりもなを強きものなり　嗟（ああ）その流に戯るゝ人々よよろしく自ら鑑むべし」。『よろこばしきおとづれ』が伝道に用いられたことを考えると、ここでいう悪徳や悪習とは、おそらく偶像崇拝など、キリスト教では禁じられている行為のことであろう。このような記述は、『ウィークリー』や『チャイルズ・ペーパー』、『小孩月報』にはみられず、『よろこばしきおとづれ』独自の編集である。

次に表2―3「凶夢のはなし」（1877・8）を比較してみよう。これは『チャイルズ・ワールド』（*The Childs*

図 2-20 『小孩月報』2（9）、1877.1

図 2-19 *The Child's Paper* 23(10), 1874.10.1（American Antiquarian Society Historical Periodicals Collection より）

図 2-18 *The Illustrated Christian Weekly* 4(23), 1874.6.6（American Antiquarian Society Historical Periodicals Collection より）

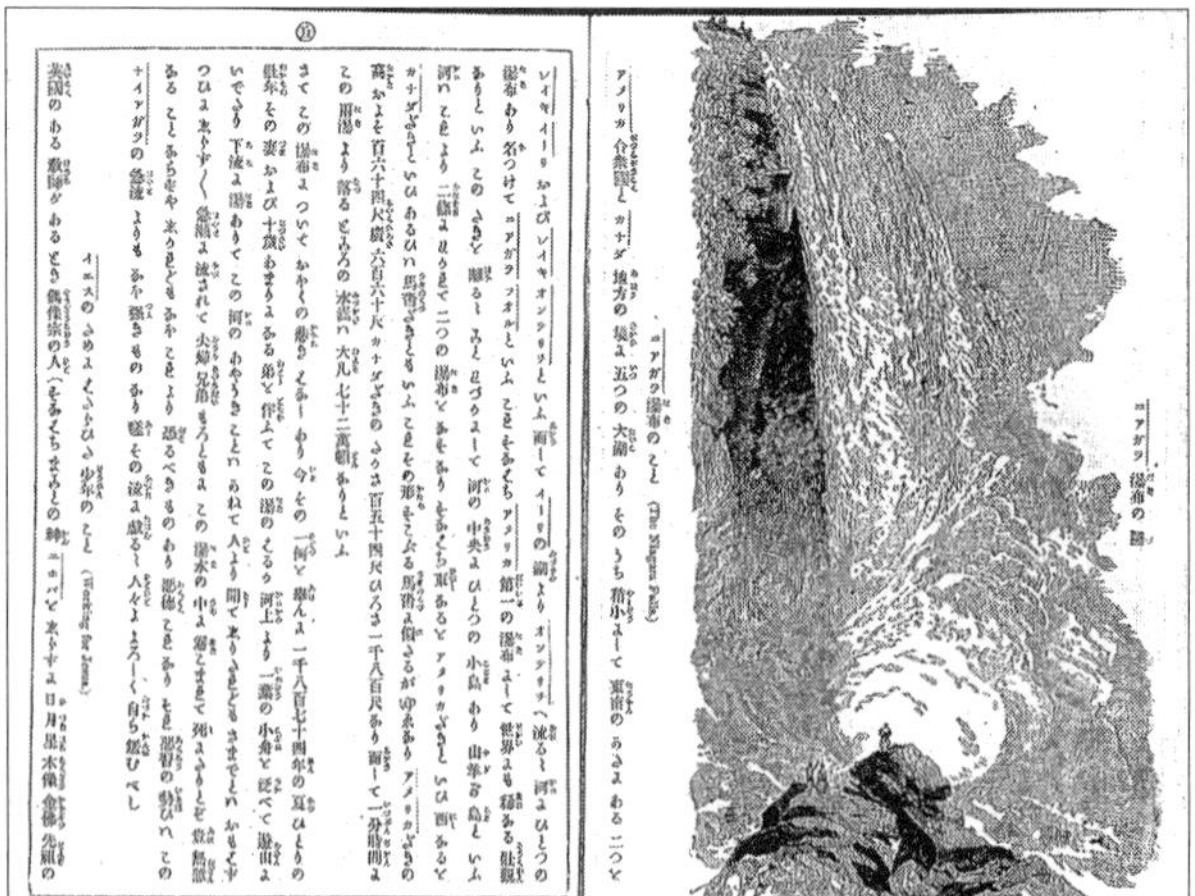
ニアガラ瀑布の圖

ニアガラ瀑布のこと (The Niagara Falls)

アメリカ合衆國とカナダ地方の境に五つの大湖ありそのうち稍小にして東南のかたにある二つを

レイキイーリおよびレイキオンタリオといふ両湖の間をへだててイーリの湖よりオンタリオへ流るゝ河にひとつの瀑布あり名づけてニアガラフオルといふ ことそあるむちアメリカ第一の瀑布にして世界にも稀なる壯觀ありといふ この瀑布と離るゝみちはづかにして河の中央にひとつの小島あり山羊島といふ 河はこれより二派にわかれて二つの瀑布となる アメリカがはといひ西にあるとカナダがはといひあるひは馬蹄がたといふ そはその形のまるく馬蹄に似るがゆゑなり アメリカがはの高さおよそ百六十四尺廣さ六百六十尺カナダがはのたかさ百五十四尺ひろさ一千八百尺あり而して一分時間にこの両瀑より落るところの水は大凡七十二萬噸ありといふ

さてこの瀑布につきてかなしきことあり今その一例を擧んに一千八百七十四年の夏ひとりの壯年その妻および十歳ばかりなる弟と伴ひてこの瀑のもとなる河上より一艘の小舟を浮べて遊山にいでしが下流に瀑ありてこの河のおそろしきことはかねて人より聞てありけれどもさまでとはおもはずつひにあやまりて急瀬に流されて夫婦兄弟もろともにこの瀑水の中に落ちて死にけるとぞ 救助あることあらざりしや そのもとおそるべきものあり惡慾ことあり もと惡習の勢ひはこのナイアガラの急流よりもなほ強きものありて盛にその流に戯るゝ人々によろしく自ら慎むべし

イエスのみめにそふところの少年のこと (Working for Jesus.)

米國のある教師がある時佛佛宗の人(そのくちまねの前にいつも日月星木像金佛先祖の

図 2-21『よろこばしきおとづれ』13、1877.12

World) に記載された Bad Dream. という記事がもとになっている。

　黒い蛇に追いかけられた夢をみた少女が友達ノラにそれを話すと、誰かがあなたを苦しめようとする前兆だといわれる。しかしそのことを母に話すと、前日の食事のせいだといい、神がそのような形で私たちに警告を与えることはない、神は私たちを導くために聖書をくださったのであり、ノラのように凶兆ととらえるのはよくない心がけだと母は優しく諭す。最後は「金曜日に旅に出たり、新しい仕事を始めたりしない人たちを知っています。塩をこぼしたり、ガラスを割ったり、かわいそうな小鳥が誤って窓から飛び込んできたりすると、彼らは最大の苦痛を感じるのです。これらはトラブルの前兆だと考えています」と締めくくられる。

『よろこばしきおとづれ』の記事では、登場人物の名前をノラからおつる、凶兆の例を「茶碗がこはれゝばどうだとか　けふは旅だちをしない日がらだとか　鴉なきがわるいとか」と、日本の例に置きかえて説明されている。基本的には Bad Dream. の話をベースに、日本の子どもたちにもわかりやすいように文化的な書きかえがなされている。しかし末尾には、「このひとたちもひとりのいきてをるまことの神さまが私どもを守てくださるといふことをしつたならさやうのことはいたしますまいよ」と不信仰への批判が加えられる。

　以上の例にみられるように、『よろこばしきおとづれ』では、多くの記事が『チャイルズ・ペーパー』や『ウィークリー』から引用されているが、それらをそのまま翻訳することを重視していたわけではなかった。要旨は翻訳するが、そこにさらに信仰にまつわる教訓を付け加えていたのである。つまり、参照した記事はあるものの、それはあくまでたたき台として利用されているのであって、本来の主旨は、そこから導き出していくという、説教のような編集方法であった。

　この方法は、イソップ物語を紹介するときにも用いられた。[▼45] たとえば、熊と旅人の話である。勇蔵と世智助という2人の旅人が森の中を歩いていたが、獣の足跡をみて、勇藏はおびえ、世智助は恐れることはない、と言い張っていた。だが実際に熊が現れると、世智助は勇藏を置いてひとりで木の上に逃げてしまった。逃げ遅れた勇藏は、仕方なく死んだふりをしたが、熊は勇藏のまわりをうろうろしただけで去って行った。

この話の結末は、熊が去ったあと、木の上に逃げたひとりが、死んだふりをしたひとりに、「熊が君に何か話しかけていたみたいにみえたよ」と声を掛けると、「ああ熊は、友人を見捨てて逃げるような人とはもう付き合うなといっていた」というのが一般的であり、『小孩月報』（1879・5）に掲載された「大熊」でもこのセリフで締めくくられている。

ところが、『よろこばしきおとづれ』では、この話も一般的なものとは結末がやや異なる。『よろこばしきおとづれ』では、「勇気は言葉をもてあらはさず行為をもて顕すべし　イエスの信徒も平日は大言をはひて迫害の起りし時どうぞ世智助の如くならざるを望むなり」（1881・7）と結ばれており、世智助の態度を引き合いに出しながら、口先だけの信仰を戒める教訓話に変化している。

同じくイソップ童話で有名な「亀と雁」[46]は、さまざまなバリエーションはあれど、大筋は、空を飛びたいと思った亀が、雁に自分も飛びたいと頼む。亀が枝をくわえてその枝を雁が運ぶという方法でなら、と雁は承諾したが、その代わりに絶対に口を開いてはいけないと亀に忠告する。しかし雁に運んでもらっている間に、亀は約束を忘れ、口を開いてしまい、地上へ落ちていく、というものである。

『小孩月報』では、「諺云爬得高跌得重其斯之謂乎」と中国のことわざを用いながら、「高く登れば登るほど、落ちたときはひどい」というのがあるが、まさにこのことである、と結論付けているのに対し、『よろこばしきおとづれ』（1881・2）では「嗚呼此亀は…（中略）…幸ひ雁の助ありて危急を免れんとせしも其戒を忘れて己の生命を失ひ雁の好意を無にせしとはかへすぐ〵も愚の至なり　世の人々よ此亀を見て己の戒と為し玉へ　罪の海にさまよひ偶イエスの救を捕へても世の娯楽に其身を忘れ永遠の亡に陥て悔むも其後悔は先にたゝず　イエスをとらへて天の本国に伴はるゝまで忍びたまへ」と結ばれる。つまり、亀が枝から口を離したことを、信仰を離れることに例え、亀と同じ結果になってしまわないように、と戒める話に変化している。

以上みてきたように、引用元と比較すると明らかに『よろこばしきおとづれ』は説教調が強くなっており、原文を忠実に翻訳すること、あるいは物語や事物を平易に伝えることよりも、信仰の重要性を強く説くことの方が重視されていた。

19世紀のアメリカで発行されていた『ウィークリー』や『チャイルズ・ペーパー』も、もちろんキリスト教教育のための雑誌であった。しかし、それにも関わらず、『よろこばしきおとづれ』では、原文よりも聖書の引用部分などが多く、また教訓めいた内容に変化している。それはひとつに、『よろこばしきおとづれ』が、数少ないキリスト教機雑誌としての役割を担っていたからだといえるのではないだろうか。

第5節　読者と流通

最後に、『よろこばしきおとづれ』の読者と流通について確認しておきたい。先述のように、『よろこばしきおとづれ』が創刊された当時、キリスト教に関する定期刊行物は、1年早く、1875（明治8）年12月に神戸で創刊された『七一雑報』しかなかった。『七一雑報』が基本的には一般民衆を読者に見据え、まずは大衆の啓蒙を目指し、キリスト教色を前面に押し出さなかったのに対し[▼47]、『よろこばしきおとづれ』は、創刊号の表紙から「クリスマスのこと」と、キリストの誕生日を祝う習慣について説明する記事になっているなど、極めて宗教色の強い編集になっていたことは、先にみた通りである。

『よろこばしきおとづれ』の創刊者であるマクニールは、この雑誌の役割について、以下のように述べている。

わたしたちは、この冊子を、ひとりひとりの女性と子どものための働き手とみなしています。わたしたち個人ならば1軒しか行けないところを、この方法ならば50倍にできます。▼48

キリシタン禁制の高札が撤去されてから、わずか数年しか経過していない状況では、宣教師らが直接伝道に携わるよりものにも限界があったようである。マクニールが教鞭をとった共立女学校でも、女性宣教師はわずか5人であった。▼49　そこで、『よろこばしきおとづれ』を配ることによって、よりひろく、より多くの人々へ福音を届けようとしたのであろう。マクニールは、『よろこばしきおとづれ』を自分たち宣教師と同様の働き手と考えた。だからこそ、『よろこばしきおとづれ』の記事は信仰にまつわる教訓をより強調する内容へと作りかえられていたのではないだろうか。

御殿場や三島で伝道に従事した伊藤藤吉もまた、外国日曜学校協会に宛てた手紙で以下のように述べる。

キリスト教を嫌う人は非常に多く、その結果、理由もなく私たちの説教を聞くことを嫌がりますが、『よろこばしきおとづれ』はそのような人たちにも届きます。『よろこばしきおとづれ』は完全に理解できるようになるまで、何度も何度も読むことができますが、説教は一度しか聞くことができません。人々は『よろこばしきおとづれ』を親戚から親戚へ、友人から友人へと手渡しているので、わたしたちがまだ行けないところまで長距離を移動します。[50]

キリスト教は偶像崇拝などこれまで民衆の間に根づいていた習慣や信仰を否定するものだったため、キリスト教を憎悪する人も多かった。[51]『よろこばしきおとづれ』は、このような人々にも福音を届けるための、説教に代わる手段であった。伊藤は日曜学校のほかに「多くの若い女性が一緒に働いている場所や、多くの少女が一緒に裁縫を学んでいる場所」でも配布したといい、女性宣教師のひとりは、「日本人たちは読み物が少ないのでこれをとても大切にしている…（中略）…私がそれを持っているのをみつけると、この国の人たちは遠くまで私の後を付いて来て、私を呼び止めて1部欲しいという」[52]と報告している。子ども向けの読み物が少なかった当時にあって、挿絵や楽譜が入ったこの冊子はキリスト教に関心を持たない人々をも惹きつける効果があったのだろう。

また、鹿児島で伝道をしていた瀬川淺も、マクニールの助手であった井深梶之助に以下の手紙を宛てている。

当地伝道都合益よろしく候…（中略）…小児輩の為ニ安息日学校を開く事を頼む人多くある故ニ安息日午後ニ該校を開きたレバ初回なれ共八名の小児来リ大ニ欣喜の色をあらはせり…（中略）…愛兄ニ御依頼申たき事あり　即彼のよろこはしき音ニ付ての事なり　愛兄御出浜之節ニ乍御面倒当地日曜学校生徒之為と人ニ伝道之為ニ該雑書拾二三枚毎々無価ニてどふぞやお施ハかないますまいかと（当地ニ富たる盛大の公会立バ已ニ金を其書の為ニ投するハ勿論追々ニ扶助金も出すかもしれず）マクニール女師ニ御頼被下度偏ニ希望す　尤紙数ハもつと多くなれバなほよし……[53]

瀬川はこれに続けて、送付の際は日数がかかる内国通運会社ではなく、普通書籍郵便で送ってほしいと続けている。この例にみられるように、『よろこばしきおとづれ』はマクニールや周辺の日本人キリスト者らによって、要望があった地方へ直接郵送で発送されるケースが多かったものと考えられる。まずは無料で配布するが、正式に教会が設立できれば教会員の献金によって定期購読すなわち購入に切りかえ、さらに「扶助金」を出せる可能性もある、と瀬川は述べる。マクニールが外国日曜学校協会に送った報告によると、1878（明治11）年の報告では1600部中900人程度が定期購読、1879（明治12）年は2000～2500部発行し、1000部は購入されているとあり、教会が拡大するにつれ無償配布から、宣教師らの学校や教会の日曜学校での購読も増加していったことがうかがえる。[54]

また、『よろこばしきおとづれ』は、マクニールら米国女性一致外国伝道協会の宣教師や横浜バンドや築地バンドのキリスト者だけでなく、ほかの宣教団体からも多くの賛同を得ていた。関西を中心に宣教活動を行ったアメリカン・ボードの宣教師が「女性たちはとても熱心にこれを欲しがって」いることや、集会が増えてきたため定期購読の部数を倍にしたい、歌が掲載されていると嬉しいとの手紙があったことが、ウッドラフの妻から米国日曜学校連盟で紹介されているほか、[55] 京都の同志社女学校でも購読されていた。[56]

創刊当初は500部の発行ではじまった『よろこばしきおとづれ』だが、徐々に発行部数を増やし、『喜の音』と改題したのち、1900（明治33）年には14800部にまで増加したという事実が、その成功ぶりを物語っている。[57]

『よろこばしきおとづれ』は、文字を読むことのできない人々や、まだ入信していない人々にも福音を伝えるトラクトとしての役割を果たしたが、この性質はのち『喜の音』と改題されてからも変わらなかったようである。後継誌『喜の音』の編集者となった三浦徹は、「もとより隠れた小さな雑誌ですが、あれを読んで信仰に入つたといふ人が…（中略）…随分あるやうです」[58]と回想している。

以上にみてきたように、『よろこばしきおとづれ』は、プロテスタント伝道が解禁されてからまもない明治社会において、女性や子どもにも福音を伝えたという点に伝道史上の意義が見出せる。しかしもう一方で、児童雑誌の嚆矢としての意義もまた大きい。

『よろこばしきおとづれ』の後継誌である『喜の音』は、1922（大正11）年に至るまで、40年間に渡って発行が続けられた[59]。また『喜の音』の読者だったという野辺地天馬は、児童文学者として活躍し、『小光子』という児童雑誌を1912（大正元）年11月に創刊した。キリスト教系の児童雑誌としてはほかに、1907（明治40）年12月には大阪で『日曜世界』が、1911（明治44）年2月には島根で『小兵士』が創刊されたが、こうしたキリスト教雑誌の基礎を築いたのは、『よろこばしきおとづれ』であったといえるだろう[60]。

また、『よろこばしきおとづれ』は、キリスト教児童雑誌の出発点となっただけではない。明治20年代以降、児童雑誌が相次いで創刊されるが、そうした雑誌のひとつにも、深く影響を与えていた。それが、1886（明治19）年に創刊された児童雑誌『ちゑのあけぼの』である。この雑誌については次章以降詳しくみていくが、『喜の音』や『小光子』など、多くの児童雑誌の誕生を促した『よろこばしきおとづれ』は、明治初期の伝道用トラクトとしてだけでなく、近代日本の児童雑誌の源流としての価値もまた大きいものであった。

注

1 沖野岩三郎『明治キリスト教児童文学』久山社、1995、22頁（初出は「キリスト教児童文学史　明治時代」『キリスト教児童文学』1957〜1959）。

2 先行研究には斎藤京子「よろこびのおとずれ：我が国最初のキリスト教児童雑誌」（『東京都立中央図書館研究紀要』25、1994・3、1〜44頁）、森田絵里「三浦徹の仕事」（日本児童文学学会・冨田博之・上笙一郎編『日本のキリスト教児童文学』国土社、1995、49〜64頁）、佐藤哲寿「ミラー夫人と三浦徹による雑誌『喜の音』のこと」（『あゆみ』56、フェリス女学院資料室、2006、1〜16頁）、齋藤元子「『よろこばしきおとづれ』：地理教育からみた明治初期のキリスト教児童雑誌」（『明治学院大学キリスト教研究所紀要』40、明治学院大学、2007・12、65〜94頁）、石崎康子「東京神学大学図書館所蔵『よろこばしきおとづれ』の複製本公開」（『開港のひろば』109、横浜開港資料館、2010、7、6〜7頁）がある。

3 前掲論文齋藤、71〜74頁。

4 前掲論文斎藤京子、13〜14頁。ネイサン・ブラウンの印刷所については小澤三郎『幕末明治耶蘇教史研究』（日本基督教団出版局、1973）、44頁を参照。

5 小林功芳「横浜：和訳聖書誕生の地」『英学史研究』13、1981、109〜110頁。

6 小宮山博史「第8回　連綿体仮名活字：毛筆手書きの再現を目指す活字」『タイポグラフィの世界：書体編』大日本スクリーン製造、2005・3・29、231〜233頁。https://www.screen.co.jp/ga_product/sento/pro/typography/08typo/08typo.html（2022・1・6閲覧）。

7 前掲論文石崎、6〜7頁。

8　山本秀煌「創立より大正十年まで」横浜共立学園六十年史編纂委員編『横浜共立学園六十年史』横浜共立学園六十年史編纂委員、1933、15頁。

9　前掲論文齋藤、69～70頁。

10　S・R・ブラウンは聖書翻訳のための日本人助手を探していたが、ヘボンを助けていた高橋を「最上の教師」と高く評価していた（高谷道男『S・R・ブラウン書簡集』日本基督教団出版部、1965、307頁）。

11　植村正久「Glad Tidings」『福音新報』680、1908・7・9。

12　中国プロテスタント伝道における雑誌・トラクトとその日本への影響については、小澤三郎『幕末明治耶蘇教史研究』（亜細亜書房、1944）および吉田寅『中国プロテスタント伝道史研究』（汲古書院、1997）を参照した。

13　『小孩月報』と題する雑誌はもう一種、福州方言で書かれた英題 *The Children's News* もあったが、植村のいう『小孩月報』はカーの発行していたものと考えられる（Shin-Wen Sue Chen, *Children's Literature and Transnational knowledge in Modern China : Education, Religion, and Childhood*, Singapore: Palgrave Macmillan, 2019, pp. 76-77）。『小孩月報』については他に、Roswell S. Britton, *The Chinese Periodical Press 1800-1912*, Shanghai: Kelly&Walsh, 1933、郭舒然・呉潮「《小孩月報》史料考辯及特色探析」（『浙江学刊』183（4）、浙江省社会科学院主辯、2010・4、100～103頁）、簡平『上海児童報刊簡史』（少年児童出版社、2010）を参照した。日本語の文献としては、内田慶市「『小孩月報』に見られるイソップ」（『或問』5、近代東西言語文化接触研究会、2003・1、123～127頁）、成實朋子「近代中国児童文学の黎明期：『小孩月報』とその時代」（『学大国文』5、大阪教育大学国語教育講座・日本アジア言語文化講座、2014・10、47～71頁）がある。なお内田によると、『小孩月報』はハーバード大学図書館、Peabody Essex Museum にもそれぞれ所蔵があるというが、本書では上海図書館所蔵のものを用いた。

14 内田慶市「中国のコマ漫画の濫觴」『或問』4、近代東西言語文化接触研究会、２００２・６、１０６頁。

15 アメリカにおける日曜学校運動についてはAnne M. Boylan, *Sunday School: The Formation of an American Institution, 1790-1880,* (New Haven: Yale Univ. Press, 1988) および安達寿孝『キリスト教家庭教育の展開』（新教出版社、１９９８）を参照した。

16 Alice B Cushman, "A Nineteenth-Century Plan for Reading: The American Sunday School Movement," *The Horn Book*, 33, Feb. 1957, pp. 61-71.

17 友野玲子「日曜学校派：アメリカ児童文学の場合」『共立女子大学文芸学部紀要』26、１９８０・２、２６５～２８５頁。

18 Gerald E. Knoff, *The World Sunday School Movement: A Story of a Broadening Mission*, New York: The Seabury Press, 1979, p. 92.

19 M. E. Winslow, "Sunday-School Success in the Old World," *Christian Union*, 17(11), New York: J. B. Ford, Mar. 20, 1878.

20 "The Foreign Sunday-school Association," *Christian Advocat*, 53(13), Mar. 28, 1878.

21 小檜山ルイ『アメリカ婦人宣教師：来日の背景とその影響』東京大学出版会、１９９２、86～87頁および坂本清音「ウーマンズ・ボードと日本伝道」同志社大学人文科学研究所編『来日アメリカ宣教師：アメリカン・ボード宣教師書簡の研究　１８６９―１８９０』現代史料出版、１９９９、１３０～１３１頁。

22 "Mite Box", *Children's Work for Children*, 1(4), Apr. 1876, pp. 49-51.

23 Foreign Sunday School Association, *Annual Report of the Foreign Sunday School Association*, Oct. 1876, p.22. 以下、*AR of FSSA* と表記する。

24 *AR of FSSA* 1873, p.14.

25 *AR of FSSA* 1875, p.15.

26 安部純子訳著『ヨコハマの女性宣教師：メアリー・P・プラインと「グランドママの手紙」』つなん出版、２０００、57～62頁。

27　Karen Li Miller, "The White Child's Burden: Managing the Self and Money in Nineteenth-Century Children's Missionary Periodicals," *American Periodicals*, 22(2), 2012, pp. 139-157.

28　*AR of FSSA* 1879, pp. 26-28.

29　*The Independent ... Devoted to the Consideration of Politics, Social and Economic Tendencies, History, Literature, and the Arts*, Dec.14, 1876.

30　前掲書小澤、１５７頁。

31　前掲論文内田２００３、１２３～１２７頁。

32　前掲書小澤、１５７頁。。

33　前掲論文成實、63頁。

34　Christian at Work, "Bible-School Work Abroad," *Friend's Review; a Religious, Literary and Miscellaneous Journal*, 29(6), Sep.25, 1875.

35　鈴木舎定編集、原胤昭発行の『東京新報』は、『よろこばしきおとづれ』と同時期、１８７６（明治10）年12月に創刊されたが、キリスト教主義の雑誌を目指したものの、鈴木が自由党の幹事であったこともあり、政治的な方向へ傾き長くは続かなかった（片岡優子『原胤昭の研究：生涯と事業』関西学院大学出版会、２０１１、63～66頁）。

36　Frank Luther Mott, *A History of American Magazines* Vol.2 (1850-1865), Cambridge: Harvard University Press, 1957, p. 100.

37　*The Child's Paper*, 1(1), Jan.1852.

38　Mott, *A History of American Magazines* Vol.3 (1865-1885), p. 85.

39　子ども欄の名称は "Our Young Folks" であった。

40　『ウィークリー』では、Boynton となっているが、正しくは Boyton である。

41　Charls A. Johanningsmeier, *Fiction and the American Literary Marketplace: The Role of Newspaper Syndicates, 1860-1900*, Cambridge: Cambridge University Press, 1997, pp. 34-63.

42　*AR of ATS* 1876, pp. 110-111, 1877, pp. 100-103.

43　前掲論文成實、52頁。

44　『喜の音』（１８８５・２）の「水夫ダビーのはたらき」は『小孩月報』（１８７７・７）に、『喜の音』（１８８５・４）の「軽気球の話」は『小孩月報』（１８７７・３）に、それぞれ同様の内容の記事があるが、これらはともに *The Child's Paper* にも掲載された記事である。

45　ただし、イソップ童話に関してはさまざまな流入経路があり、必ずしも『小孩月報』からの翻訳とは断定できないため、参考までに比較するにとどめる。

46　ただし、この話は内容自体が一般的なイソップ童話とやや異なる。また、この話はイソップ物語だけでなく、『今昔物語集』にも同様の話があり、ほかにも世界中に多くの類型がある。詳しくは林晃平「枝をくわえた亀のゆくへ：亀本生図・覚書」『苫小牧駒澤大学紀要』23、苫小牧駒澤大学、２０１１・３、1～26頁。

47　本井康博「初期キリスト教系ジャーナリズムにおける皇室報道」富坂キリスト教センター編『近代天皇制の形成とキリスト教』新教出版社、１９９６、１８９～２３８頁。

48　Miss McNeal, "Sunday-School Paper," *Missionary Link*, 8(3), May.1877, pp. 19-20.

49　*The Japan Gazette Hong List & Directory*, for 1877.

50　*AR of FSSA* 1878, p.31.

51　明治前半期のキリスト者とその迫害については大濱徹也『明治キリスト教会史の研究』（吉川弘文館、１９７９）を参照のこと。
52　Mrs. Viele, *Missionary Link*, 9(5), Sep.1878, pp. 16-17.
53　「横浜共立学園資料集」編集委員会『横浜共立学園資料集』横浜共立学園、２００４、87頁。
54　秋山繁雄編『井深梶之助宛書簡集：明治学院創立１２０周年記念』新教出版、１９９７、20頁。
55　*AR of FSSA* 1878, pp. 29-31, 1879, pp. 26-27.
56　"Foreign Work," *The 54th Annual Report of The American Sunday School Union*, May 1878, p. 34.
57　吉岡弘子訳「日本の京都にて、１８８０年3月26日、チャイルド宛」坂本清音監訳、松波満江・小島紀子・矢吹世紀代・吉岡弘子・柿本真代・大熊文子訳「アメリカン・ボード宣教師文書：同志社女学校女性宣教師を中心として〈スタークウェザー書簡：訳および註〉（6）」『Asphodel』47、同志社女子大学英語英文学会、２０１２・7、２０６頁。
58　ただし月2回発行、より年少の子ども向けに創刊された『小き音』を含む。
59　*General Conferrence of Protestant missionaries in Japan, Proceedings of the General Conference of Protestant Missionaries in Japan, held in Tokyo, October 24-31, 1900: with extensive supplements*, Tokyo: Methodist Publishing House, 1901, p. 449.
60　「一週一人（三浦徹氏）」『福音新報』１５７１、１９２５・9・10。
61　１９２２（大正11）年2月『あをぞら』に引き継がれて終刊（前掲論文森田、61頁）。
62　「第四章　キリスト教児童文学の雑誌〈解題〉」前掲書『日本のキリスト教児童文学』、２７２～２８６頁。

第3章　児童雑誌の誕生——『ちゑのあけぼの』とキリスト教

第1節　『ちゑのあけぼの』の関係者たち

(1)　研究史

『ちゑのあけぼの』は、1886（明治19）年11月27日に大阪市西区江戸堀北2—9にある普通社から創刊された、週刊の児童雑誌である（図3—1）。発行から約1年半後の1888（明治21）年4月13日に発行された67号以降、続刊は確認されていない。[1]

価格は創刊当時、1部5厘、四六倍判の4頁建て[2]、各頁に二代目長谷川貞信らによる豪華な挿絵がそえられている。内容は歴史偉人伝、理科読み物、科学読み物、クイズ、英単語、投書などであり、子どもたちの投書ではなく大人が編集した読み物を中心とした雑誌であり、実に多様な記事が掲載されていた。

図3-1　『ちゑのあけぼの』1、1886.11.27（関西大学図書館所蔵）

序章でも述べたように、近代日本において大人が子どもに向けて書いた読み物を中心に、多様な記事を備えた子ども向けの総合的な雑誌が数多く創刊されるようになったのは、1888（明治21）年11月に『少年園』が登場して以降のことである。それ以前の日本の児童雑誌は『穎才新誌』に代表されるような、子どもたちの作文や習字を掲載する作文投稿雑誌が中心であった。

もちろん、第2章でみてきたようにキリスト教伝道のための児童雑誌『よろこばしきおとづれ』があり、またキリスト教週刊新聞『七一雑報』でも、子ども向け読み物が掲載されていた。[3] しかし、『少年園』の登場まではほとんどの児童雑誌が読み物よりも子どもたちの作文を中心に掲載するものであった。ところが、『少年園』に2年先立って、大阪では、多彩な読み物を備えた雑誌がすでに創刊されていた。それが『ちゑのあけぼの』である。

短命ではあったものの、作文投稿雑誌が中心の時代に、『少年園』に先駆けて『ちゑのあけぼの』が存在したことは児童文学史においても重要である。しかし、残存する実物も少ないため先行研究は限られてきた。[4]

『ちゑのあけぼの』について扱った研究として、早いものは藤本芳則「明治期絵雑誌「ちゑのあけほの」」である。ここでは絵雑誌のはしりとして概要が述べられている。[5] また、桝居孝「雑誌『ちゑのあけぼの』とその時代:明治19年~明治21年」は、自身が古書店で『ちゑのあけぼの』を発見したことをきっかけにまとめられたもので、これまでほとんど知られてこなかったキリスト教とのつながりや当時の大阪の世相との関係が分析されており、[6] これが発展したものが桝居孝編著『日本最初の少年少女雑誌『ちゑのあけぼの』の探索:「鹿鳴館時代」の大阪、京都、神戸』(かもがわ出版、2011)である。上笙一郎もまた、関西地域における「最初の児童雑誌」として児童文化史上の意義を論じた。[7]

これらの研究を適宜参照しながら、以下ではまずこの雑誌の概要と関係者についてみていくこととする。

(2) 『ちゑのあけぼの』の絵師たち

藤本が指摘したように、『ちゑのあけぼの』の大きな特徴のひとつは、各頁に掲載された豪華な絵である。4頁建てであった43号(1887・10・28)までは、ほとんどの頁が、絵を中心とした誌面に、活字本文が組み込まれた構成になっている。

これらの挿絵は、香曽我部秀幸によると「従来銅版画と考えられて」きたが、「きわめて線密な線画は、実は線画凸版によるもの」[8]だという。銅版画に似せて細密彫をほどこしたいわゆる「擬似銅版」の板目木版画は明治前半期に浮世絵師によって手掛けられたといい[9]、『ちゑのあけぼの』の絵もまた浮世絵師らによる「擬似銅版」であった。

創刊号から最も多くの挿絵を担当した二代目長谷川貞信は、幕末から活躍した浮世絵師である。1863（文久3）年16歳のときに役者絵でデビューして以来、93歳の没年まで筆をとり続け、無数の作品を残した大阪浮世絵界の巨匠である（図3―2）。

1875（明治8）年に父から貞信を襲名し、そのころ流行していた『大阪錦画新聞』や『大阪日々新聞紙』などの新聞錦絵を数多く手掛け、西南戦争のころには『でっち新聞』で筆を振るったが（図3―3）、「其の当時の新聞には小説はなく世上の出来事を多く画にする関係から往々世間から恨まれる事が有るので祖父（初代貞信――筆者注）が夫を嫌つて」辞めさせたという[10]。後年子孫が「新しいもん好き」[11]だったと回想しているように、絵画手法や表現にも、新しいものをどんどん取り入れていき、当初依頼されるがままに銅版画の版下絵のみを提供していたが、次第に自ら製版し、ついには印刷所で押圧の指導までするに至ったという[12]。「開花絵」も多く手掛けたほか、『ちゑのあけぼの』でも、西洋風の挿絵に多数取りくんでいる。また、「新しいもん好き」は絵画のみならず、私生活にも反映していたようで、1874（明治7）年に鉄道が開通するとさっそく乗りこんで神戸へ仕事に行き、両親にしかられたというエピソードも残されている[13]。

二代目長谷川貞信に次いで多く名前がみられるのが年弘（とし弘）だが、この人物については、今のところよく

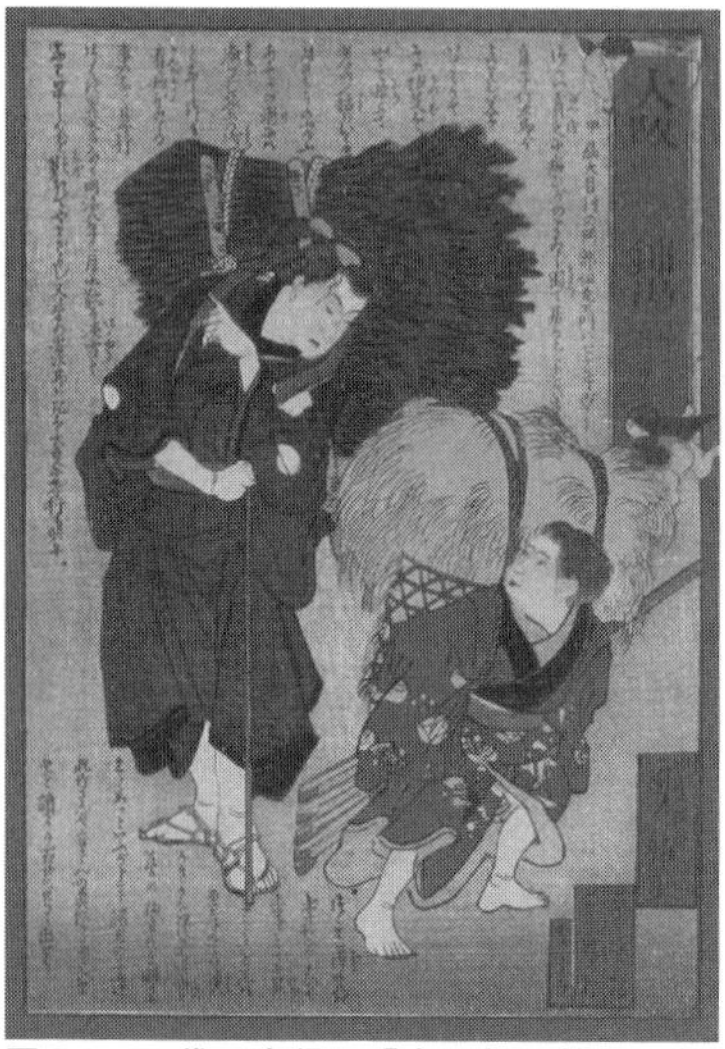

図 3-3　二代目貞信画『大阪新聞錦画』（関西大学デジタルアーカイブ〈http://kul01.lib.kansai-u.ac.jp/library/etenji/hasegawa/teishin-top.html〉より転載）

（信小代初）翁信貞川谷長代二

図 3-2 「二代目長谷川貞信翁（初代小信）」（枚方一五七「貞信翁の桂哥計」島屋政一編『近世印刷文化史考』大阪出版社、1938、182 頁より）

わかっていない。桑原羊次郎『浮世絵師人名辞書』（教文館、1923）には「年広　芳年門人、明治」とあり、「年」の字からみれば、『読売新聞』などの挿絵を手掛けた月岡芳年の門下にあたる人物ではないかと推測される（**図3—4**）。

月岡芳年の門下である鈴木蕾斎（年基）（生没年不詳）は、創刊号の「西洋人の雷実験」で西洋風の絵を描いている（**図3—5**）。蕾斎は当時の広告である引き札や『新聞図絵』などの錦絵新聞を手掛けたほか、油絵にも着手し、大阪洋画の先駆者とされる。[14]

また、月岡芳年門下の稲野年恒に師事した槙岡恒房（素堂）も、しばしば表紙の絵などを担当した（**図3—6**）。恒房は、大阪に生まれ18歳で上京、芳年に入門し帰阪ののち『岐阜日々新聞』の挿絵をはじめ、大阪でもいくつかの新聞や雑誌の挿絵を手掛けたが、稲野年恒の来阪にあたって入門し恒房と号し、1898（明治31）年創刊の『神戸新聞』に長らく筆を執った[15]（**図3—7**）。

図 3-5 『ちゑのあけぼの』1、1886.11.27（東京大学大学院法学政治学研究科附属近代日本法政史料センター明治新聞雑誌文庫所蔵）

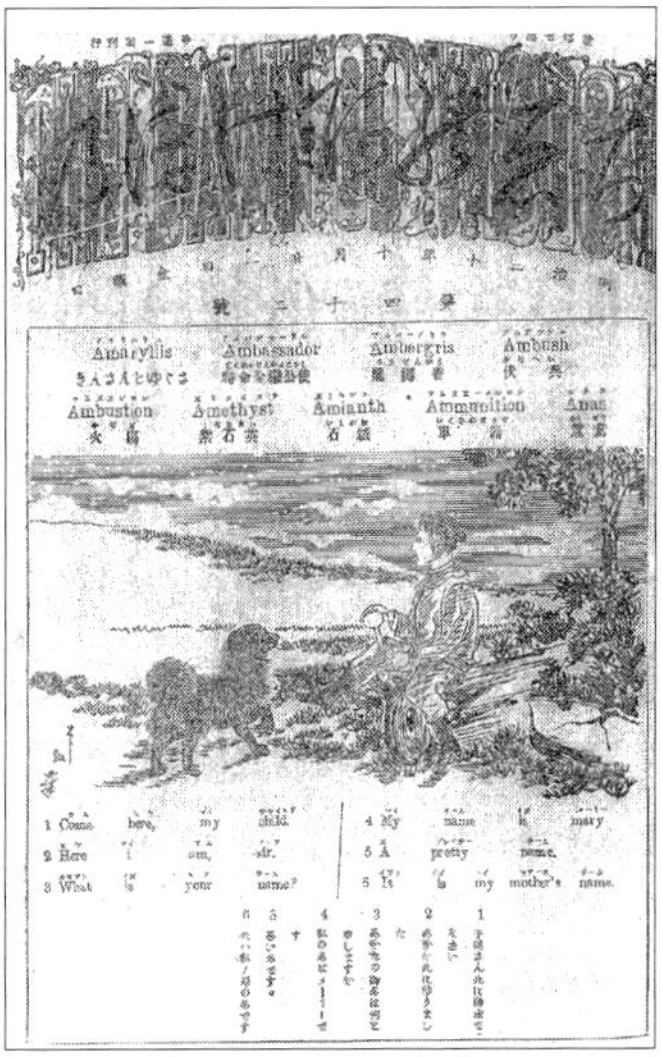

図 3-4 『ちゑのあけぼの』42、1887.10.21、表紙（東京大学大学院法学政治学研究科附属近代日本法政史料センター明治新聞雑誌文庫所蔵）

図 3-7 『神戸新聞』1682、1902.11.8（国立国会図書館所蔵）

図 3-6 『ちゑのあけぼの』50、1887.12.16（東京大学大学院法学政治学研究科附属近代日本法政史料センター明治新聞雑誌文庫所蔵）

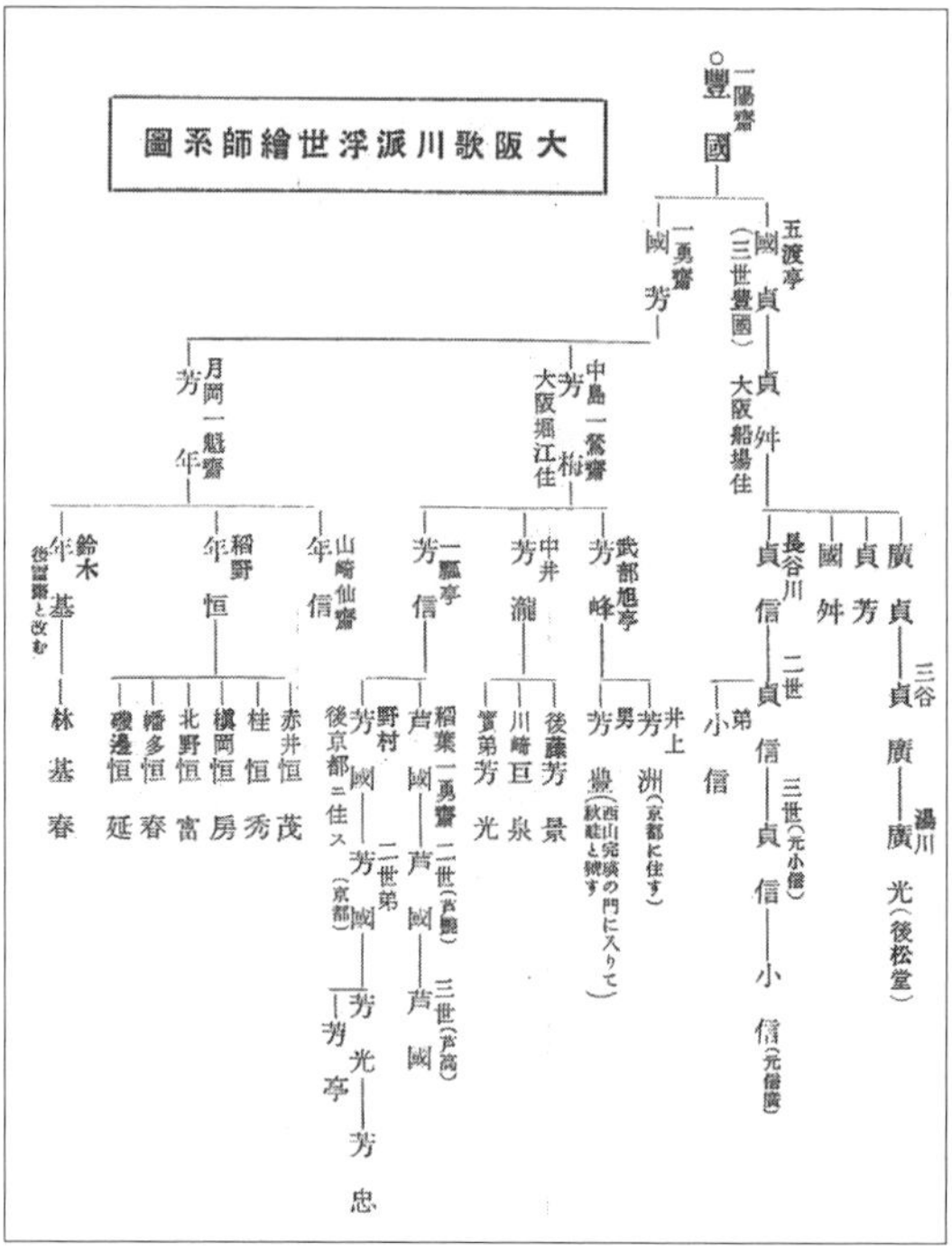

図 3-8 「大阪歌川派浮世絵師系図」（『上方』138、上方郷土研究会、1942、638 頁より）

このほか、二代目長谷川貞信の息子である三代目貞信の回想には、『ちるゑのあけぼの』の絵師として、ほかに井上芳洲の名前が挙げられているが[16]、どの挿絵かは特定できなかった。署名のない絵も多く、それらの絵師も含めると、おそらくは10人前後の絵師が関わっていたものと推測される。

『ちるゑのあけぼの』の絵師らに共通しているのは、多くが大阪歌川派の浮世絵師の系譜にあり、主に関西で発行されていた新聞挿絵を手掛けたということである（図3—8）。

(3) 変遷と編集人たち

次に、『ちるゑのあけぼの』の編集人らの経歴についてみていきたい。『ちるゑのあけぼの』の編集人や発行所は何度か変更される。編集人らの交代によって3期にわけると、以下のようになる。

第1期：創刊号（1886・11・27）～7号（1887・1・12）
持主兼編集人　佐治篤三郎　印刷人　眞鍋廣助
発行所　普通社（大阪市西区江戸堀2─9）
第2期：8号（1887・1・21）～19号（1887・5・13）
持主兼編集人　眞鍋定造
第3期：20号（1887・5・20）～67号（1888・4・13）
発行所　福生社（大阪市西区江戸堀北3─43→江戸堀南1─15→大阪控訴院西横町）
持主兼印刷人　福永文之助　編集人　山口信太郎（49号～主筆　四方素）

このなかでよく知られた人物といえば、3期に持主兼印刷人となる福永文之助ぐらいであろう。福永文之助は、もともと『七一雑報』を発行していた今村謙吉がおこした福音社で文選工をしていたが、『ちゑのあけぼの』の印刷人をつとめたのちに上京、戦前の日本において最大のキリスト教書店であった警醒社書店を経営した。東京書籍商組合の評議員もつとめ、キリスト教史のみならず出版史においてもよく知られる人物である。[17]

しかし、福永以外の関係者はほぼ知られていないため、新聞や教会の受洗録などをもとに編集者らの経歴を確認しておきたい。

まず、初代編集人となった佐治篤三郎についてみていこう。佐治は、1875（明治8）年5月に摂津第一公会（のち神戸教会）でJ・D・デイヴィスより受洗し、[18]翌年に摂津第四公会（のち兵庫教会）ができると、設立と同時にそちらに転会し、妻もここで受洗している。[19]

佐治の経歴で注目したいのが、1879(明治12)年から1881(明治14)年の間、神戸英和女学校で教鞭を執っていることである。第1章でもみてきたが、神戸英和女学校はアメリカン・ボードから派遣された女性宣教師タルカットとダッドレーが1875(明治8)年に創立した「神戸ホーム」を母体とする女学校であり、のちの神戸女学院である。神戸英和女学校および摂津第一公会の設立には、多数の旧三田藩の子弟が関係しており、佐治家は馬廻り役をつとめていたという。[20] 佐治は神戸英和女学校で漢文や習字を教えたというから、旧士族出身で漢文の素養のある人物だったのだろう。[21]

教員を辞したあとは姫路伝道に従事し、1886(明治19)年11月には大阪教会に妻のはな、母のテイとともに転会している。[22] ちょうど『ちゑのあけぼの』を創刊した時期と重なる。もともと教員をしていたという経緯があったからか、佐治は大阪教会で日曜学校の書記となっている。[23] 佐治は8号(1887・1・21)で編集人を眞鍋定造(**図3―9**)に譲るが、記事の執筆は社外から行っていた。[24]

佐治のあとに編集者となったのが、眞鍋定造である。今治教会の創設メンバーのひとりで、同志社英学校余科で学び、その人柄・信仰によって新島襄の寵愛を受けた人物として、[25] また新約聖書の聖句辞典『聖書語類』の編纂者として知られる。[26]

図 3-9 「眞鍋定造君」(今泉真幸編『天上之友』日本組合基督教会牧師会、1915、79 頁より)

長兄は為之助で、今治では『農業雑誌』などを販売する書店を経営しており、[27] のち大阪に出てからは刺繍を生業としていた。次兄である政造は、のちイギリス聖書会社の聖書販売人となって、伝道のかたわら聖書販売に力を注いだ。[28] 定造は四男でもともとは商売をしていたが、[29] アメリカン・ボードの宣教師アッキンソン(John Laidlaw Atkinson)の伝

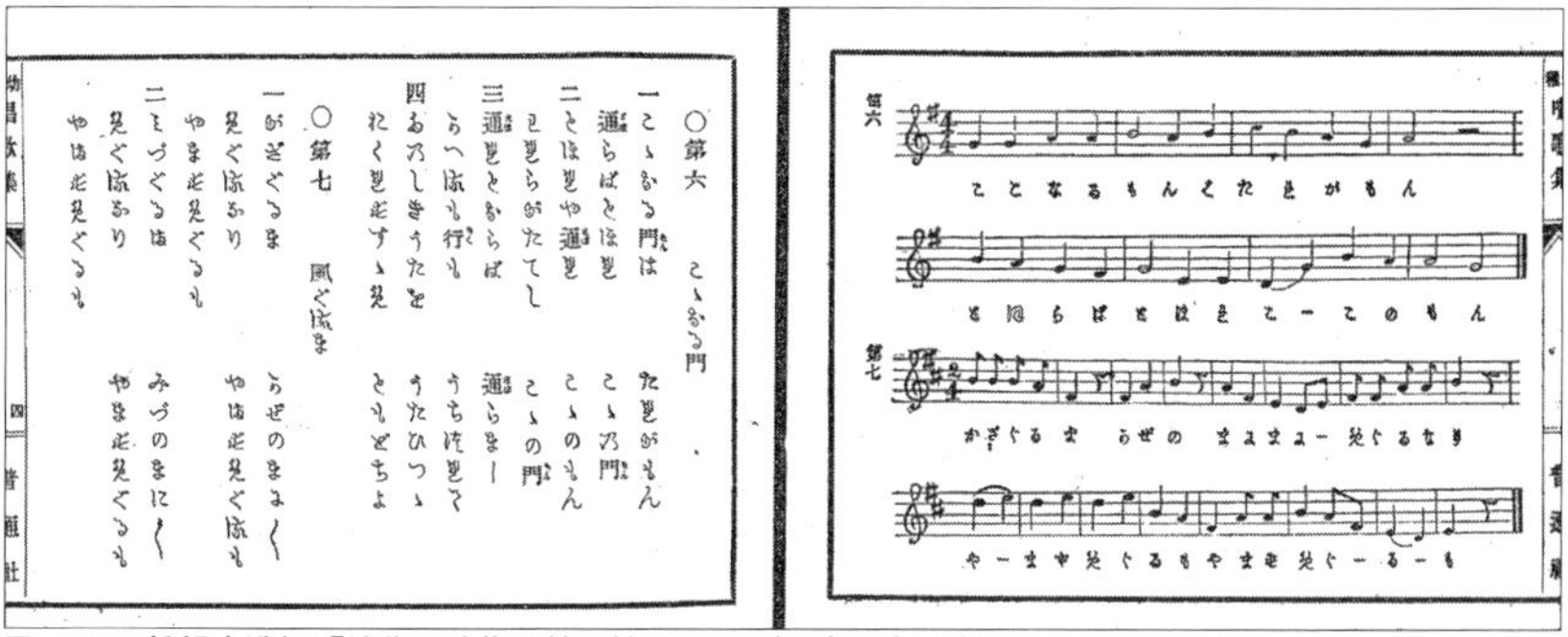

図 3-10　眞鍋定造編『幼稚唱歌集』普通社、1887（国立国会図書館デジタルコレクション）

道によってキリスト教信仰に目覚めた後は商売をやめ、伝道師を志し同志社英学校へ入学した。

船難事故に遭って肺を患い、同志社英学校を中退したあとは故郷今治を拠点に伝道に専念、のちに岡山県の笠岡教会の仮牧師となった。眞鍋は「音声の非常にきれいな天才的な雄弁家[30]」といわれ、演説を得意とし、中国四国地方の伝道に励んだ。再び同志社英学校の邦語神学科の1年コースに入学し神学研究を志したが病状が悪化、直接伝道が不可能になったあとは執筆活動に専念した。

眞鍋が『ちゑのあけぼの』の持主兼編集人となったのは、おそらく親族の眞鍋廣助が創刊時からの印刷人だったからだろう。廣助は1885（明治18）年6月、家族とともに、今治教会から浪花教会へ転入している[31]。廣助宅は大阪西区江戸堀北に所在し、キリスト教書籍類の印刷・出版・販売を担っていた今村謙吉の福音社（大阪西区土佐堀）とも程近い場所にあった。

8号（1887・1・21）以降、持主兼発行人となった眞鍋だが、それに先立って楽譜付き唱歌集『幼稚唱歌集』（普通社、1887）を出版する。これは1886（明治19）年12月出版許可とあり、編集撰譜人は眞鍋定造、出版人は眞鍋廣助、住所は2人とも普通社と同じ大阪西区江戸堀北2―9である（図3―10）。

『幼稚唱歌集』の広告によると、幼児には「唱歌を教ゆるが如きは、最も適切なる事にして、こは冥々裡に、児童の品性を養成するもの」であるが、これまでは「一定の書籍なく、たゞ教師なるものが嘗て文部省に於て選ばれたるものを口牌にて伝えられ、復び之を児童に伝ふる」状態だったために、まま間違いがみられたという。そこで眞鍋は「是迄世上慣用せしものを集録増補して一巻と」したと説明しているが、収録曲は大部分がその9か月後に出された文部省音楽取調掛編纂『幼稚園唱歌集』（1887）と共通している。[32]

眞鍋は8号から週1回のペースで順調に発行を続けていたが、17号を発行した後、次の18号発行まで、約50日間発行が滞る。17号（1887・3・26）を発行した6日後、本来なら18号（1887・5・6）を出す予定の前日に、浪花教会牧師でもあり、日本基督伝道会社の創設者のひとりである澤山保羅が死去した。印刷人である眞鍋廣助は浪花教会の会員であり、澤山保羅埋葬式の臨時役員に選ばれた。[33]この埋葬式の準備などで、発行もままならなかったのではないだろうか。約50日後発行された18号は、編集人の名義は眞鍋のままであったが、発行所は普通社から福生社へと変更されている。

19号（1887・5・13）には、次に持主兼印刷人となる福永文之助の署名入り記事が掲載されている。眞鍋は20号（1887・5・20）に、「今般拙者義都合有之「ちゑのあけぼの」ヲ福永文之助ニ譲渡候ヘトモ編輯ノ事務ハ従前ノ如ク之ニ与リ居リ候間左様御承知可被下候」と署名つきの広告を出している。眞鍋がかつて笠岡教会の仮牧師を務めた際、寄宿していた笠岡の江浪喜平に本人があてた書簡によると、持病が相当に悪化していたようで、翌年の春には「病勢激烈殆ど快復の望」のないほどであったという。[34]こうして20号からは福永文之助が持主兼印刷人となり、『ちゑのあけぼの』は福永の福生社に引き継がれることとなった。

福生社の社主となった福永文之助は和歌山の農家兼庄屋に生まれたが、父の代に家産が傾き、1878（明治

11）年神戸に奉公にでる。ところが奉公先も事業に失敗、和田豊之助という信者の紹介によって『七一雑報』を発行していた雑報社に入社、文選工となった。

その後、神戸栄町福音社の主任となり、1882（明治15）年神戸教会で松山高吉から受洗した[35]。『七一雑報』が『福音新報』と改題、発行元の福音社が大阪へ移転したことを契機に福永も大阪の島之内教会へ転籍するが、この島之内教会の中心人物だったのが、3代目編集人となる山口信太郎である。山口信太郎は山口孝兵衛の子として大阪の商人の家に生まれた。1878（明治11）年ごろから大阪市西区長堀橋筋の山口家で宣教師らを中心とした集会がおこり、1882（明治15）年に会堂を新築してできたのが島之内教会である[36]。信太郎は大阪教会にて1880（明治13）年9月、23歳のときに宣教師デフォレストより受洗しており、洋服商として生計を立てていたようである[37]。

福永、山口に加え、新たに49号（1887・12・9）から「主筆」として参画するようになったのが、四方素である（図3―11）。四方は「蓼州（洲）漁史」という雅号で主に社説を担当している。四方素は、士族四方英助の長男として、但馬国城崎に生まれた。貧しく苦労したというが、「教育に身を委する」ことを目指し、「心志を教育に専らにし、其の志を遂げん」と、神戸師範学校へ入学した。四方は在学中にはすでに『教育新誌』や『六合雑誌』に論説を投稿するなど、文筆家としての才覚を発揮していた[38]。卒業後は岡山県高梁の上房中学校で英語や博物などを教えたが、閉校となり関西に戻ったようである[39]。『七一雑報』にも「論宗教之自由」や、「教育ト宗教ノ関係」といった論説を投稿していることからもわかるように、彼もまたキリスト者で

図3-11　「旧役員：故四方素」（『兼松回顧六十年』兼松株式会社、1950、6頁より）

あり、福永と同じく、神戸教会で松山高吉から1883（明治16）年に受洗している。四方は受洗後、西宮伝道に赴くが[40]、その後は新潟教会へ転出、2年後の1885（明治16）年9月には浪花教会へ転入、その後大阪鎮台歩兵第八連隊に入営しており[41]、『ちゑのあけぼの』の主筆となったのは除隊後のことだと考えられる。

神戸師範学校で学び、中学でも教えたことのある四方は、教育界にも人脈があったようである。四方の加入後は、関西の教育家のところへ四方自らが赴き、定期購読を依頼したり寄書を仰いだりと、営業面でも手腕を発揮していたことが誌面からも読みとれる。文筆家として、また教育者としての能力を兼ね備えた人物として、主筆に四方が迎えられたのではないだろうか。さらに四方は「人並み以上に親切で、神様のような人格者[42]」であったとも伝えられ、人格も申し分なかった。

四方は『ちゑのあけぼの』の主筆として活動するかたわら、浪花教会の執事にも就任するなど、キリスト者としても活躍していた[43]。廃刊後は伝道に従事したり、キリスト教に関する3冊の翻訳・出版を手掛けたりするが、その後同志社神学校へ入学し、卒業後は牧師として札幌独立教会へ着任した。ここでもやはり文筆は続けており、教会史を『札幌基督教会歴史』にまとめている。

その後、日清戦争の際には臨時第七師団に召集され、戦後は牧師を辞任し東京に出るが、再び関西に戻り、1898（明治31）年にオーストラリアとの貿易を行っていた兼松商会（現在の兼松株式会社）に入社し、1920（大正9）年の定年の際には重役となるまで出世した[44]。

以上、5人の関係者の経歴をみてきたが、次節では、彼らはどのような雑誌をつくろうとしていたのかについて検討していく。

第2節　『ちゑのあけぼの』の創刊の目的

前節でみてきたように、編集陣はいずれもキリスト者であった。それだけでなく、彼らはアメリカン・ボードの外国人宣教師と密接な関係がある、組合教会の会員であった。さらに、『ちゑのあけぼの』の発行所があった大阪市西区江戸堀は、初代編集人であった佐治の所属教会である大阪教会、およびキリスト教新聞・書籍の印刷・販売を手掛けていた福音社と、かなり近い位置関係にあった。

外国人宣教師らが、伝道の一環として雑誌や新聞を発行していたことを考えると、『ちゑのあけぼの』も、第2章でみてきた『よろこばしきおとづれ』と同様に、伝道を目的とした雑誌だったことが推測される。

ところが、創刊号の附録に掲載された「普通社社主」による「ちゑのあけほの発行の主意」には、この推測に反することが書かれているのである。先にも触れたが、重要な箇所なので再度以下に引用しておこう。

我国の教育は急に長足の進歩を為し…（中略）…小学校に教育するものは表面の薫陶なり直接の涵養なり…（中略）…而して近日其裏面よりし間接よりする所のもの〻尤も今日に適切にして急務とすべきことを感ずる所ありて偶一の学術雑誌やうのものを起し題号を「ちゑのあけぼの」と称し毎週一度逐号刊行し一々之に画図を挿み…（中略）…児童の観念力を暗々のうちに起さしめて自然の薫陶涵養を加へ表面直接に受くる所の小学校教育に交ふるに裏面間接の教育を以てして児童の智力を進むる……

近年日本では急速に小学校教育が広がっているが、それを補う教育も必要である。このために、一種の「学術雑誌」として『ちゑのあけぼの』を発行する。挿絵も交えた誌面構成にすることで、子どもたちが知らず知らずのうちに、自然に学習できるような雑誌にしたい、というのが「発行の主意」の内容である。

この文面からは、キリスト教に関する内容や、伝道を目的とする旨はうかがえない。『ちゑのあけぼの』は、子どもの自主的な学習を促し、小学校教育を補填する「学術雑誌」である、と銘打っている。「学術雑誌」という言い回しは、言葉通りの意味というよりもおそらく1883（明治16）年改正の新聞紙条例を意識したものと思われる。1886（明治19）年の時点では、雑誌に関しては新聞紙条例の範囲であったが、大阪では700円の保証金が求められた。ただし「専ら学術、技術、統計、及官令、又は物価報告に係る者」[45]、すなわち政治的な論や時事を扱わない雑誌類は除外され、保証金の支払いが免除になったため、ここでも保証金不要の「学術雑誌」であると強調されているのだろう。

『ちゑのあけぼの』はどのような読者を望んでいたのだろうか。これについては『ちゑのあけぼの』が広告を掲載した媒体から、ある程度は推測できる。『ちゑのあけぼの』がキリスト教教育のためのものならば、キリスト教メディアを中心に広告を掲載するだろう。

しかし、『ちゑのあけぼの』が創刊当時から最も多く広告を掲載し続けたのは、大阪で発行されていた『朝日新聞』であった。新刊紹介記事も含めると、『朝日新聞』には1886（明治19）年12月1日の創刊直後から、8回にわたって『ちゑのあけぼの』の広告を掲載している。また、同じく大阪の新聞である『大阪日報』にも広告を掲載している。

では、当時唯一のキリスト教機関新聞であった『基督教新聞』はどうか。『ちゑのあけぼの』の編集陣も、おそらくは『基督教新聞』の読者であったと思われる。しかし、『基督教新聞』には2回しか広告が載せられていない[46]。

つまり、『ちゑのあけぼの』が読者として期待したのは『基督教新聞』の読者であるキリスト者の子どもたちだけではなく、より多くの学齢期の子どもたちだった。だからこそ、『基督教新聞』よりも、『朝日新聞』や『大阪日報』といった一般の新聞に多く広告を掲載したのではないか。関西の尋常小学生や高等小学生からの投書が多くみられることから、この試みはある程度成功したものとみられる。

次に、『ちゑのあけぼの』を支持した人々について、祝詞を手掛かりに考察してみよう。1号・3号の附録および本誌1号から10号までは、発行に際しての祝詞が寄せられている。寄稿者は、兵庫県知事であった内海忠勝ら政府関係者や、關徳（遂軒）ら新聞記者、京都府師範学校長であった坪井仙次郎らの教育関係者などである。

このなかには、たとえば大阪教会の牧師であった宮川経輝や同志社英学校校長の新島襄など、キリスト者として著名な人物は含まれていない。[47] 創刊時の社主である佐治は、当時大阪教会に所属しており、人脈的には宮川や新島に祝詞の寄稿を頼むことも不可能ではなかったはずである。しかし、祝詞の寄稿者は政府関係者や新聞記者、教育関係者などであった。

つまり、『ちゑのあけぼの』の編集陣はキリスト者でありながら『よろこばしきおとづれ』のようなキリスト教信仰に導くための雑誌ではなく、キリスト教とは直接関係のない新聞に広告を掲載し、各界の著名人からの祝詞を募ることで、キリスト者ではない読者にも受け入れられる雑誌であろうとしたのではないだろうか。

このことは、資金の面からもうかがえる。第1章、第2章でみてきたように、キリスト教関係の書籍や雑誌は、米国聖教書類会社や外国日曜学校協会などの資金提供を受けて発行されていた。詳しくは後述するが、神戸で発行された『七一雑報』は主にアメリカン・ボードや米国聖教書類会社の資金によって運営されていたし、その後継新聞『福音新報』、キリスト者が中心となって創刊した『太平新報』なども、資金の一部を提供されていた。[48]『ちゑのあけぼの』編集陣は、みな組合教会に所属しており、アメリカン・ボードの宣教師と関係が深かった。雑誌を創刊するにあたって、伝道に役立つものならば、まず協力が得られそうなのは、アメリカン・ボードであっただろう。

しかし、『ちゑのあけぼの』に対する資金は、アメリカン・ボードからは一切提供されていない。アメリカン・ボードの伝道費用の中から、出版にかかる費用が記録される Publication Report[49] によると、1886（明治19）年から1888（明治21）年の間で、アメリカン・ボードからの援助金が確認される新聞・雑誌は、『太平新報』（1886・3廃刊）と『基督教新聞』のみである。同様に、米国聖教書類会社や外国日曜学校協会からも『ちゑのあけぼの』への直接的な資金提供の記録はない。このことから、『ちゑのあけぼの』は少なくとも資金面において、アメリカの宣教団体に頼ることがなかったといえる。

ほかに考えられる資金の提供元だが、宣教師に頼らない場合、日本人の教会員で集めた教会献金があり得る。『ちゑのあけぼの』の関係者が当時在籍した教会は、大阪教会・浪花教会・島之内教会の大阪の3教会だが、このうち大阪教会では当時の会計記録が現存する。大阪教会の会計記録には、1886（明治19）年から1888（明治21）年の間に、教会費用から出版費にあてられているものはない。[50] 趣旨に賛同する教会員や、つながりのある篤志家からの寄付があった可能性はあるが、少なくとも宣教団体や教会など、キリスト教に関係のある団体がその事業のひとつとして援助した可能性は低いのではないだろうか。

「発行の主意」、広告の掲載媒体、資金の提供元などから察すると、『ちゑのあけぼの』は、読者をできるだけひろく想定した、子ども向けの「学術雑誌」を目指して創刊されたものとみてよいだろう。

創刊からまもなくの9号（1887・1・26）では1号・2号の売り切れが通知されたほか、11号（1887・2・

12）では、1号・2号の再版の知らせとともに、3号も売り切れ間近と告知していることから、誇張の可能性を差し引いて考えても、創刊当初からそれなりの支持は得られたものとみられる。具体的な発行部数は、年度によって変動はあるものの、平均して毎号３５００部程度は発行していたようである。[51]

キリスト者でありながら、なぜ伝道に役立つような雑誌をつくろうとしなかったのだろうか。要因として考えられることとして、ひとつは、先に発行されたキリスト教児童雑誌『よろこばしきおとづれ』がすでに成功をおさめていたこと、そしていまひとつは『太平新報』など先行したキリスト教新聞が苦戦をしいられていたことが挙げられる。

『七一雑報』の後継誌『福音新報』は、アメリカン・ボードの資金に頼らず日本人による経営、すなわち「自給」を目指して大阪に移転した福音社で創刊されたが、購読部数は６００〜６５０部程度で、終刊までの2年間、アメリカン・ボードからの年間４００ドルの援助なしに運営していくことはできなかった。

『福音新報』の購読者数がのびなかった背景には、東京で小崎弘道を中心に結成された警醒社が発行する月刊の『六合雑誌』や週刊の『東京毎週新報』（１８８５年1月から『基督教新聞』）などキリスト教メディアが多様化したことがあった。そのため大阪では、これまでなかったキリスト教主義の日刊新聞『太平新報』を創刊することになった。ボードの援助は最初の４００ドルのみ、あとは日本人の出資で運営しようとしたが、日刊新聞は想像以上にコストがかかり、記事を書ける人材も限られたことから、結局１５００ドルの損失を出し、3か月で廃刊に至った。[52]

福永は太平新報社で番頭をしていたが、『太平新報』の拡大のため滋賀に出向いている間に廃刊となっていたと後年その「滑稽悲哀」を語っている。[53]前節でみてきたように、『ちゑのあけぼの』の関係者らはいずれも関西のキリスト者であったため、福永以外もこのような新聞経営の難しさを知っていたと考えるのが自然である。そこで、先行するキリスト教児童雑誌と競合しないよう、また当時の教育界の状況などから、子どもたちへの伝道よりも、啓蒙や知育を前面に押しだそうとしたのではないだろうか。

創刊の前年、1885（明治18）年には内閣制度が発足し、初代文部大臣には森有礼が就任した。森は就任の翌年には各学校種別に学校令を制定したが、このとき出された小学校令では小学校を尋常科と高等科の各4年計8カ年の2段階としたうえで、尋常科の6〜10歳の4年間を義務制とすることを明確に規定し、はじめて「就学義務」が明らかになった。『ちゑのあけぼの』が拠点を置いた大阪でも、学齢児童の就学が厳しく命じられ、西区では平均して7割程度の就学率であったが学齢児童は1万5千人程度であった。[54] これは1886（明治19）年当時の日本全体のプロテスタント信者数に匹敵する人数である。[55] したがって、キリスト者の子どもだけをターゲットにするのではなく、ひろく学齢児童を対象にすることによって売り上げを拡大しようとしたと考えられる。

第3節　キリスト教との距離

(1)　素材

『ちゑのあけぼの』の編集陣は、全員が組合教会のキリスト者でありながら、アメリカン・ボードや教会献金に頼ることなく、伝道とは関係のない「学術雑誌」を目指して『ちゑのあけぼの』を創刊した。ところが、誌面を分析してみると、『ちゑのあけぼの』の背景には、キリスト教の存在が色濃く浮かび上がってくるのである。以下、その影響とはどのようなものか、誌面に基づいて検証してみよう。まずは、**図3―12**を参照されたい。

図3-13　『七一雑報』5（18）、1880.4.30（『七一雑報』6復刻版、不二出版、1988より）

図3-12　『ちゑのあけぼの』20、1887.5.20（東京大学大学院法学政治学研究科附属近代日本法政史料センター明治新聞雑誌文庫所蔵）

これは、『ちゑのあけぼの』20号（1887・5・20）の表紙に掲載された、近代郵便制度の父ローランド・ヒルである。これとほとんど同じ内容の記事が、『七一雑報』にすでに掲載されていたのである。

図3―13は『七一雑報』5巻18号（1880・4・30）の表紙である。**図3―13**と比較すると、挿絵がまったく同じであることがわかるが、文面もほぼ共通している。しかも、『ちゑのあけぼの』が『七一雑報』から引用した記事は、この記事だけではない。実は、『ちゑのあけぼの』には、『七一雑報』から多数の記事が引用されていた。引用記事の題名と巻号の日付は、**表3―1**にまとめた通りである。

『七一雑報』からだけでも、多数の記事を引用していることが**表3―1**からわかるが、これだけではない。『ちゑのあけぼの』は、『よろこばしきおとづれ』や、後継誌『喜の音』からも多数の引用を行っている。これについてまとめたものが、**表3―2**である。

前節で検証したように、『ちゑのあけぼの』は伝道で

表 3-1 『七一雑報』と『ちゑのあけぼの』の共通記事

記事名	『七一雑報』	『ちゑのあけぼの』
カナリア鳥と金魚	2-28（1876.7.13）	10 号（1887.2.5）
不思議の数	2-37（1876.9.14）	11 号（1887.2.12）
教育を惰たる人へ告る話し	2-20（1877.5.18）	11 号（1887.2.12）
悪しき朋友	2-27（1877.7.6）	14 号（1887.3.5）
マイコロニシヤの珊瑚樹島の話し	6-40（1881.10.7）	14 号（1887.3.5）
ピレニス山の巨岩	6-48（1881.12.2）	17 号（1887.3.26）
正直ドルガン	6-42（1881.10.21）	19 号（1887.5.13）
郵便のはなし	5-18（1880.4.30）	20 号（1887.5.20）
大人豪傑の出処	6-11（1881.3.18）	20 号（1887.5.20）
鼠の観音まいり	6-35（1881.9.2）	48 号（1887.12.2）

表 3-2 『よろこばしきおとづれ』／『喜の音』と『ちゑのあけぼの』の共通記事

記事名	『よろこばしきおとづれ』／『喜の音』	『ちゑのあけぼの』
ダニエルウエブストル	1884.2	15 号（1887.3.12）
ジュリヤと盲老人	1883.2	18 号（1887.5.6）
正直ドルガン	1881.9	19 号（1887.5.13）
二組の山羊	1882.6	29 号（1887.7.22）
ワシントンと母	1885.5	44 号（1887.11.4）
蜘蛛の教訓	1885.8	51 号（1887.12.23）
水の効用	1881.9	59 号（1888.2.17）

※タイトルは『ちゑのあけぼの』に準じたが一部筆者が便宜上つけたものもある。

はなく、知育を目的として創刊された雑誌だった。しかし、『七一雑報』や『よろこばしきおとづれ』など、先行するキリスト教メディアから、多数の記事を引用することで成り立っていたのである。

第2章でも触れたが『よろこばしきおとづれ』は1882（明治15）年3月には『喜の音』と改称、メアリ・ミラー（Mary E. Miller, née kidder）と三浦徹が編集人となった。三浦は、『喜の音』について後年、次のように語っている。

一体あの種本は何処から得たかというと、まあ色々な新聞雑誌でした。…（中略）…何時ぞや福音新報で三浦といふ男は余り英語の力があるとも思はれないが、十年否二十年翻訳[redacted]続したと（まあ賞めて呉れたのでせうが）が言ったので、翻訳事業は四十年もやってゐるが、翻訳ばかりぢゃない[redacted]自分のものも随分あるのだと抗議を申込みましたよ。[56]

前章でみてきたように[redacted]こばしきおとづれ』は、外国日曜学校協会の資金援助を受け、『小孩月報』や米国聖教書類会社発行の新[redacted]誌などを参照しながら編集されていた。三浦は、翻訳のみではなく自分で書いた記事もあると述べており[redacted]伝道で出会った人々とのエピソードなどを「三州（洲）生」の筆名で書いている。これらの記事は、全[redacted]ぶ手記「恥か記」にもほぼ同内容の記録がある。[57]

しかし、『喜の音』にな[redacted]も中心となったのは外国雑誌からの翻訳であったようである。仕事の分担について三浦は、「私は筆を[redacted]配布のことに任じ、夫人は材料選択、金銀出納のことに任じた」と語っており、[58]またミラーは「故郷[redacted]と私に送ってくださる方をどなたかご存知でしたら、非常に助かるでしょう。私は特に日本人のために[redacted]事を書いてもらったり、抜粋したものや絵も載せるように常に心がけています。日本人は与えられ[redacted]ものでも、とても正確に模写します[59]」と本部のフェリスへ書き送っているから、『よろこばしきお[redacted]と同じく、参考となる新聞や雑誌、切り抜き帳を本国から送ってもらい、それをミラーが選び、三[redacted]手続きをとっていたものと考えられる。

そしておそらく、『よ[redacted]れ』のころから変わらず、米国聖教書類会社の児童雑誌『チャイルズ・ペーパー』が送られてき[redacted]

図3―14は『喜の音』[redacted]とその父」の記事の挿絵、そして**図3―15**は『チャイルズ・ペーパー』に掲載されたYoung Was[redacted]ather である。

図 3-14　『喜の音』2（23）、1883.11
（東京神学大学所蔵）

図 3-15　*The Child's Paper* 8（7）, 1859.7
（同志社大学所蔵）

『喜の音』では、4巻4号（1885・4）「軽気球の話」を、『チャイルズ・ペーパー』（1859・6）から挿絵と本文の両方をほぼそのまま引用・翻訳するなど、ほかにも『チャイルズ・ペーパー』と類似の記事が散見される。ほかの雑誌が送られていた可能性はもちろんあるが、[60]『喜の音』以降も変わらず資金・素材ともにアメリカからの支援があったと考えてまず間違いないだろう。

さらに、『よろこばしきおとづれ』および『喜の音』と同様の編集が、キリスト教機関新聞『七一雑報』でも行われていたことが、**図3―16、図3―17**よりわかる。

『七一雑報』の編集には、企画者である宣教師O・H・ギューリックが大きく関わっており、資金もギューリックの所属するアメリカン・ボードから提供されていた。アメリカン・ボードの本部幹事であるN・G・クラーク（Nathaniel George Clark）に宛てた書簡で、ギューリックは創刊の目的を次のように述べている。

我々は新聞『七一雑報』（週刊新聞）の発行を開始しました。『七一雑報』は、この国のすべての人の啓蒙、文明開化、そしてキリスト教感化のための教育者かつ親しい味方であるよう企図されています。…（中略）

図3-16　『七一雑報』6（18）、1881.5.6（復刻版、不二出版、1988より）

図3-17　*The Illustrated Christian Weekly* 8(34), 1878.8.24（Collection of the New-York Historical Society.）

…すべての人によく理解されるよう、書き方は平易であるよう努めています。[61]

このギューリックの言葉からもわかるように、『七一雑報』は創刊時、すべての人の啓蒙を目指すものであった。そして、すべての人の中には、子どもも含まれたのである。この意図を反映し、『七一雑報』の翻訳欄には海外の子ども向け読み物の翻訳が掲載された。子ども向け読み物の内容としては、アメリカの英語教科書サージェント・リーダーの翻訳や、イソップ物語などが挙げられる。[62]一時、『七一雑報』の発行所、雑報社で働いたことのある徳富蘇峰は、雑報社での仕事について、「極めて平凡なる翻訳」だったために嫌気がさしたと回想しているが、おそらく**図3―17**のような記事の翻訳だったのだろう。[63]

先行するキリスト教系雑誌が、アメリカの新聞や雑誌に素材を求めていたのと同じように、『ちゑのあけぼの』は、『七一雑報』の子ども向け読み物や『喜の音』を参照していた。すでに廃刊していた『七一雑報』はまだしも、同時期に発行されていた雑誌『喜の音』からの引用は法的には問題なかったのだろうか。他の新聞や雑誌からの記事の無断転載は明治10年代までは横行していたが、1887（明治20）年の版権条例では、学術・技芸に関する雑誌でかつ版権所有の雑誌からの転載は禁止されたが[64]、『喜の音』は版権を所有していなかった。そのため『喜の音』からの記事の引用は、少なくとも法的には問題がなかったわけである。ただ、『ちゑのあけぼの』ではそのままの転載ではなく「学術雑誌」としての編集がなされていたがこれについては次節で確認していく。『ちゑのあけぼの』は記事の内容だけでなく、体裁や編集方法も含めて、これらのキリスト教メディアに倣っており、雑誌の主旨は異なるものの、先行するキリスト教メディアの存在は重要であった。

(2) 売捌所

先にみたのは、編集上の、「つくられる」過程においてのキリスト教メディアの影響であったが、もうひとつみておきたいのは「届けられる」過程に関する影響である。『ちゑのあけぼの』の末尾には、「売捌所一覧」が掲載される。9号（1887・1・26）に附された「ちゑの曙売捌所」（図3―18）をみてみよう。

明治前期の新聞雑誌の売捌所の変遷を追った山口順子の研究によると、明治初年には書物問屋が売捌所として重要な役割を担っていたが、明治10年代以降は絵草紙屋や新興書店の勢力が強くなるという[65]。こうした売捌所は、日清戦争の前後に大取次に収斂していくが、この時点ではさまざまな書店が『ちゑのあけぼの』を販売していたことがわかる。

たとえば、淀屋橋の石川和介は「石川屋和助」として江戸期の買物案内に「草紙本類卸」として掲載されている[66]。梅村為助、前田徳太郎もまた江戸期以来の絵草紙店である[67]。なかでも前田徳太郎の綿喜は、幕末期から活躍した「大坂第一の絵草紙屋」[68]であった（図3―19）。先にみてきたように、『ちゑのあけぼの』では二代目長谷川貞信ら、幕末期から活躍した浮世絵師が絵を担当していたことからみても、絵草紙屋は重要な販売店であった。

もうひとつ注目したいのが、キリスト教関係者の名前の多さである。吉東次武は大阪教会の執事で『太平新報』の出資者のひとりであったし[69]、伊藤猛は大阪教会の伝道師として堺や岸和田などで活躍したキリスト者である[70]。さらに四国では、編集人眞鍋定造の長兄為之助の名前もある。また、江浪定平は笠岡教会の会員で、眞鍋が仮牧師をしていた際に寄宿した江浪家の関係者である[71]。それ以外にも、「西京三条東洞院クリスチヤンボウド」や和歌山の福音社、神戸の福音舎はキリスト教関係書店とみられる。

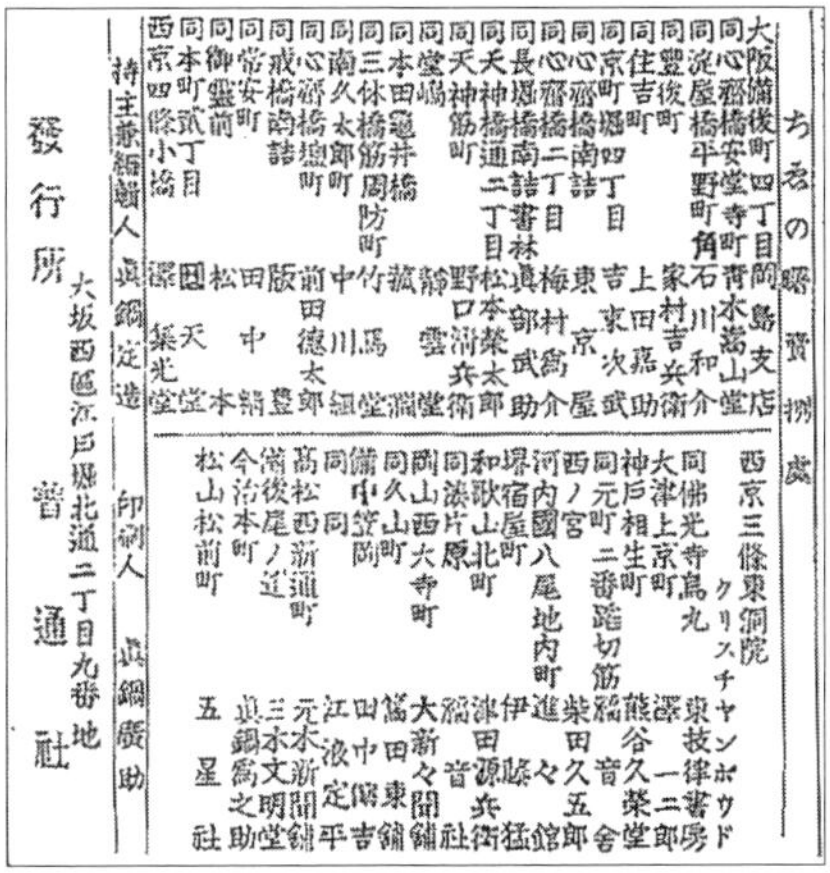
ちゑの曙賣捌處
大阪備後町四丁目　岡島支店
同心齋橋安堂寺町　青木嵩山堂
同淀屋橋平野町角　石川和介
同豊後町　家村吉兵衛
同住吉町　上田嘉助
同京町堀四丁目　吉東次武
同心齋橋南詰　東京屋
同心齋橋二丁目　梅村鶴介
同長堀橋南詰書林　眞部武助
同天神橋通二丁目　松本榮太郎
同天神筋町　野口清兵衛
同堂嶋　静雲堂
同本田竈井橋　瓶淵堂
同三休橋筋周防町　竹馬堂
同南久太郎町　中川組
同心齋橋塩町　前田徳太郎
同戎橋南詰　阪豊
同常安町　田中新
同御霊前　松本
同本町弐丁目　圓天堂
西京四條小橋　深栗光堂
西京三條東洞院　クリスチヤンボウド
同佛光寺烏丸　東枝律書房
大津上京町　深一二郎
神戸相生町　熊谷久榮堂
同元町二番路切筋　福音舎
西ノ宮　柴田久五郎
河内國八尾地内町　進々館
堺宿屋町　伊藤猛
和歌山北町　津田源兵衛
同湊片原町　福音社
岡山西大寺町　大新々聞舗
同久山町　篤田東舗
備中笠岡　田中開吉
同同　江浪定平
高松西新通町　元木新聞舗
備後尾ノ道　三木文明堂
今治本町　眞鍋為之助
松山松前町　五星社
持主兼編輯人　眞鍋定造
印刷人　眞鍋廣助
發行所　大坂西區江戸堀北通二丁目九番地　普通社

図3-18「ちゑの曙売捌所」『ちゑのあけぼの』9、1887.1.26（東京大学大学院法学政治学研究科附属近代日本法政史料センター明治新聞雑誌文庫所蔵）

図3-19 「綿屋喜兵衛店引札」（大阪府立中之島図書館所蔵）

ボードや教会から公式な援助はみられなかったものの、もと酒造業で資産家だったキリスト者、原和七郎が「数百円」を『ちゑのあけぼの』のために投じたという[72]。また、女性宣教師ダッドレーの『育幼艸』（福音社）の広告が掲載されたほか（33号）、アメリカン・ボードの事務官の帰国とそれにともなう集会会場の移転を知らせる広告などがみられる（17号）。『ちゑのあけぼの』は創刊号から1行8銭で広告を募集していたことから、これらのキリスト教関係者からの寄付や広告もまた貴重な財源になったことだろう。つまり、「届けられる」過程においても、キリスト教伝道で形成されたネットワークが基盤になっていたのである。キリスト教伝道が第一の目的ではなかったにせよ、伝道でつちかわれた人的なネットワークは、販路の拡張に役立った。

第4節 『ちゑのあけぼの』の編集

『ちゑのあけぼの』の記事が、『七一雑報』や『喜の音』の記事を参照していたことは先にみた通りだが、ここからは、具体的にどのような編集がなされていたのかについてみていこう。

14号（1887・3・1）の記事は、悪い友人と交わるなという短い訓話である。これは表3―1で示したように、『七一雑報』2巻26号（1877・7・6）に、ほぼ同じ内容の記事がある。文体や内容はそっくり同じだが、一文だけ『ちゑのあけぼの』では削除された文がある。それは「既にまつたく打こまれたる時は之を抜くこと甚だむつかしく釘抜を用ゆるとも恐らくは抜くことなるまじ」のあとの、「また凡て基督の徒となりたる後世の友達のために我が信ずる宗旨を捨るものは恰かも荊棘の中を行んとして沓をぬぎ徒跣《すあし》にて其なかを歩行がごとし」という文である。これ以外には変更・削除された箇所はない。

つまり、『七一雑報』のもとの記事は、悪い友人に関わることによって信仰を捨てるなというのが話の主旨であった。しかし、『ちゑのあけぼの』では、キリスト教信仰に関わるこの一文を削除することによって、友達は選べという教訓譚へと書きなおされている。

キリスト教について言及した箇所を削除するという編集は、この記事に限って行われたのではない。たとえば、『ちゑのあけぼの』14号（1887・3・5）の「マイコロニシヤの珊瑚樹島の話し」でも、原文から「上帝《かみ》の注意アゝ至らざるなきかな」という一文を削除しているし、48号（1887・12・2）の「鼠の観音まいり」でも、「口より出るものは心より出これ人を汚すものなり」という『マタイによる福音書』の一節を、すべて削除している。それ以外の引用記事に関しては、原文にキリスト教に関する言及がないものがほとんどである。

『七一雑報』はキリスト教新聞である。したがって、子ども向けの読み物の中でも、「神の語を心にみたしたる童子の話」（2巻29号）や「聖書を愛したる小児の話」（2巻36号）など、信仰に関する教訓譚も多く掲載されていた。しかし、『七一雑報』から『ちゑのあけぼの』に掲載されたのは、キリスト教に関する言及のない教訓譚や、世界地理や西洋偉人に関する記事が中心であった。そうでないものは、「基督」や「上帝《かみ》」などキリスト教に関係する語句のほとんどを、適宜削除して引用していた。[73]

ただ、キリスト教に関する内容を完全に消してしまおうとするものではなかった。たとえば、『喜の音』からの引用をみてみよう。『ちゑのあけぼの』15号（1887・3・12）のダニエル・ウェブスターの幼少期についての記事（図3―20）は、挿絵ごと、『喜の音』3巻26号（1884・2）図3―21から引用している。内容は、畑を荒らすモグラ（土猪）を捉え殺そうとする兄に、ダニエルが涙ながらに命の尊さを訴えかけ、モグラの命を救ったという話である。『喜の音』では、「神は土猪にもあれ何にもあれ凡そ無益のものとて一も造りたまふことなからん」とある箇所は、『ちゑのあけぼの』では「生とし生るものは皆造物主の作りしものにして一も無益のものはあらざるべく……」と、「神」が「造物主」と置きかえられているほか、『喜の音』で「彼が命を無残にも奪ひとりな

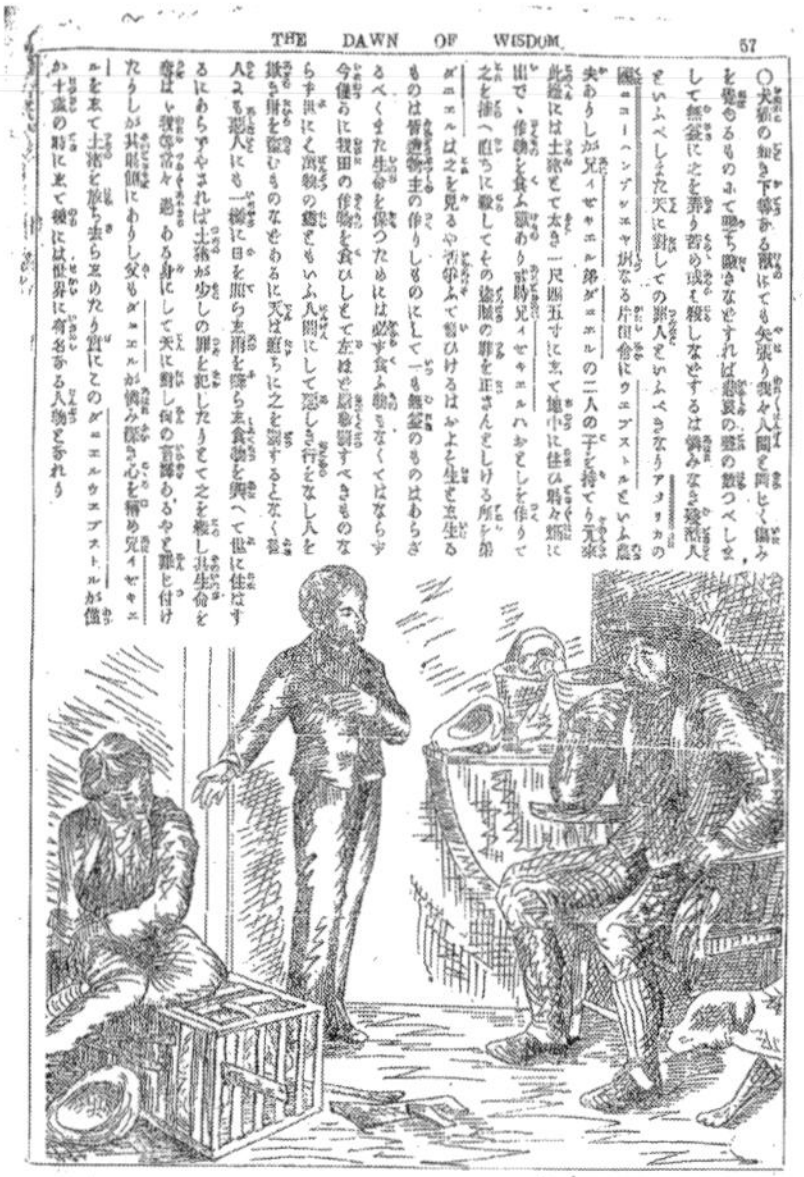
THE DAWN OF WISDOM 57

○犬猫の如き下等なる獸にても矢張り我々人間と同じく傷みを覺ゆるものにて鞭ち敲きなどすれば悲哀の聲を發つべしさして無益に之を弄り苦め或は殺しなどするは憐みなき残忍人といふべし又た天に對しての罪人といふべきなりアメリカの國ニユーハンプシヤ州なる片田舎にウエブストルといふ農夫ありしが兄イゼキエル弟ダニエルの二人の子を持てり元来此邊には土猪とて太さ一尺四五寸にして地中に住み時々畑に出で、作物を食み荒しけり或時兄イゼキエルハおとしを作りて之を捕へ直ちに殺してその盗賊の罪を正さんとしける所に弟ダニエルは之を見るや否やふて曰ひけるはかよと生を生ずるものは皆造物主の作りしものにして一も無益のものはあらざるべくまた生命を保つためには必ず食み物もなくてはならず今僅かに我田の作物を食ひしとて左ほど厳敷罰すべきものならず且つ人類の鳥獣をもいふ人間にして悪しき行をなし人を欺き財を盗むものなどあるに天は直ちに之を罰するとなく善人にも悪人にも一様に日を照らし雨を降らし食物を與へて世に住はするにあらずやされば土猪が少しの罪を犯したりとて之を殺し其生命を奪はゞ我等常々罪ある身にして天に對し何の言譯あるやと難じ付けたりしが其眼側にありし父もダニエルが憐み深き心を稱め兄イゼキエルをして土猪を放ち去らしめたり實にこのダニエルウエブストルが僅か十歳の時にして後には世界に有名なる人物となれり

図 3-20 『ちゑのあけぼの』15、1887.3.12（東京大学大学院法学政治学研究科附属近代日本法政史料センター明治新聞雑誌文庫所蔵）

とも尚未だ其所爲より生じる損害を償ふに足らざるべしと論辨よく其理にあたり事實當然とは聞ゆるものゝ又一方には如何なる議論かある試に之を問はゞやと思へばダニエルにうちむかひ前の駁論を申立よと云はれてダニエル思ふやう兄が述ぶる所には或は道理のあるならんかと傍にありし土猪を見ればいと隠き格子の檻獄にありて覆き窘へる有様はいと痛ましく家のごとくなればかく斯くてはあらじと一心に熟考し窘を乾を見て土猪の罪過は此許なりと勇をふるひて述ぶるやう抑神の土猪を造りしまひしは盖に之を生活せしめ燦々たる日光清凉なる空氣を得せしめ自由なる原野森林に居しめんとてなり神は土猪にもあれ何にもあれ凡て無益のものとては一も造りしまふことなからん

此世に生れ来しものなり土猪は僅に凡常の蔬菜を少しく食ふとて是も獨さを食ひ盡すものにはあらず其露命をつなぐにあくてならぬ物といさゝか食ふのみにして害と爲るべき程にはあらず然はさりながら僅なる其食物は我等の眼に見ゆる食にひとしく土猪の口に甘くして其身に此上なき要用なり神は諸生活物に各其食とたまひ其持物をもたまふなり皆は小さき獸も夫々に其分限に相當し少しの天物を與そられ我々自ら我分を占むるも同じ權理なり加之ならず禽獸の更に天性に從ることなく神の法を犯さぬは我々人間の如きにあらず造物者より與へたる其天然の本性といと嚴に守るなり土猪も神の恩ある手に造られしものなれば其所有の生命より其飲食や其自由なるもの

図 3-21 『喜の音』3（26）、1884.2（同志社大学人文科学研究所所蔵）

ば我々の神の裁判はいかならん」という箇所は「之を殺し其生命を奪はば…（中略）…天に対し何の言訳あるや」と「神」は「天」へ変更されている。

しかし、大きな変化としては結末で、『喜の音』では、「其神心《ママ》の信こそ実にたのもしく…（中略）…神の造れる生物を傷ひ殺すものあらば彼のダニエルの古事を思ひ出て慈愛の心を学びたまへ」と、ダニエルの信心深さを強調する形で締めくくられていた。一方、『ちゑのあけぼの』では「父もダニエルが憐れみ深き心を褒め…（中略）…後には世界に有名なる人物となれり」と、偉人伝として締められている。

ふたつの記事を比較すると、『喜の音』でも『ちゑのあけぼの』でも、動物に対する慈愛を尊ぶ点、そしてなぜモグラを助けるのかといえばそれは神がつくったものだから、という点は同じである。しかし、『喜の音』で慈愛の情をもつことがよしとされるのは、それが信心深さの表れだからである。一方『ちゑのあけぼの』では、小さいころから慈愛の情をもった人こそ後に出世し、有名になるのだという教訓性の強い偉人伝へと変化している。『ちゑのあけぼの』は、たしかに『七一雑報』や『喜の音』などのキリスト教メディアの記事を多数引用していた。しかし、そのままの形で引用するのではなく、聖書の出典やキリスト教に関する言及はなるべく削除し、語句を適宜補うことで、教訓性を高め、「学術雑誌」というコンセプトに沿うよう編集していたのである。

素材だけを引用しながら、雑誌の主旨に合うよう、記事を編集するという手法は、『ちゑのあけぼの』だけにみられるわけではない。『ちゑのあけぼの』のもとになったキリスト教メディアもまた、新聞や雑誌のコンセプトに合わせて記事を編集してきたことは第2章でもみてきたが、改めて具体的な例をひとつ挙げて説明しよう。『喜の音』2巻14号（1883・2）（図3―22）および『ちゑのあけぼの』18号（1887・5・6）（図3―23）の「ジユリヤと盲老人」についてである。

（三）誰かの祖父

わヽジユリヤさん向から例の老爺が来るがねどうも皆がからかつて大變だよと喚びつヽ走き

まり面色をかへてヱマはジユリヤの手をとつて心配らしき容子を為し居るりジユリヤは驚き回

顧せど来るものなければ眼に見るものは唯ヱマの青菜の如き面色のみヱマさん何を見て来るのだへと云つヽ遂に後方を見れば一の老人破れ靴破れ衣に曲りたる杖を携へ来かヽる後に多の衆兒從来り戯れ笑ひ戯れ嘲り甚も氣の毒なる有様なるにヱマは恐れて遁んと云ふジユリヤはきヽて否々遁てはいけませんあヽあの衆兒をご覧なさい老人をからかうのは卑怯ではないかあれは誰かの祖父でせといと氣の毒に思ひ居るうちヱマはいつしか遁去り

りジユリヤは急ぎ老人の来かヽる方に跡り行き群がる衆兒にうちむかひ大胆にも大聲あげて云ひけるやう誰と知らねも程がある何故老人を愚弄せるか若し此人が諸君等の祖父ならばうしませうかと云ひきられ少し閉口はしたものヽ負惜みする衆子等はジユリヤを笑ひ聲々に嘲

図 3-22　『喜の音』2（14）、1883.2（東京神学大学所蔵）

図 3-24　"Somebody's Grandpa," *The Child's Paper* 10(8), 1861.8（Collection of the New-York Historical Society.）

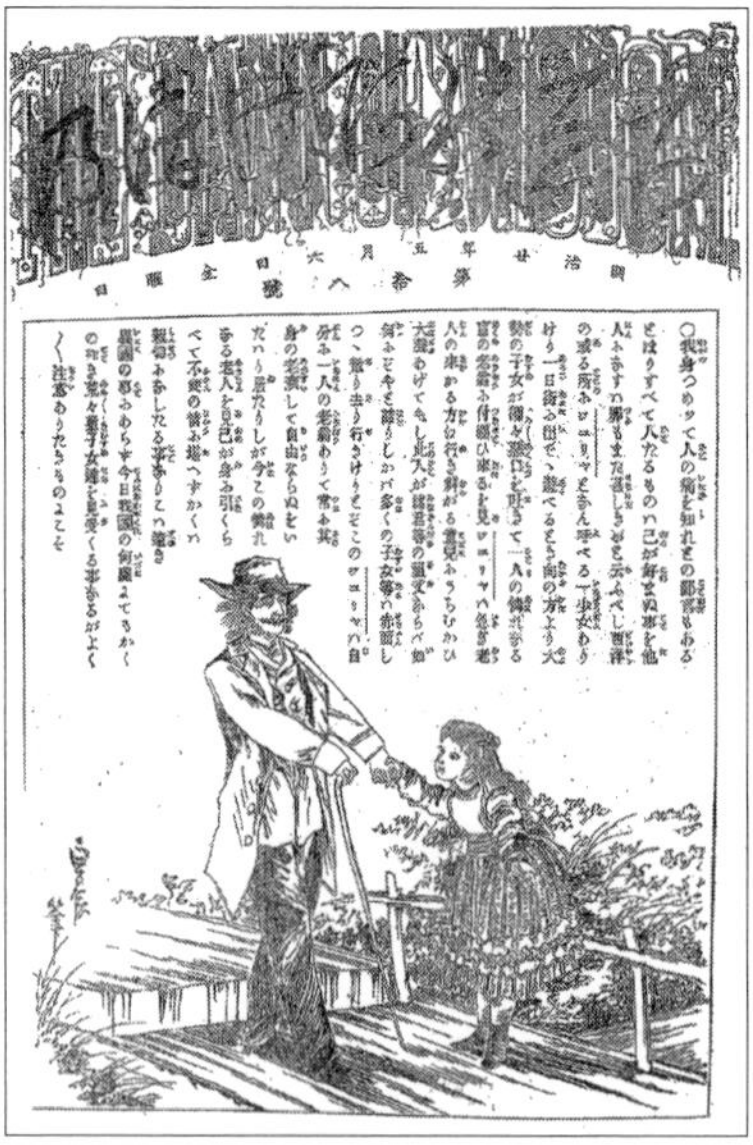

図 3-23　『ちゑのあけぼの』18、1887.5.6　（東京大学大学院法学政治学研究科附属近代日本法政史料センター明治新聞雑誌文庫所蔵）

『喜の音』が外国の児童雑誌から記事を引用していることについては先にみた通りだが、この記事もまた、挿絵をアメリカの児童雑誌『チャイルズ・ペーパー』（１８６１・８）（図3―24）から引用している。ところが、内容については、それぞれ少しずつ違いがある。

『喜の音』と『チャイルズ・ペーパー』では、おおむね話の筋は同じである。ある盲目の老人が少年たちにからかわれているのをみたエマは、ジュリアにこわいとつげその場から逃げる。しかしジュリアはすぐに老人のもとへ行き、少年たちをどなりつけ、老人の手をひき道案内するという内容である。『喜の音』についてみると、末尾はこのようにある。

さて我国の童子を見るに兎角悪戯をして人の迷惑を己の楽とし盲人の杖をとりあげ隣町の童子を苦しめなどするものあり実に此ジユリヤの親切なる行為には恥べきなり…（中略）…之を読む童男女よくれぐれも分憂《おもいやり》の情をもて老人貧者を憐れみ玉へキリストは我名のために此小き一人に行へることは即ち我に行へるなりと云ひ玉ひしを記えよとまうす

ジュリアのように、思いやりの心をもって老人に接することを説いたあと、末尾に「わたしの兄弟であるこれらの最も小さい者のひとりにしたのは、すなわち、わたしにしたのである（マタイによる福音書25：40）」が加えられている。

もとになった『チャイルズ・ペーパー』の記事は、このような聖句は含まれてはいない。特徴的なのは、こわいと何もできず逃げてしまうエマに対し、ジュリアが手をとり、階段を補助し、犬を追い払って老人を助けるという具体的な行動が細かく記述されている点や、これまでたくさん働いた老人の手は、若者の強い手による助けが必要なのだという記述がある点である。おそらく、ここには具体的な聖句の引用があるわけではないものの、「子たちよ。わたしたちは言葉や口先だけで愛するのではなく、行いと真実とをもって愛し合おうではないか（ヨハネ第一の手紙3：16）」や、「若い人の栄えはその力、老人の美しさはそのしらがである（箴言20：29）」といった教えが、さりげなく示されているのではないだろうか。▼74

これらに対して、『ちゑのあけぼの』の内容は、よりシンプルである。導入に「我が身つめ《ママ》って他人の痛みを知れ」ということわざが挿入されたあと、大勢の子どもが盲目の老人に悪口を言っているのをみつけ、「もし此人が諸君等の祖父ならば如何にぞや」とジュリアが大声をあげ、不憫の情にたえず親切にしたという話である。ここではエマは登場せず、また聖句もなく、かわりに「こは遠き異国の事にあらず今日我国の何処にてもかくの如き荒々敷子女達を見受くる事なるがよく注意ありたきものぞ」という文章が末尾に挿入されている。

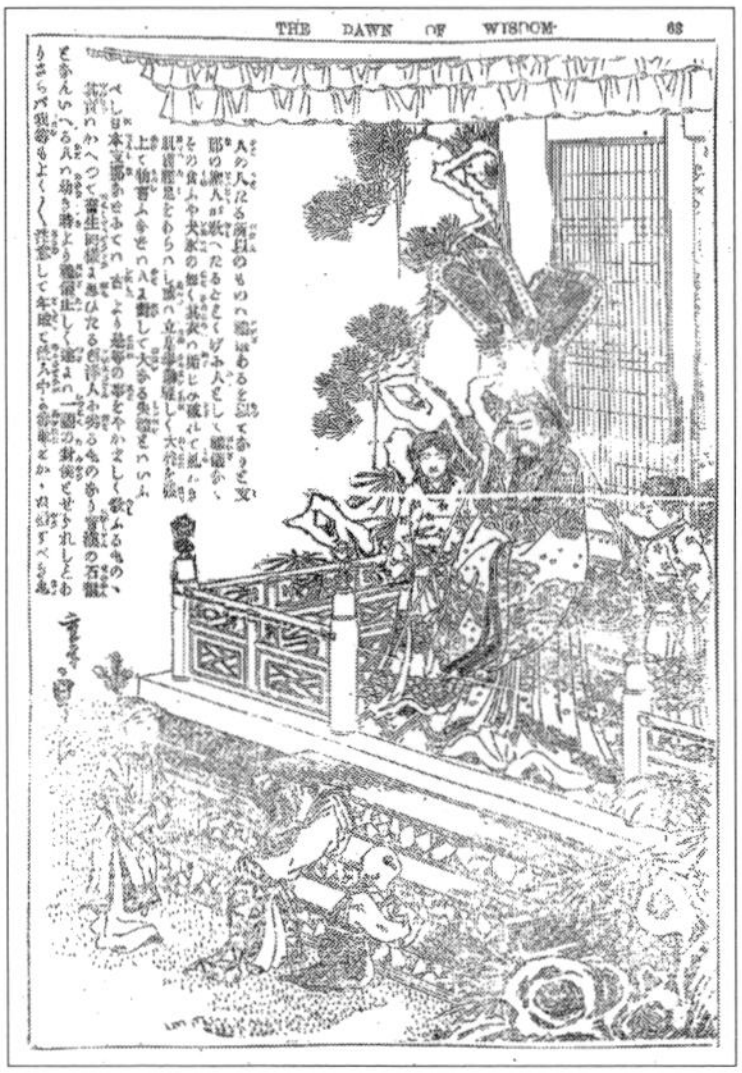

図3-25　『ちゑのあけぼの』17、1887.3.26（東京大学大学院法学政治学研究科附属近代日本法政史料センター明治新聞雑誌文庫所蔵）

こうした編集方法は、キリスト教メディア以外を参照する場合にも用いられた。『ちゑのあけぼの』では、誌面のうち1頁程度は司馬温公や孟母三遷などの中国故事譚や、毛利元就や那須与一など、日本の歴史偉人伝などにあてられていた。これらの中には、江戸時代末期に出版され、寺子屋教科書として広く用いられていた、挿絵入りの『童子教』の影響を明らかに受けて

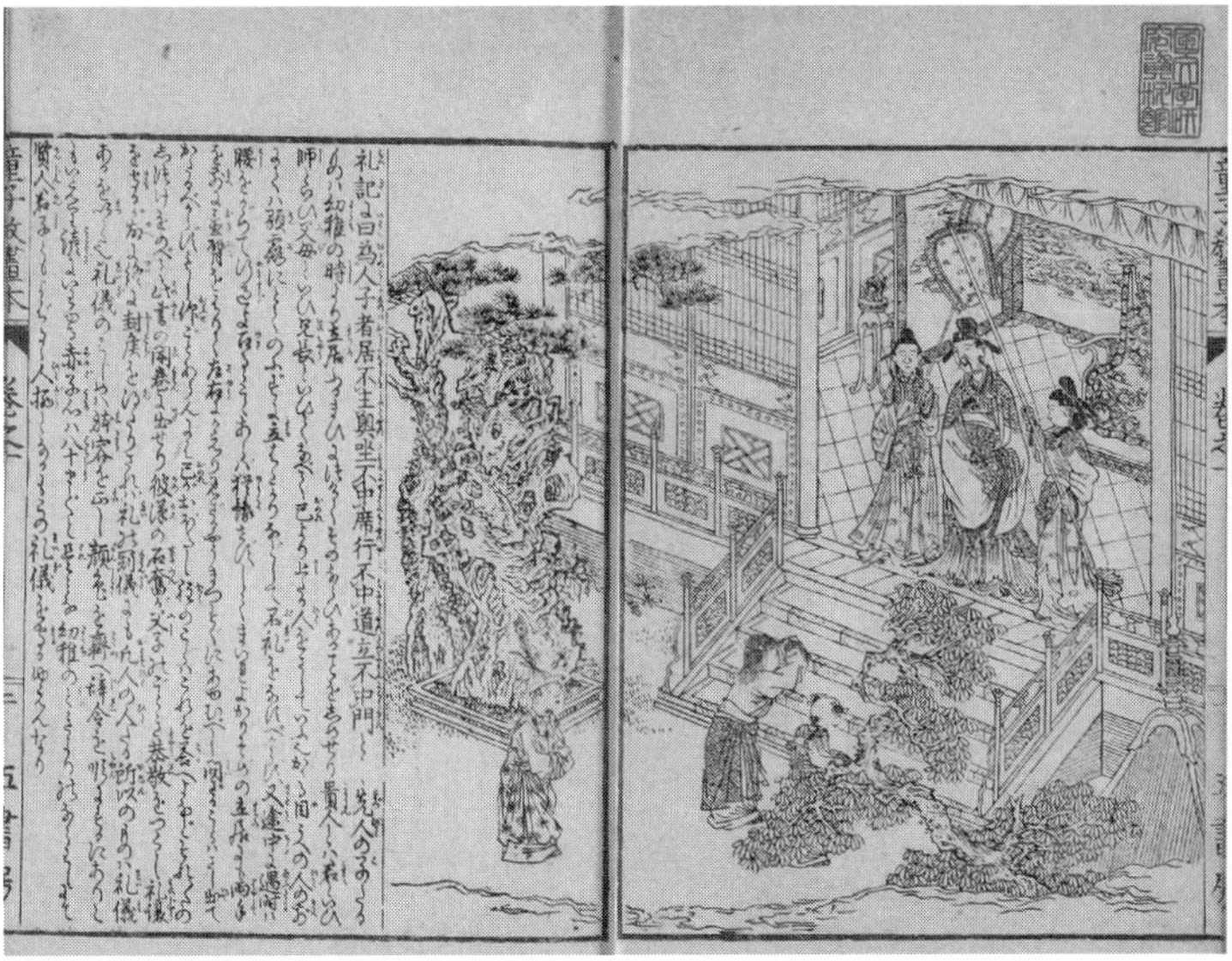

図 3-26　篠崎三島撰『童子教画本』巻之一、芸艸堂（国文学研究資料館近代書誌・近代画像データベース　CC BY-SA 4.0）

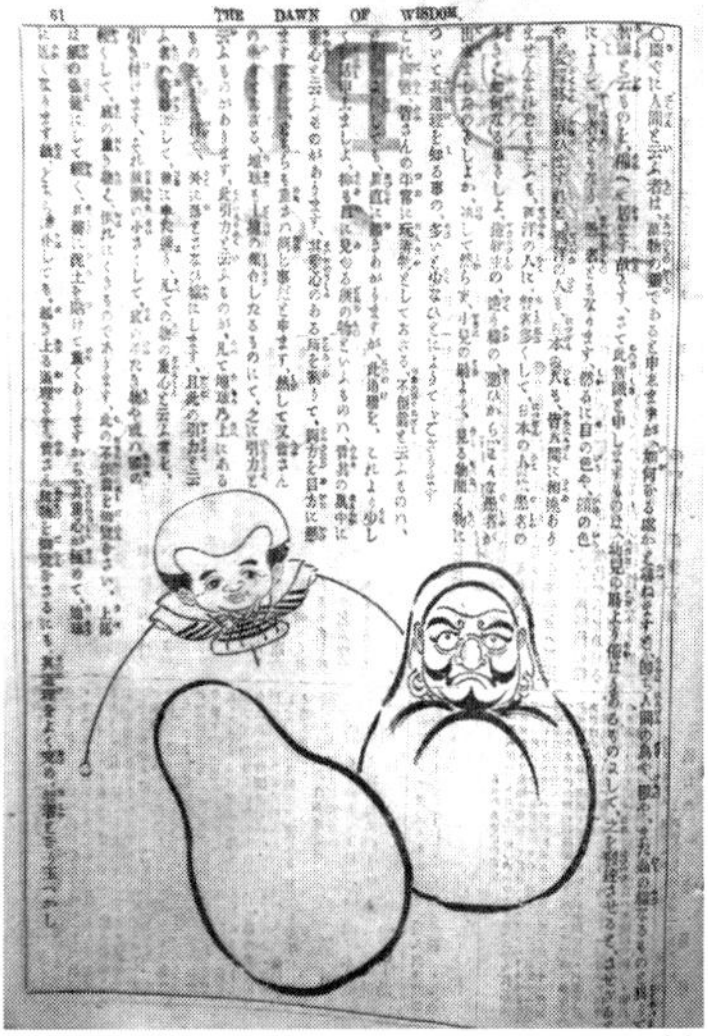

図 3-27　『ちゑのあけぼの』16、1887.3.19（東京大学大学院法学政治学研究科附属近代日本法政史料センター明治新聞雑誌文庫所蔵）

いるものもある。

図3―25、図3―26はともに、童子教の冒頭、「夫貴人前居　顕露不得立／遭道路跪過　有召事敬承」について、漢の石奮の例を用いて説明した部分である。石奮が礼儀を尽くしたことにより、ついに封侯となったという偉人伝だが、『ちゑのあけぼの』には「日本支那などにては古より是等（礼儀作法――筆者）の事をやかましく教ゆるもの、、其実はかへつて畜生同様に思ひたる西洋人に劣るものなり」という一文が、さりげな

く挿入されている。ここでもやはり、西洋との対比によって日本の子どもへの教訓が導き出されている。

　オリジナルと思われる記事でも、こうした主張は変わらなかった。16号（1887・3・19）の「不倒翁《おきあがりこぼし》」がなぜ起き上がるのかを説明した記事である（図3—27）。記事は人間が万物の霊長であるといわれるのは、知識というものを備えているからだ、とはじまる。そして、知識というものは幼児のときから備わっているものであり、これを発達させれば智者に、そうでなければ愚者になる、という。さらに記事はこう続ける。「目の色や、顔の色や、衣服抔《など》も異ひますけれど、西洋の人も、日本の人も、皆人間に相違ありませんなれども、西洋の人に智者多くして、日本の人に、愚者の多きは如何なる事でしょ」。それは「小児の時より、見る物聞く物について其道理を知る事の多いと少なひとによりてゞござります」。「不倒翁」の仕組みを説明した後、「皆さん何物をご覧なさるにも、其道理をよく究め、智者となり玉へかし」と結ばれる。ここでも、お手本として「西洋の人」を挙げ、彼らのように「見る物聞く物について其道理」を見極めよ、と伝えていた。

　つまり、聖句やキリスト教を連想させる語はなるべく削除していたとはいえ、西洋に学ぶべしというメッセージは繰り返し語られていたのである。

　61号の社説「賢こき児女」（1888・3・2）は、子どものころから勉強することの大切さを説き、買い食いやけんかを戒めたものだが、「我たゞ此一事を務む前に在るものを望み標準（めあて）に向かひて進むなり」と言ひたまへ」と締められる。出典こそ示されていないものの、このフレーズは『フィリピ信徒への手紙』でパウロが述べた「なすべきことはただ一つ、後ろのものを忘れ、前のものに全身を向けつつ神がキリスト・イエスによって上へ召して、お与えになる賞を得るために、目標を目指してひたすら走ることです」（3：13〜14）をもとにしている。また、すでに桝居の指摘があるように、51号「白く塗りたる墓」（1887・12・23）は偽善について論

114 AMERICAN AGRICULTURIST. [MARCH,

BOYS & GIRLS' COLUMNS

The Mouse That Learned by Experience.

"MOUNTING A TRAINED RAT, HE BADE FAREWELL TO HIS PARENTS."

図3-29　"The Mouse That Learned by Experience," *The American Agriculturist* 45, 1886（HathiTrust Digital Library）

8 THE DAWN OF WISDOM

図 3-28　「鼷鼠の旅行」『ちゑのあけぼの』39、1887.9.30（東京大学大学院法学政治学研究科附属近代日本法政史料センター明治新聞雑誌文庫所蔵）

じたものだが、これは、外は白く美しいが内には死人が入っている墓になぞらえて、律法学者・パリサイ人の偽善と腐敗を批判したキリストの言葉（マタイによる福音書23：27）がモチーフである。▼[75]

大西祝《おおにしはじめ》は日本には「童蒙に備ふるの教書（リリジョンブックス）に乏し」いという状況を指摘し、日本の子どもたちには「先づ父母を愛する事を教へて而して後に其愛をば神に移す事を教ふ可なり」▼[76]と論じた。『ちゑのあけぼの』では、不信仰への批判は悪い友と交わるなというメッセージに置きかえ、信心深さは慈愛の情や誠実さとして伝えた。すなわち、大西の指摘したように最初からキリスト教を前面に出したり、聖書を教えたりするのではなく、普遍的・道徳的な部分や西洋の文化から伝えていき、徐々にキリスト教に親しみをもたせようとする、いわば「キリスト教主義」の児童雑誌であった。堺出身の詩人、河井酔茗《かわいすいめい》は『ちゑのあけぼの』を少年時代に愛読していたというが、この雑誌ではじめて英語の新体詩を覚えたと回想しているから[77]、この編集方針によって子どもたちに西洋の文化を伝えることには成功したといえよう。

本章では、児童雑誌の先駆けである『ちゑのあけぼの』について、雑誌創刊の目的を明らかにしながら、その誕生の要因について検証した。『ちゑのあけぼの』は、キリスト者らが編集した雑誌でありながら、伝道を主眼とした雑誌ではなく、子どもたちが、楽しみながら学べる「学術雑誌」を目指した。しかし、その販売網や素材の入手にはキリスト教ネットワークが重要な役割を担っていた。

『ちゑのあけぼの』の記事のいくつかは、キリスト教メディアを経由せず、直接アメリカの雑誌『アメリカン・アグリカルチャリスト』（*The American Agriculturist*）（図3―28、図3―29）や『ハーパーズ・ヤング・ピープル』（*Harper's Young People*）から翻訳されている。以上のことから考えると、『よろこばしきおとづれ』だけでなく、『ちゑのあけぼの』もまた、間接的・直接的に西洋の雑誌の影響を受けていた。

すなわち、日本の児童雑誌が作文投稿雑誌の領域を脱し、本格的な児童雑誌へと歩みはじめることになった原動力のひとつは、西洋の本格的な児童雑誌の流入だったといえる。その中でも、『ちゑのあけぼの』がいち早く誕生したのは、編集陣がキリスト教ネットワークを通じ、西洋文化に容易に接触できる存在であったからにほかならない。

注

1　ただし、『東京朝日新聞』（1889・3・12）には、新刊紹介として「東京智恵の曙」という雑誌が紹介されている。

この雑誌との関連性や現物の所在については、現在のところ不明である。

2　44号（１８８７・11・４）以降は１部１銭の８頁建て。

3　勝尾金弥「『七一雑報』の子供読み物」日本児童文学学会・冨田博之・上笙一郎編『日本のキリスト教児童文学』国土社、34～48頁。

4　現在判明している限りでは、創刊から67号までそろっているのは、東京大学大学院法学政治学研究科附属近代日本法政史料センター明治新聞雑誌文庫および兵庫県立歴史博物館入江コレクションの２か所のみである。

5　藤本芳則「明治期絵雑誌「ちゑのあけぼの」」『児童文学資料研究』61、１９９５・８・15、４～６頁。

6　桝居孝「雑誌『ちゑのあけぼの』とその時代：明治19年～明治21年」『国際児童文学館紀要』13、大阪国際児童文学館、１９９８・３、１～20頁。

7　上笙一郎「関西児童文化史稿（12）最初の児童雑誌「ちゑのあけぼの」」『日本古書通信』66（６）、日本古書通信社、２００１・６、22～23頁。

8　香曽我部秀幸「梅花女子大学図書館所蔵の絵本・絵雑誌（明治～大正期）」『絵本 BOOK END2010』絵本学会、２０１０・10、１４６頁。

9　岩切信一郎「メディアとしての口絵版画：出版と提携した明治の美しき版画群・口絵の様々」『版画芸術』版画芸術 40（４）、２０１２、１１１～１１２頁。

10　三世長谷川貞信「祖父貞信と父貞信」『上方』１３８、上方郷土研究会、１９４２・６、35頁。

11　「長谷川貞信をめぐって：四代目貞信夫人と五代目小信に聞く」松平進『上方浮世絵の世界』和泉書院、２０００、８頁。

12　島屋政一「二代目貞信翁を語る」前掲『上方』１３８、18頁。

13　二代目長谷川貞信「老の思ひ出」『上方』73、1937・1、16頁。
14　熊田司「「浮世油絵」鈴木蕾斎考：美術と印刷のはざまに消えた、ある大阪洋画先駆者の片影」『美術フォーラム21』17、醍醐書房、2008・5、86〜90頁。
15　槇岡芦舟「槇岡素堂」前掲『上方』138、15頁。
16　長谷川小信「明治時代の大阪の版画界」島屋政一編『近世印刷文化史考』大阪出版社、1938、129頁。
17　福永文之助「予が恩人と警醒社の由来」警醒社編『基督者列伝：信仰三十年』警醒社書店、1921、327〜328頁。
18　「神戸公会姓名録」神戸教会所蔵、矢吹大吾氏のご教示による。
19　「兵庫教会　組合教会歴史編纂ニ付報告」（同志社大学人文科学研究所所蔵「湯浅与三関係資料」）。
20　溝口靖夫「近代日本におけるキリスト教の受容と神戸女学院：神戸女学院精神風土史論考」『神戸女学院百年史　各論』神戸女学院、1981、44〜45頁。
21　神戸女学院五十年祝賀会編『神戸女学院史：創立五十年』神戸女学院五十年祝賀会、1925。
22　「大阪基督教会名簿」茂義樹氏のご教示による。
23　松本雅太郎「大阪教会史　第四巻　発展時代　宮川時代第1期　原稿」大阪教会所蔵、桝居孝氏、大見川昭子氏のご教示による。
24　「明治二十年も亦た暮れたり」『ちゑのあけぼの』52、1887・12・28。
25　同志社英学校で同級生であった新島襄の甥、公義に宛てて、葬儀後の弔電や始末に関してしたためた書簡が新島遺品庫に収蔵されている。眞鍋定三「大磯での残務連絡について（新島公義宛）」1890・1・25。新島遺品庫収蔵（目録番号1269）。

http://joseph.doshisha.ac.jp/ihinko/html/n02/n02010/N02010０1G.html（２０１９・１・10閲覧）。
26　今泉真幸編『天上之友　第一篇』日本組合基督教会牧師会、１９１５、79～82頁。
27　『海南新聞』１１３４、１８８０・10・６、広告。
28　前掲書『基督者列伝』、１３２～１３３頁。
29　『基督教新聞』４２１、１８９１・８・21。
30　柚木真吉『種麦　笠岡教会設立のころ』私家版、１９６８、36頁。
『種麦』は柚木小太郎の日記原稿を孫である真吉がまとめたものである。
31　「会員名簿 浪花教会」浪花教会所蔵。
32　齋藤基彦「不思議な幼稚唱歌集」『復刻　明治の唱歌Ⅱ』文憲堂、２０１５、１８１～１８５頁。
33　「浪花基督教会記録」梅花学園沢山保羅研究会編『沢山保羅研究４』梅花学園、１９７４、１６５頁。
34　前掲書今泉編、81頁。
35　前掲書『基督者列伝』、３２７～３２８頁。
36　島之内教会百年史編集委員会編『島之内教会百年史』創元社、１９８６。
37　山口信太郎編『職業名鑑』大阪基督教徒実業名鑑事務所、１８９５、12頁。
38　『教育新誌』83、１８８０・11・３、『六合雑誌』30、１８８２・12・30。
39　岡山県教育会編『岡山県教育史　中巻』岡山県教育会、１９４２、４５３頁。
40　『福音新報』１（11）、１８８３・９・11。
41　「恭賀新年　四方素」『基督教新聞』１２８、１８８６・１・８。

42　藤村聡『兼松は語る：『兼松史料』で読み解く戦前期の歩み』神戸大学経済経営学研究所、2010、136頁。
43　野村熊彦編『浪花基督教会歴史』野村熊彦、1907、10頁。
44　山地秀俊・藤村聡「明治期における兼松商店の会計帳簿組織」『国民経済雑誌』195（6）、神戸大学経済経営学会、2007・6、45頁。
45　小笠原美治編『改正増補　現行法律規則全書』天賜堂、1883、15～27頁。
46　『大阪日報』の広告掲載は1887（明治20）年5月26日と5月27日の2回。『基督教新聞』は、1887（明治20）年6月1日と6月7日の2回。
47　ただし、当時京都府師範学校長であった坪井仙次郎に関しては、キリスト者であることが知られている。
48　詳しくは本井康博「初期キリスト教ジャーナリズムと皇室報道」（富坂キリスト教センター編『近代天皇制の形成とキリスト教』新教出版社、1996、189～238頁）を参照のこと。
49　J. T. Gulick, Publication Report, presented May. 1886, Publication Report, presented Aug. 9, 1887, in Research Publications, *Papers of the American Board of Commissioners for Foreign Missions:* UNIT3, reel4, Woodbridge, Ct., 1984-1985.
50　「金銭出納簿　第三号」1885・12・30～1888・12・31、「金銭出納簿　第四号」1888・9～1889・2、ともに大阪教会所蔵。
51　「明治二十一年大阪府統計資料」大阪府蔵版、1889・12、504頁（マイクロフィルム『明治年間府県統計書集成』雄松堂フィルム出版、1963、リール302）から算出した。
52　Publication Report, May 1886.
53　松村介石『信仰五十年』道会事務所、1925、113頁、および篠田鉱造『銀座百話』岡倉書店、1937、279頁。

54 『銀座百話』は青木稔弥氏のご教示による。
55 『新修大阪市史』大阪市、1991、696〜697頁。
56 『基督教新聞』260（1888・7・18）によれば、プロテスタントの信者数は1万9千人程度、会衆派だけで5516人である。
57 「一週一人（三浦徹氏）」『福音新報』1571、1925・9・10。
58 『明治学院史資料集』（8〜12、明治学院百年史委員会・明治学院大学図書館、1978・12〜1985・11）に翻刻されている。
59 三浦徹「故美露夫人（3）」『福音新報』790、1910・8・18。
60 キダー著、榎本義子訳、フェリス女学院資料室編『キダー公式書簡集：ゆるぎない信仰を女子教育に』フェリス女学院、2007、180〜181頁。
61 三浦は、「アワ・オーン・マガジン」などが送付されたと語っている（前掲『福音新報』1571）。
62 O. H. Gulick to N. G. Clack, June 1876.（同志社大学人文科学研究所所蔵「アメリカン・ボード宣教師文書」）。
63 前掲論文勝尾、34〜48頁。
64 徳富蘇峰『蘇峰自伝』中央公論社、1935、112頁。
65 浅岡邦雄「2「版権条例」「版権法」における雑誌の権利」『〈著者〉の出版史：権利と報酬をめぐる近代』森話社、2009、24〜48頁および甘露純規「第三章　明治一〇年代の無断転載」『剽窃の文学史：オリジナリティの近代』森話社、2011、78〜114頁。
66 山口順子「明治前期における新聞雑誌の売捌状況：巌々堂を中心にして」『出版研究』16、日本出版学会、1986・3、

126〜151頁。

66 『商人買物独案内』鈴屋安兵衛・須原屋茂兵衛・柳原喜兵衛ほか、刊行年不明。

67 宮地哉恵子「国立国会図書館所蔵幕末・明治期挿絵・摺物等の販売・印刷所一覧（編）」『参考書誌研究』47、国立国会図書館、1997・3、50〜93頁。

68 多治比郁夫「京阪本屋店頭図：補遺」『大阪府立図書館紀要』29、1993・3、1〜16頁。

69 内田政雄編『大阪基督教会六十年小史』大阪基督教会、1934、10頁。

70 「堺基督教会略歴史」（同志社大学人文科学研究所所蔵「湯浅与三関係資料」）。

71 「笠岡組合基督教会会員名簿」笠岡教会所蔵。

72 「記念会雑話」『大阪経済雑誌』16（11）、1908・9、18頁および『西宮教会百年史』西宮教会、1985、12頁。

73 ただし、一部の記事ではキリスト教を想起させる語句が残されているものもある（11号「霊魂」など）。

74 このエピソードはほかの雑誌にも類似する記事（"A Brave Girl," *St. Nicholas* 5(8), 1878.6）がみられる。『セント・ニコラス』でも類似した挿絵だが、老人が"I'm Blind."と書いたプレートを首から下げ、周囲でみているのは子どもではなく成人男性である（**口絵⑩参照**）。ほかに教科書（*Analytical Second Reader*, 1870）などにも掲載されているが、内容や入手経路を考えると『喜の音』の記事は『チャイルズ・ペーパー』からの翻訳と考えられる。

75 前掲書桝居、286頁。

76 大西祝「童女の教育を論じ併せて婦女子に望む所あり」『基督教新聞』195、1887・4・20。

77 河井酔茗「智恵の曙」朝日放送編『小さな自画像：〃わが幼き日〃101人集』朝日新聞社、1954、70〜71頁。

第4章　児童雑誌の展開――『少年園』と西洋文化

第1節　『少年園』と『セント・ニコラス』

『少年園』は1888（明治21）年11月3日、天長節に創刊された雑誌である。石井研堂が「雑誌国民之友出でゝ、政論雑誌界に、清新の空気を吹込みたると同じく、少年園出でゝ、少年雑誌界に新味の典型を示し、ここに進歩の一線を画せり[1]」と述べたように、すでに「少年雑誌の嚆矢[2]」としての評価が定まっている。

『ちゑのあけぼの』の読者でもあった詩人の河井醉茗は、『少年園』の登場を以下のように回想している。

> 『少年園』は明治二十一年天長節に第一号を発行したのだが、その頃教育、政治、文学等に関する好い雑誌がそろ〱出かけてゐたけれど、われ〱少年のためにといふので非常な悦びを感じ、良いもわるいもなく『少年園』にくひついた。まもなく『少国民《ママ》』が出たけれど品格が劣り、やがて博文館からも『幼年雑誌』が出たけれど雑駁で引き締まつてゐない。それに比して『少年園』は程度が高く、御機嫌取りの記事は一つもなかつた。知識欲に燃えてゐる少年には恰好の課外教科書でもあつた。何処となく雑誌全体に西洋味の交つてゐたのも目新しく感じられた。[3]

少年時代の河井が、いかに「知識欲に燃」え、『少年園』を歓迎したかがうかがえる文である。ここまでみてきた『よろこばしきおとづれ』、『ちゑのあけぼの』はいずれもキリスト教と関係が深く、アメリカのキリスト教新聞や雑誌の影響を強く受けていた。『少年園』もまた「雑誌全体に西洋味の交つてゐた」と河井はいうが、この

「西洋味」は何に起因するのだろうか。

従来『少年園』はイギリスの児童雑誌『リトル・フォークス』(*Little Folks*)に倣ったという指摘がなされてきたが[4]、本章ではアメリカの児童雑誌である『セント・ニコラス』(*St. Nicholas*)との関係について言及したい[5]。『セント・ニコラス』は1873年11月アメリカで創刊された児童雑誌であり、『銀のスケート靴』の作家メアリ・ドッヂ(Mary M. Dodge)が初代編集長となった。宗教色や説教臭さを排し、サンタクロースのように毎月子どもたちに楽しみを届けることを目的としたこの雑誌は、最も優れた児童雑誌ともいわれる[6]。『セント・ニコラス』との関係に注目する理由のひとつは、『セント・ニコラス』にある日本人少年からの投稿が掲載されていたからである。この日本人少年の名はFumio Yamagata――『少年園』主幹であった山縣悌三郎の長男、山縣文夫[7]と一致するうえ、この少年は『セント・ニコラス』の編集部へ『少年園』を送っていた。この少年が本当に山縣悌三郎の息子か否かを判断することは材料に乏しく難しいが、『少年園』の誌面をみると『セント・ニコラス』の影響を受けていることが推測される。そこで、この章ではまず『セント・ニコラス』の日本での受容を確認したうえで、『少年園』がどのような影響を受けたのかを具体的に明らかにしていきたい。

なお、本章ではとくに成立期に焦点をあてるべく、先行研究での時期区分[8]に倣い、創刊(1888・11・3)から5巻60号(1891・4・18)までを主な対象とした。

第2節　日本における『セント・ニコラス』の受容

(1)　ミッション・スクールと『セント・ニコラス』

『セント・ニコラス』に日本人少年からの投稿が掲載されたのは、１８９０年3月である。西尾初紀によると、『セント・ニコラス』はアメリカだけでなく日本を含めた世界で読まれたというが[9]、当時の日本においてはどの程度読まれていたのだろうか。

　最も早い時期に確認されるのは、ミッション・スクールとその周辺での購読である。神戸英和女学校では、当時同校の校長であったV・A・クラークソン（Virginia Alzade Clarkson）が１８８０（明治13）年3月ボストンにあるアメリカン・ボード本部に宛てて、生徒用に適当な図書の必要を痛感している、と書き送っている。それは、どんなに勉強している女生徒であっても読めない漢字が出てくるせいで、読書の習慣がつかないからだという。そこで、10〜16歳向けの読み物で、『ナースリー』（*The Nursery*）と『セント・ニコラス』を定期購読し、さらに『ユース・コンパニオン』（*The Youth's Companion*）も加えることを考慮しているという。石井紀子は、クラークソンは伝道というよりは英語教育そのものを重視したため、説教色の強いキリスト教関係の子ども読み物ではなく、楽しみながら読むことのできる『セント・ニコラス』などを購読することにしたと指摘している[10]。

　次にみておきたいのが、のちにクラークソンと結婚した宣教師C・M・ケイディー（Chauncey Marvin Cady）[11]が『セント・ニコラス』に送った投書である。『セント・ニコラス』ではThe Agassiz Associationという欄が設けられていた。氷河期の発見者といわれるルイ・アガシー（Louis Agassiz）の名を冠したこの欄は、世界中の自然科学の事象を報告し合うコミュニティで、世界に１００を超える支部をもち、成人メンバーも多く含まれていた[12]。ケイディーはこのコミュニティの日本担当会員であった。ケイディーは当時同志社英学校で英語を担当していたが、１８８５（明治18）年5月、京都の複数の家庭で『セント・ニコラス』が購読されていることを報告している[13]。

　また、同じくキリスト教主義の教育を行った明治女学校の教頭、巖本善治は自身が主宰した『女学雑誌』95号

（1888・2・4）で「小供のはなし」欄の開設にあたり、日本で不足している読み物として「セント・ニコラスの如く専一に幼な子の慰みに編集する雑誌[14]」と『セント・ニコラス』を例に挙げているほか、巖本の妻で『小公子』の名訳で知られる若松賤子もまた、子どもに読ませるのにふさわしいものとして、『セント・ニコラス』に寄稿した作家の作品を挙げていることから、明治女学校関係者の手元にも『セント・ニコラス』があったのではないだろうか。

『女学雑誌』では1887（明治20）年の誌面改革にあたって、週刊の雑誌に変更するとともに、英米の女性雑誌の内容を取り入れるべく「英米にあらゆる女学上の新聞雑誌及び之に関係したる種類をば大抵注文したり」といい、13種類の雑誌のリストを挙げている。その中には『ガールズ・オウン・ペーパー』（*Girl's Own Paper*）というイギリスの聖教書類会社発行の少女雑誌も含まれていたことから、のちに『セント・ニコラス』も購読対象となったのかもしれない[15]。居住していた地域や所属していた宗派は異なるが、これらの例はいずれもキリスト教ネットワークを介した受容であった。内藤知美が日本のミッション・スクールに通った女生徒はアメリカの子どもたちとほぼ同時にこうした英米の雑誌を読むことができたと指摘しているが[16]、前章までにもみてきたように、日本への外国児童文学の流入にキリスト教ネットワークは重要な役割を担ったのである。

(2) 個人での購読

次に、ミッション・スクール以外での、とくに一般家庭での購読状況はどうだったか。『セント・ニコラス』の投書欄から、日本から送られた読者投稿および言及されていれば年齢・性別と『セント・ニコラス』の購入経路などについて、**表4―1**にまとめた。

表 4-1 『セント・ニコラス』における日本からの投書と入手方法

巻号	年月	発信地	発信者	年齢・性別	購入経路等
14（2）	1886.12	京都	C. M. Cady	男性	同志社英学校宣教師。
15（7）	1888.5	横浜	Mary	13 歳 少女	クリスマスや誕生日のたびに母が 2 冊くれる。
15（8）	1888.6	横浜	Louise	―	1880 年からおばさんが送ってくれている。
15（11）	1888.9	京都	John M. G	15 歳 少年	アメリカ・ニューイングランド出身。とっている友達が貸してくれる。
15（11）	1888.9	東京	Edith H.H	12 歳 少女	日本生まれ。数種の雑誌を購読しているがセント・ニコラスが一番好き。
16（3）	1889.1	東京	Edith H	少女	日本生まれ。※ 15(11) と同じ少女と思われる
16（5）	1889.3	京都	Rubie du B	15 歳 少女	フランス生まれのフランス人だが 7 歳以降さまざまな異国で暮らしている。
17（5）	1890.3	東京	Fumio Yamagata	15 歳 少年	2 年間愛読している。
17（12）	1890.10	神戸	Frances Maud Mc G	―	かつてニューヨークに住んでいた。
18（1）	1890.11	京都	Grace. W. L	―	数年前から購読している。郵便でセント・ニコラスが届くととても嬉しい。
18（1）	1890.11	大阪	W. H. J	―	2 年間購読している。
18（5）	1891.3	仙台	Sarah ほか 2 人	―	仙台に住んでいる外国人の 3 人の女の子
18（6）	1891.4	横浜	M. E	16 歳 少女	―
21（4）	1894.2	東京	Carl W. B	12 歳	90 年から購読している。
22（3）	1895.1	横浜	Robert D	―	―
22（7）	1895.5	築地	John C MacK	13 歳 少年	投稿は 2 回目。生まれてからほぼずっと日本。4 歳から 7 歳までの間のみアメリカ。10 歳から 18 歳までの 20 人のアメリカ少年のいる築地学校に通っている。
23（1）	1895.11	東京	Dorothy & Elizabeth	12 歳 少女	東京生まれの双子。父は伝道で来ている。しばらくアメリカに滞在。
23（10）	1896.8	東京	Edna & Ethel	12 歳 少女	2 年間東京に住んでいた。
23（11）	1896.9	名古屋	Harry J S	―	―

日本からの投稿文を概観すると、親の仕事などの事情で日本に滞在しているアメリカ出身の少年少女のものが中心である。彼らの投稿は自分たちが異国の地でいかに『セント・ニコラス』を楽しんでいるかを伝えつつ、日本の文化や風俗、たとえば正月行事や大仏などを紹介したものが多い。1900年までの間、日本人からの投稿は先述のFumio Yamagataのものだけであった。

購読についての言及として一番古いものは「1880年からアメリカに居る親戚が送ってくれる」というものだが、郵便配送による定期購読を示唆する投稿文もある。築地や横浜、大阪、京都、仙台などの外国人居留地あるいは宣教師が伝道を行っていた地域からの投稿が多いことからみると、外国商社を経由して定期購読をしていたのかもしれない。

第3節　山縣悌三郎の来歴と洋書の受容

Fumio Yamagataは、2年間『セント・ニコラス』を愛読していると述べており、1888（明治21）年、ちょうど『少年園』が創刊されたころから読んでいたことがわかる。Fumio Yamagataを山縣悌三郎の長男、文夫であると仮定すると山縣家では、どのように『セント・ニコラス』を入手していたのだろうか。まず、山縣悌三郎の自伝『児孫の為めに余が生涯を語る』をもとに、彼がどのように洋書との接点をもったかを確認しておきたい。

自伝によると、山縣悌三郎（図4—1）は1858（安政6）年近江水口生まれ、15歳から東京に遊学し、育英義塾で外国人教師から本格的に英語を学び始める。しかしここでは英語の発音や綴字の初歩をおさめたに過ぎなかったという。東京英語学校に入学して以降、英語に取りくみはじめたというが、学費滞納に無断欠席が続き除籍となった。その後、学費が支給される官立東京師範学校の中学師範学校生徒の募集広告をみつけ、入学することになった。中学師範学校入学後の生活について、山縣はこのように語っている。

　其当時の東京師範学校はお茶の水にあつて、其隣りの今の教育博物館の中に東京書籍館があつて、…（中略）…私の師範学校に入つたといふのは、此の書籍館で本を読むといふのが一の大なる目的であつた。…（中略）…だから学校の課業には一向身を入れない、学校へは色々な口実を設けては毎日外出して、書籍館に入り込んで本を読んで居つた。…（中略）…学校は毎月沢山の日数を欠席したが、書籍館の方は三年余りの長い月日の間、休暇の外、殆んど休んだ事はなかつた。[17]

入学の際英学科で一番下の級であった山縣は、それから英書の訳読に尽くしたといい、将来学者として身を立てるため自身の専攻をNatural Historyに定め、東京書籍館では動物学や鉱物、地質に関する内外の図書を読み、教育博物館で標本模型や実物を観察して研究する日々を過ごしたという。東京書籍館の当時の館長であった永井久一郎が数冊の洋書を自宅へ帯出する様子をみかけ、自分もいつか書籍館長になって好きな本を自由に帯出したいと憧れたと回想しており、書籍館における読書が山縣にとっていかに重要であったかがうかがえる。[18]

図 4-1「山縣悌三郎君ノ像」『教師之友』7、1887.12.25（同志社大学人文科学研究所所蔵）

　こうした生活のなか、山縣は雑誌に論説の投稿をはじめた。最初に掲載されたのは『内外教育新報』17号（1878・3・23）の「短視ノ増加スル原因ヲ論ズ」という論説であるが、山縣によればこれは論旨が明瞭で訳文も

図 4-2 『内外教育新報』17、1878.3.23（国立国会図書館デジタルコレクション）

よくできているため、社説欄に配されたという（図4―2）。この記事には、「米国学科雑誌摘抄」とあり、「サイエンチフヒックアメリカン」とふりがながつけられている。『サイエンティフィック・アメリカン』(*Scientific American*)は1845年にニューヨークで創刊された一般向けの科学雑誌で現在も刊行されている。山縣が訳したのは1877年11月24日のThe Increse of Near-sightedness. という記事である。当時文部省ではアメリカの教育情報を受容すべく、アメリカの教育書や雑誌を収集していた。それらは東京書籍館あるいは教育博物館で保存されたが[19]、山縣は東京書籍館あるいは教育博物館で『サイエンティフィック・アメリカン』の記事を読み、抄訳したのではないか。

　山縣は1880（明治13）年に埼玉県へ教員として赴任してからも、上京しては丸善書店

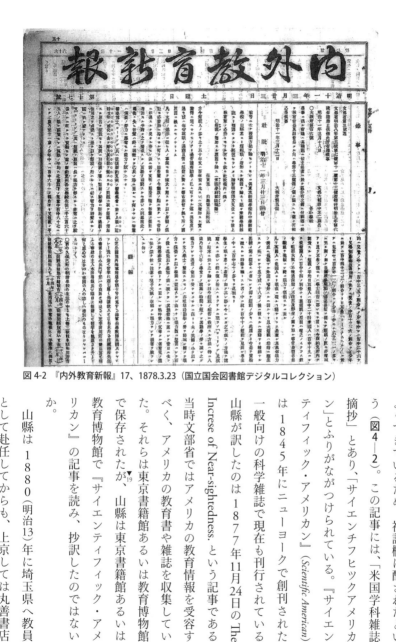

で新著を探し、教育博物館や東京書籍館へ通っていた。その後、仙台や愛媛で教員をつとめるが、１８８４（明治17）年に文部省御用掛に任命され、教科書の編纂に携わることとなった。文部省時代は、文部省時代は欧米の新着雑誌や図書を読んでは教育系の雑誌に寄稿を繰り返したという。

『教育報知』22号（１８８６・３）には、「余課業ノ余暇時ニ欧米ノ教育雑誌ヲ覧スルニ其中ニ載スル名論卓絶珠璣ノ如ク燦然トシテ眼ヲ射ル独リ愛読スルニ忍ビザルモノアリ」と、実際に山縣が欧米の雑誌記事の抄録を送っている。ほかにも『教育報知』85号（１８８７・９）などにはドイツの心理学者の著書から「習慣養成論」を訳して掲載しているが、これは『教育における習慣とその重要性』（*Habit and its Importance in Education*）からの翻訳で原書は教育博物館に所蔵があったことがわかっている。山縣は１８８６（明治19）年に文部省を辞し、１８８８（明治21）年に『少年園』を創刊するに至った。

以上、山縣と洋書の接点についてみてきたが、彼が東京書籍館や教育博物館で洋書を読み、また欧米の新着雑誌を閲覧・翻訳することが彼の思想形成や文筆活動にいかに重要であったかがうかがえる。とりわけ、山縣が接した洋書・洋雑誌は文部省によって収集されたものであった。最初に投稿した論説は、アメリカの雑誌に掲載されてから約４か月のうちに日本で掲載されており、文部省が得ようとした最新の教育情報が山縣の文筆活動の重要なリソースであったのである。

ただ、『セント・ニコラス』については当時の書籍館等の目録に掲載がない[20]。史料的根拠がないため想像の域を出ないが、洋書取次を行っていた丸善へ注文するか、あるいは『セント・ニコラス』の版元へ直接注文するなどして、自宅で購読できるようにしていたのではないだろうか[21]。『女学雑誌』が誌面改革のために新たに13種もの外国雑誌を注文したように、文部省時代やそれまでの文筆業で西洋の雑誌から情報を得ることの重要性を知っていた山縣が、『少年園』創刊に合わせてこうした児童雑誌の購読を開始した可能性もある。[22]

第4節　Fumio Yamagata の投稿と皇太子

ここから、改めて山縣文夫からの投稿をみていきたい。この投稿によると、彼はこれまでも購読していたが、拙い英語が恥ずかしく今まで手紙を書いたことがなかった。しかし勇気を出して手紙を書いたのは、『セント・ニコラス』16巻9号（1889・7）に掲載された明宮嘉仁親王に関する記事に対して不満があったからだという（図4―3）。

『セント・ニコラス』にはそれまでも日本に関する記事が少なからず掲載されてきたが、[23]この記事は明宮嘉仁親王の生い立ちや学習歴を日本の近代化の過程とともに紹介しており、また学習院での勉強や語学に堪能であること、また乗馬を好むことなどを伝えたのち、彼は新しい時代の皇太子であり、適齢になれば留学や外遊も経験するだろうと結んでいる。

この記事のどこに文夫が不満を抱いたのかというと主にふたつあり、ひとつはこの記事に掲載された明宮嘉仁の肖像（図4―3）が ugly であること、もうひとつは明宮嘉仁が7歳のころあるアメリカ人の少年の被っていた帽子を不敬だとなぎはらい、いさかいになったという記述についてである。このような内容には根拠がないと文夫は断じ、angry という言葉で不快感を示した。

一方で、若松賤子は数年後の1895（明治28）年12月、皇太子の素顔をよく伝える記事として『ジャパン・エヴァンジェリスト』（*The Japan Evangelist*）3巻2号で好意的に紹介しており、とくにアメリカ人少年との逸話からはその早熟さがよくうかがえるだろうとした。なぜこのように反応の差があるのか、要因はいろいろと考えられるが、文夫が筆を執るほど怒りを覚えた一因は、記事に接した時期にあるのではないだろうか。

文夫が手紙を書いた日付は１８８９（明治22）年11月5日、ちょうど嘉仁が皇太子となる儀式、立太子礼が行われた2日後であった。この立太子礼は、新たな国家の重要儀式として国民の目の前で行われた。宮城の正門前には３０００人の生徒が集まり、帽子などをふりながら「万歳」を唱えたほか、地方の学校においても祝詞や唱歌、運動会などが催されるなど大きなにぎわいをみせた。[24] この手紙はまさにその興奮冷めやらぬ中で書かれたものであっただろう。

この手紙に対し、先の記事を執筆したエリザ・シドモア（Eliza Ruhamah Scidmore）は誌面上で返事をしている。まず肖像について。正確に皇太子の姿を描けているとはいえないだろうが、K. Ogawa の写真をもとに彫刻していること、そしてアメリカ人少年とのいさかいは本当にあったことで、東京の故フレデリック・ストレンジの息子とのことであり、もし彼に会えれば確認するといいとのことを伝えたうえで、15歳でこんな文章が書けるアメリカの少年はいないとその愛国心を褒めた。

この返信に出てくる K. Ogawa とは明治期の日本を代表する写真家小川一眞のことだと考えられる。[25]『セント・ニコラス』に掲載された肖像に似たものが立太子礼の日の『東京朝日新聞』附録[26]（図４―４）に掲載されていることから、おそらく実際に写真をもとにしたのだろう。この附録は、生巧館の合田清による木口木版で印刷されており、その精巧さに大きな反響があったという。[27] たしかに『東京朝日新聞』の附録は精巧であり、『セント・ニコラス』の挿絵に比べると、その出来栄えは雲泥の差である。

当時皇族の肖像は絶大な人気を博したといい、[28] ある少年は皇太子の「龍麗なる御肖像を拝する」際には「机上

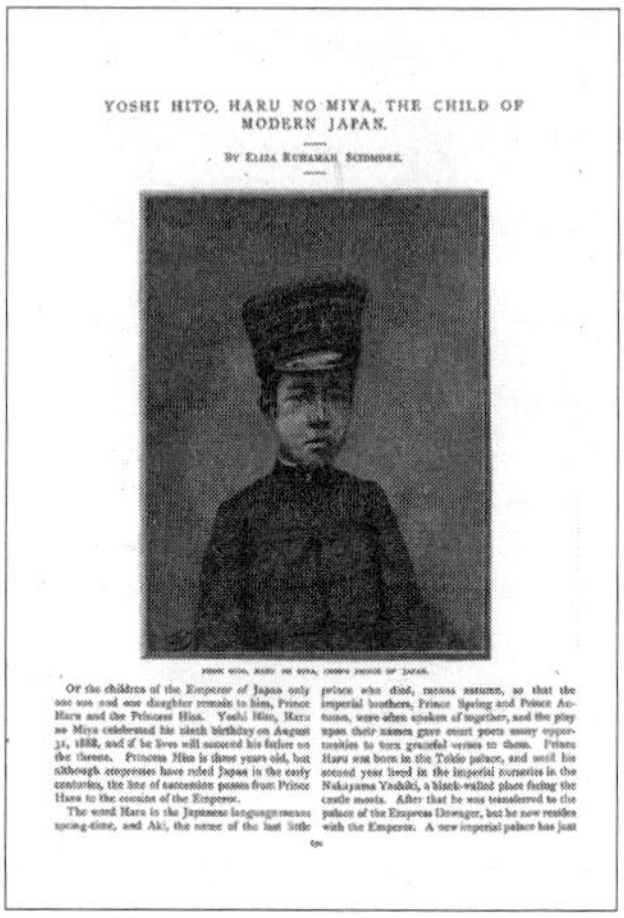
YOSHI HITO, HARU NO MIYA, THE CHILD OF MODERN JAPAN.

By Eliza Ruhamah Scidmore.

Of the children of the Emperor of Japan only one son and one daughter remain to him, Prince Haru and the Princess Hisa. Yoshi Hito, Haru no Miya celebrated his ninth birthday on August 31, 1888, and if he lives will succeed his father on the throne. Princess Hisa is three years old, but although empresses have ruled Japan in the early centuries, the line of succession passes from Prince Haru to the cousins of the Emperor.

The word Haru in the Japanese language means spring-time, and Aki, the name of the last little prince who died, means autumn, so that the imperial brothers, Prince Spring and Prince Autumn, were often spoken of together, and the play upon their names gave court poets many opportunities to turn graceful verses to them. Prince Haru was born in the Tokio palace, and until his second year lived in the imperial nurseries in the Nakayama Yashiki, a black-walled place facing the castle moats. After that he was transferred to the palace of the Empress Dowager, but he now resides with the Emperor. A new imperial palace has just

図 4-3　*St. Nicholas* 16(9), 1889.7（Reprint. Athena Press）

図 4-4　『東京朝日新聞』1477、1889.11.3 附録（神奈川県立歴史学物館編『王家の肖像：明治皇室アルバムの始まり』神奈川県立博物館、2001、109 頁より）

の塵を掃ひ、書冊を積んで…（中略）…其上に安置し…（中略）…「万歳」と」高らかに叫ぶなど、かなり丁重に扱っており、[29] ある新聞は他社の新聞の肖像が「申すも恐れ多き事ながら如何なる画工の誤りにや一向に御似寄り申さゞる如く見請けられし」ことを「他社の事と申しながら坐ろに冷汗の背を潤ほすを覚え」[30] たと苦言を呈していることなどから、肖像の扱いやその出来不出来は当時の人々にとって大きな関心事だったことがうかがえる。

もう一方のアメリカ人少年とのエピソードについて真偽のほどは定かではない。しかし記者が挙げたフレデリック・ストレンジは、日本における近代スポーツの父ともいわれ第一高等中学で教鞭を執ったF・W・ストレンジ（Frederick William Strange）のことではないかと思われる。そうだとすれば彼は当時東京に暮らしていたし、アメリカ人女性との間に息子ひとり娘ひとりが居たことから、記事の内容と大筋で一致する。[31] 現在のところこのエピソードについて『セント・ニコラス』に先行する報道はみつかっておらず出典は不明である。執筆者であるシドモアは外交官で極東派遣の兄をもち、しばしば

図4-5　『少年園』3（25）、1889.11.3
（復刻版、不二出版、1988より）

来日したというから、[32]独自の取材であったのかもしれない。

文夫は、これらの点をただすべく、立太子礼のその日に発行された『少年園』を送った。『少年園』3巻25号（1889・11・3）に掲げられた皇太子の肖像は写真からおこした緻密な石版画（図4―5）で、またその記事は皇太子の美徳の数々を「宮内省の許可を得」たうえで書かれたものであった。もしよければ喜んで英訳して送るとして、さらに2冊、日本の話が英語で掲載されている号を送った。

『少年園』に対する『セント・ニコラス』記者の感想などは残念ながらなかったが、『少年園』がアメリカの『セント・ニコラス』編集者のもとへ渡ったこと、しかもこの3巻25号が送られたことは興味深い。なぜならば、その号には『セント・ニコラス』から採った記事が載っていたからである。

第5節　『少年園』における『セント・ニコラス』の記事

『少年園』3巻25号（1889・11・3）には「陸上競漕会《ボートレース》」という記事がある。これは「畑水練といふことは聞きたるとあれど、陸上競漕会といふは諸子も未だ聞きたることなかるべし…（中略）…飛鳥山に上野に思ふ所に至りて一たび之を試み賜へ、必ず観衆の目を驚かし喝采を博し、愉快此上なかるべし」で始まり、水上ではなく陸

図 4-7 "Regatta A Game for the Lawn of Parlor," *St. Nicholas* 13(10), 1886.8（Reprint. Athena Press）

図 4-6 「陸上競漕会」『少年園』3（25）、1889.11.3（復刻版、不二出版、1988 より）

上で行うボート競技の方法を図入りで紹介したものであった（図4―6）。

一方、『セント・ニコラス』13巻10号（１８８６・８）に掲載された記事の冒頭をみると、Perhaps you have never heard of yacht-race ashore, yet that term might alone be applied to this picture game, which will be found not only exciting, but a source of great fun. と、『少年園』とほぼ同様の内容で始まっており、挿絵の構図もほぼ一致する（図4―7）。ただ『少年園』では、陸上ボートレースの場所として「飛鳥山に上野に」と身近な場所を具体的にすすめているほか、舟の名前を「帝国軍艦の名によりて、金剛、扶桑、浪速、筑波などゝ称ふるも亦興あるべし」など、ところどころに日本の例を混ぜて紹介しているほか、人物や背景、服装などは日本風に改められている。『少年園』には出典が『セント・ニコラス』であることは示されていない。このような転載が『セント・ニコラス』側に知られることは問題がなかったのだろうか。2章でふれたように、アメリカでは英米の新聞・雑誌記事の転載は１８６０年代まで無断で行われていた。１８８６年にヨーロッパ諸国を中心に締結された国際的な著作権法である「ベルヌ条約」には、アメリカは加入していなかったが１８９１年に国際著作権法（通称チェイス法）が成立するのに影響を与えた。チェイス法のもとでは出版社や著作者からの禁止がない限りにおいて、原則的にある加盟国で発表された雑誌や

表 4-2 『少年園』と『セント・ニコラス』共通記事一覧

『少年園』				St. Nicholas			
巻号	年月日	タイトル＜執筆者＞	欄	巻号	年月	タイトル	執筆者
1（5）	1889.1.3	長夜のなぐさみ	叢園	10（5）	1883.3	Shadow-pictures and silhouettes	Joel Stacy
2（20）	1889.8.18	Hotei	文園	10（1）	1882.11	Hotei	
2（22）	1889.9.18	水雷火の話	学園	10（1）	1882.11	"Torpedoes-don't Anchor!"	Charles Barnard
3（25）	1889.11.3	陸上競漕会＜蠡湖漁史＞	譚園	13（10）	1886.8	Regatta A Game for the Lawn of Parlor	Frank Bellew
3（26）	1889.11.18	動物の移転侵入	学園	14（8）	1887.6	Animal Invaders	Charles Frederick Holder
3（26）	1889.11.18	歌苑	口絵	8（1）	1880.11	Riddle-Box	—
3（27）	1889.12.3	象の話	学園	15（1）	1887.11	Elephants at Work	John R Corvell
			口絵	13（4）	1886.2	The Real King	John R Corvell
3（28）	1889.12.18	奇怪なる画		6（8）	1879.6	A puzzling Picture	C. B
3（29）	1890.1.3	亜非利加内地の探険者	口絵、譚園	16（4）	1889.2	The White Pasha	Noah Brooks
3（30）	1890.1.18	氷柱のくじら	叢園	12（2）	1884.12	Imprisoned in an Iceberg	C. F. Holder
3（31）	1890.2.3	ビクトル、雄豪	譚園	14（1）	1886.11	Victor Hugo's Tales to his Grand Children	Brander Matthews
4（41）	1890.7.3	河馬小舟を覆へす	譚園	1（4）	1874.2	Some Boys in Africa	M.S
4（45）	1890.9.3	［鳥打ち］	叢園	6（12）	1879.10	"I didn't come to shoot birds."	—
4（46）	1890.9.18	［ウィリアム＝テル］	叢園	5（3）	1878.1	A Modern William Tell	—
5（51）	1890.12.3	ミルトン	譚園	6（6）	1879.4	Milton	Emma Burt
5（51）	1890.12.3	軽気球の話	附録	9（1）	1881.11	Some Balloon Experience	John Leweel
5（52）	1890.12.18	千金の熊	譚園	15（2）	1887.12	The Bear that had a bank account	Hjalmar Hjorth Boyesen
5（52）	1890.12.18	OH!	叢園	14（5）	1887.3	OH!	—
5（59）	1891.4.3	少女王	譚園	14（5）	1887.3	Historic Girl	E.S. Brooks
5（60）	1891.4.18	魯国皇太子	叢園	12（2）	1884.12	Crown Prince of Russia	Edna Dean Proctor

※タイトル［］つきは便宜上筆者がつけたもの。
※連載の場合は初出のみを記載した。

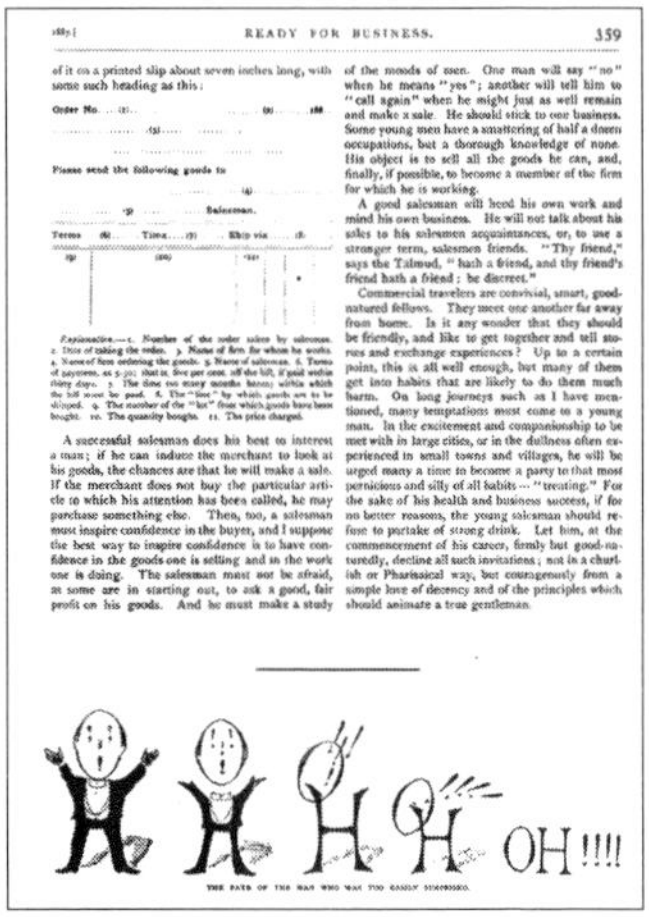

1887.] READY FOR BUSINESS. 359

of it on a printed slip about seven inches long, with some such heading as this:

Order No. ... (1) ... (2) ... 188

... (3) ...

Please send the following goods to

... (4) ...

... (5) ... Salesman.

Terms (6) ... Time ... (7) ... Ship via ... (8)

(9) (10) (11)

Explanation.—1. Number of the order taken by salesman. 2. Date of taking the order. 3. Name of firm for whom he works. 4. Name of firm ordering the goods. 5. Name of salesman. 6. Terms of payment, as 5-30; that is, five per cent. off the bill, if paid within thirty days. 7. The time (so many months hence) within which the bill must be paid. 8. The "line" by which goods are to be shipped. 9. The number of the "lot" from which goods have been bought. 10. The quantity bought. 11. The price charged.

A successful salesman does his best to interest a man; if he can induce the merchant to look at his goods, the chances are that he will make a sale. If the merchant does not buy the particular article to which his attention has been called, he may purchase something else. Then, too, a salesman must inspire confidence in the buyer, and I suppose the best way to inspire confidence is to have confidence in the goods one is selling and in the work one is doing. The salesman must not be afraid, as some are in starting out, to ask a good, fair profit on his goods. And he must make a study of the moods of men. One man will say "no" when he means "yes"; another will tell him to "call again" when he might just as well remain and make a sale. He should stick to one business. Some young men have a smattering of half a dozen occupations, but a thorough knowledge of none. His object is to sell all the goods he can, and, finally, if possible, to become a member of the firm for which he is working.

A good salesman will heed his own work and mind his own business. He will not talk about his sales to his salesmen acquaintances, or, to use a stronger term, salesmen friends. "Thy friend," says the Talmud, "hath a friend, and thy friend's friend hath a friend: be discreet."

Commercial travelers are convivial, smart, good-natured fellows. They meet one another far away from home. Is it any wonder that they should be friendly, and like to get together and tell stories and exchange experiences? Up to a certain point, this is all well enough, but many of them get into habits that are likely to do them much harm. On long journeys such as I have mentioned, many temptations must come to a young man. In the excitement and companionship to be met with in large cities, or in the dullness often experienced in small towns and villages, he will be urged many a time to become a party to that most pernicious and silly of all habits — "treating." For the sake of his health and business success, if for no better reasons, the young salesman should refuse to partake of strong drink. Let him, at the commencement of his career, firmly but good-naturedly, decline all such invitations; not in a churlish or Pharisaical way, but courageously from a simple love of decency and of the principles which should animate a true gentleman.

THE FATE OF THE MAN WHO WAS TOO EASILY SURPRISED.

図 4-8 *St. Nicholas* 14(5), 1887.3
（Reprint. Athena Press）

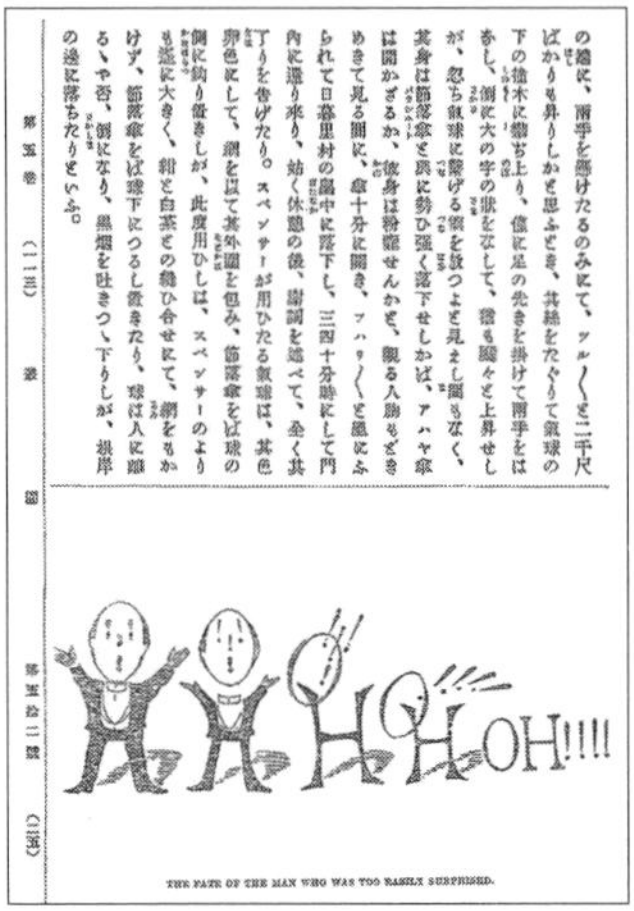

の端に、兩手を懸けたるのみにて、ツル／＼と二千尺
ばかりも昇りしかと思ふとき、其綱をたぐりて氣球の
下の横木に攀ぢ上り、僅に足の先きを掛けて兩手をは
なし、倒に大の字の狀をなして、猶も隨々と上昇せし
が、忽ち氣球に繫げる綱を放つよと見えし間もなく、
其身は落下傘と共に勢ひ強く落下せしかば、アハヤ傘
は開かざるか、彼身は粉韲せんかと、觀る人胸もとゞろ
めきて見る間に、傘十分に開き、フハリ／＼と風にふ
られて日暮里村の畠中に落下し、三四十分時にして門
内に還り來り、姑く休憩の後、謝詞を述べて、全く其
了りを告げたり。スペンサーが用ひたる氣球は、其色
卵色にして、網を以て其外圍を包み、落下傘をば球の
側に釣り置きしが、此度用ひしは、スペンサーのより
も遙に大きく、紺と白茶との縫ひ合せにて、網をもか
けず、落下傘をば球下につるし置きたり、球は人に離
るゝや否、倒になり、黑烟を吐きつゝ下りしが、根岸
の邊に落ちたりといふ。

第五卷　雜錄　第五拾二號

THE FATE OF THE MAN WHO WAS TOO EASILY SURPRISED.

図 4-9 『少年園』5（52）、1890.12.18
（復刻版、不二出版、1988 より）

新聞から、別の加盟国の雑誌や新聞へ記事をそのまま、あるいは翻訳して掲載することは妨げられなかったという。[33] したがって、日本語で発行されることについては当時は問題なく受け入れられたと考えられる。『少年園』と『セント・ニコラス』を比べると、これだけでなくほかにも多くの記事が『セント・ニコラス』から採られていた。一覧にしたものが**表4―2**である。Hotei の記事のように英語のまま引用しているものや、Oh! の記事のように絵をそのまま転載したようなものもあるが（**図4―8**、**図4―9**）、先に見た陸上ボートレースの記事のように、日本の例を挙げるなど編集や描き直しが行われているものがほとんどであった。両者の時期を比較すると、古いもので1878年の『セント・ニコラス』から引用しているものもあり、文夫は2年前、すなわち1887（明治20）年ごろから購読しているとしていたが、それよりも古いものも多く含まれている。

皇太子の記事が掲載された『セント・ニコラス』の発行は1889年7月、それに対し文夫が手紙を書いたのが1889（明治22）年11月、そしてそれが掲載されたのが1890年3月であることを考えると、最新の『セント・ニコラス』が到着するのに4か月かかっていることになる。しかし、『セント・ニコラス』に掲載されてから『少年園』で翻訳が掲載されるまでの期間は、最も短いものでも1年近く経過していることから、『少年園』では届いた『セント・ニコラス』からの情報を速やかに伝えようとしたものではなく、むしろ記事を吟味して掲載していたものと考えられる。選択された記事としては、伝記的な読み物と、動物や自然、科学に関する読み物が多い。両者の記事を比較してみると、多くの記事で大幅な加筆が行われたことがわかる。具体的な内容について、節を改めて検討していきたい。

第6節　『少年園』における加筆修正

『少年園』3巻29号（1890・1・3）から掲載された「亜非利加内地の探険者《ママ》」は、アフリカで医療伝道を行った宣教師リヴィングストン（David Livingstone）と、彼の捜索を命じられ、自らもアフリカを探検したジャーナリスト、ヘンリー・M・スタンレー（Henry Morton Stanley）についての記事だったが、これは『セント・ニコラス』に掲載されたスタンレーに関する伝記的な記事と、スタンレー自身が執筆した探検記『リビングストン発見記』（*How I Found Livingstone in Central Africa*）の両方を抄訳した連載であった。

この連載をはじめるにあたり、『少年園』では冒頭部分を加筆した。それによると、かつて日本人は「敢為の気象」に富んでおり冒険を好み海外での交易や政略を企てたが、江戸時代の鎖国によって外国に行くことが禁じられたがために「あはれ日本人は…（中略）…敢為勇性の気象を圧縮せられ」てしまった。しかし今や「明治の新天地」であり、西には「支那未開の金欠」があり南には「南洋諸島の富源」があり東の太平洋を越えれば「広大無限の米洲」があり、これらすべてが「吾人の遠征を待つもの」である。したがって「速に行きて之を取らざる、取て以て我国を富ま」せるべきである。イギリスの国が富み兵も強いのは、その国民が「敢為勇壮の気象」に富んでいるからである。日本の少年たちも「小天地に閑居」することなく「日本男子固有の気象を顕は」さなければならない、という。

この加筆部分は、なぜこれを訳し載せるのかという掲載意図の説明になっている。この話を載せるのは日本の少年たちに「敢為の気象」を養正するためである。冒険譚が「敢為の気象」を養うという発想は、同時代の教育雑誌にもみられる[34]。そこではイギリスの海軍が強いのは『ロビンソン・クルーソー』(Robinson Crusoe) のような漂流記がイギリス少年の心中に「敢為の気象」を浸透させているからであるという[35]。ではこの「敢為の気象」とは何か。

『少年園』では、この連載より1年ほど前に「少年の気象」1巻10号(1889・3・18)と題した社説を掲載した。それによると、「唯一念の動くまゝに直行して常に活発ゝ地なる」のを少年特有の性質だとし、思いのまま行動する、これこそが尊ぶべき「敢為の気象」であり、どんな事を為すにもこの性質を大人になっても持ち続けることが肝要であるという。

この時期、先に紹介した教育雑誌以外にも「敢為の気象」の重要性を説く言説が散見され[36]、この社説が『少年園』だけの論調であったわけではない。しかし、原文には存在しない序文を加えることで社説と一体的に、より教導的な読み物へと変化させている点は注目される。

一方で、原文の内容を大幅に削除した記事もみられる。「水雷火の話」『少年園』2巻22号(1889・9・18)は、水雷の仕組みを説明したものであるが、海戦のあり方を大きく変える兵器であった水雷については、同時期のほかの雑誌でもしばしば取り上げられた。『少年園』では、水雷は爆発の際、「空中に昇りし水の山は忽ち崩れ落ち、轟く音凄まじく白波踊るが如く余波四方に広がり来る」が、その有様は「実に無類の壮観なり」と、好意

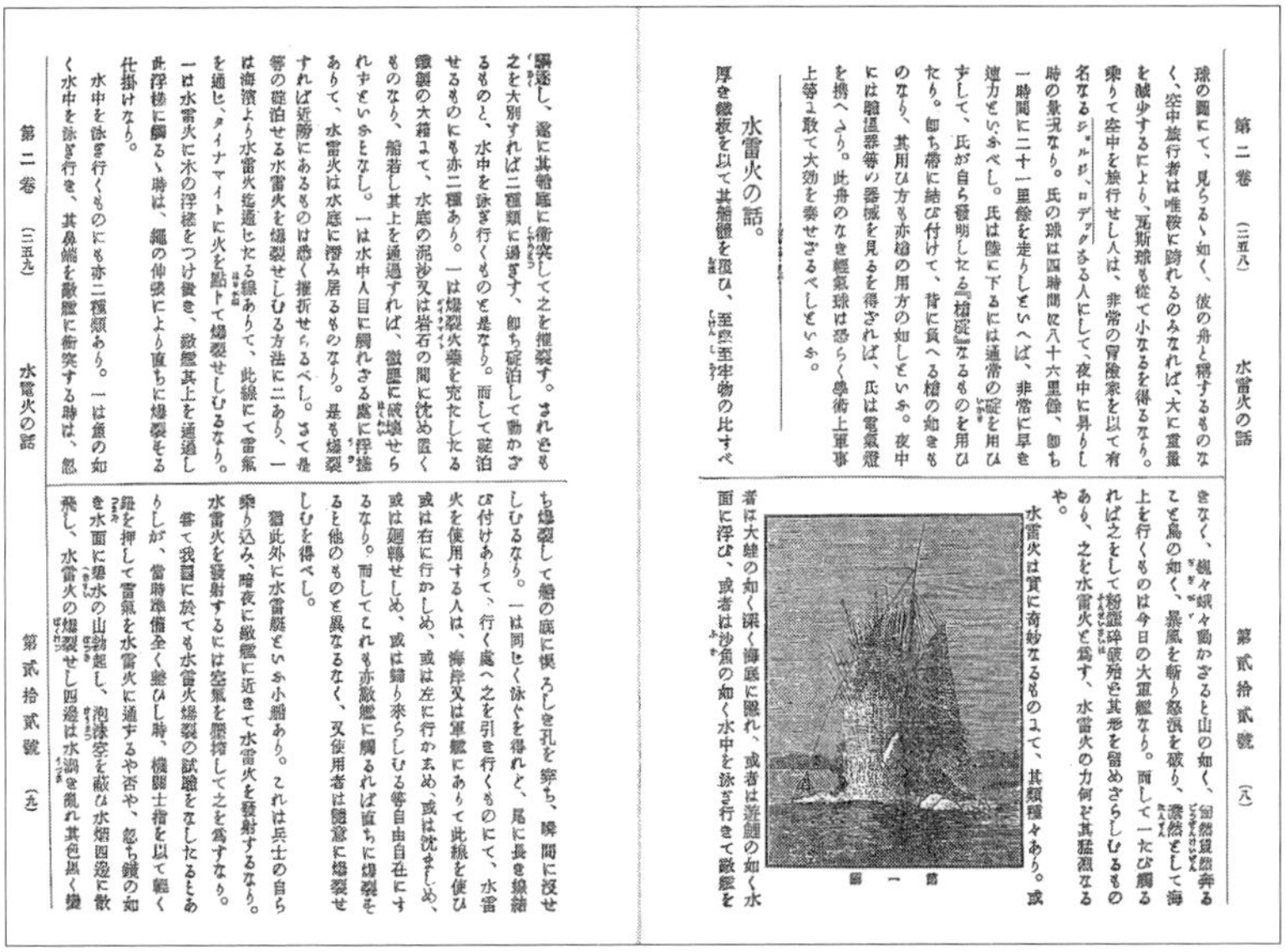

第二巻　（三五八）　水雷火の話

球の圓にて、見らるゝ如く、彼の舟と稱するものなく、空中旅行者は唯鞍に跨れるのみなれば、大に重量を減少するにより、瓦斯球も從て小なるを得るなり。乘りて空中を旅行せし人は、非常の冒險家を以て有名なるジョルジ、ロデックなる人にして、夜中に昇りし時の景況なり。氏の球は四時間に八十六里餘、即ち一時間に二十一里餘を走りしといへば、非常に早き速力といふべし。氏は陸に下るには通常の碇《いかり》を用ひずして、氏が自ら發明したる『檣碇』なるものを用ひたり。即ち帶に結び付けて、背に負へる檣の如きものなり、其用ひ方も亦檣の用方の如しといふ。夜中には驗温器等の器械を見るを得ざれば、氏は電氣燈を携へたり。此舟のなき輕氣球は恐らく學術上軍事上等に敢て大効を奏せざるべしといふ。

水雷火の話。

厚き鐵板を以て其船體を覆ひ、堅牢至牢物の比すべきなく、巍々峨々《ぎぎがが》動かざると山の如く、洶然轟然奔ること鳥の如く、暴風を斬り怒濤を破り、凛然《りんぜん》として海上を行くものは今日の大軍艦なり。而して一たび觸るれば之をして粉韲砕破《ふんせいさいは》殆ど其形を留めざらしむるものあり、之を水雷火と爲す、水雷火の力何ぞ其猛烈なるや。

水雷火は實に奇妙なるものにて、其類種々あり。或

第一圖

者は大蛙の如く深く海底に隱れ、或者は遊艇の如く水面に浮び、或者は沙魚の如く水中を泳ぎ行きて敵艦を

第貳拾貳號　（八）

第二巻　（三五九）　水雷火の話

驅逐し、遂に其船底に衝突《しやうとつ》して之を摧裂す。されども之を大別すれば二種類に過ぎず、即ち碇泊して動かざるものと、水中を泳ぎ行くものとなり。而して碇泊せるものにも亦二種あり。一は爆裂火藥《ダイナマイト》を充たしたる鐵製の大箱にて、水底の泥沙又は岩石の間に沈め置くものなり、船若し其上を通過すれば、爆壓に破壞せられずといふことなし。一は水中人目に觸れざる處に浮搖《うよう》ありて、水雷火は水底に潛み居るものなり。是も爆裂すれば近傍にあるものは悉く摧折せらるべし。さて是等の碇泊せる水雷火を爆裂せしむる方法に二あり、一は海濱より水雷火迄通ひたる線ありて、此線にて電氣を通ひ、ダイナマイトに火を點して爆裂せしむるなり。一は水雷火に木の浮標をつけ置き、敵艦其上を通過し此浮標に觸るゝ時は、綱の伸張により直ちに爆裂せる仕掛けなり。

水中を泳ぎ行くものにも亦二種類あり。一は魚の如く水中を泳ぎ行き、其鼻端を敵艦に衝突する時は、忽ち爆裂して船の底に恐ろしき孔を穿ち、瞬間に沈せしむるなり。一は同じく泳ぐを得れど、尾に長き線結び付けありて、行く處へ之を引き行くものにて、水雷火を使用する人は、海岸又は軍艦にありて此線を使ひ或は右に行かしめ、或は左に行かしめ、或は沈ましめ、或は廻轉せしめ、或は歸り來らしむる等自由自在にするなり。而してこれも亦敵艦に觸るれば直ちに爆裂すると他のものと異なるなく、又使用者は隨意に爆裂せしむを得べし。

猶此外に水雷艇といふ小船あり。これは兵士の自ら乘り込み、暗夜に敵艦に近きて水雷火を發射するなり。水雷火を發射するには空氣を壓搾して之を爲すなり。

嘗て我國に於ても水雷火爆裂の試驗をなしたるとありしが、當時準備全く整ひし時、機關士指を以て輕く鈕を押して雷氣を水雷火に通ずるや否や、忽ち鐵の如き水面に碧水の山勃起し、泡沫空を蔽ひ水烟四邊に散飛し、水雷火の爆裂せし四邊は水渦を亂れ其色黒く變

第貳拾貳號　（九）

図 4-10　「水雷火の話」『少年園』2（22）、1889.9.18（復刻版、不二出版、1988 より）

的に伝えている（図4―10）。

ところが、もとになった『セント・ニコラス』の記事は扱っているテーマや挿図こそ同じであるが、肝心の水雷に対する評価は『少年園』と真逆であった（図4―11）。先に挙げた部分の記述は、『セント・ニコラス』10巻1号（1882・11）ではThe terrible wreck is falling back in ruins into the sea. と、恐ろしさを強調している。それにとどまらず、『セント・ニコラス』ではWe don't want to fight. If we have a misunderstanding

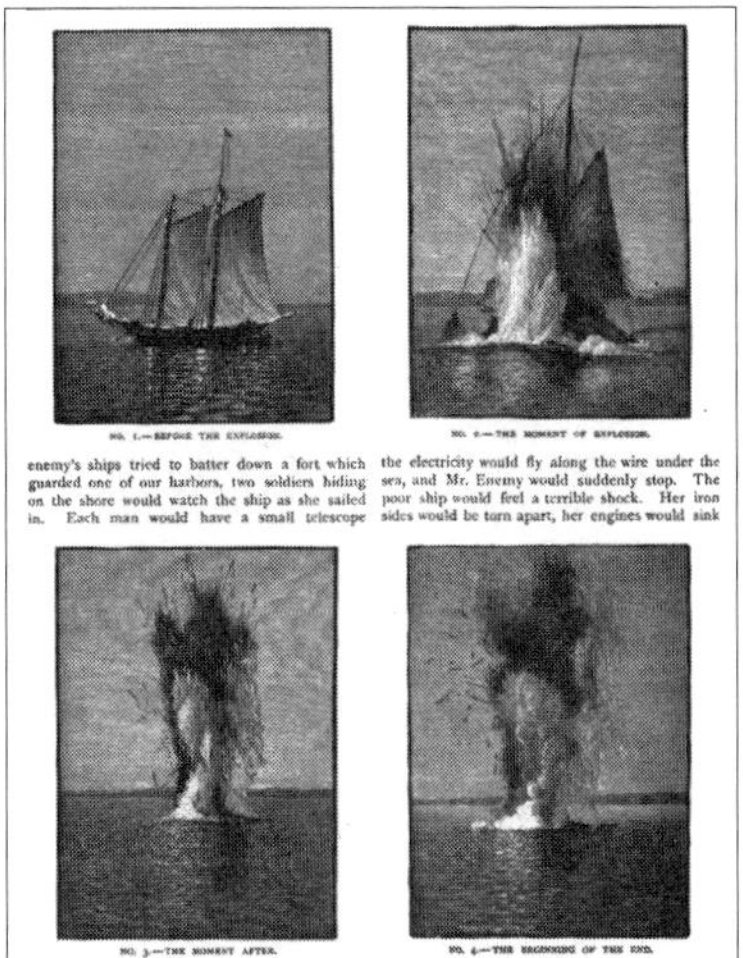

NO. 1.—BEFORE THE EXPLOSION.

NO. 2.—THE MOMENT OF EXPLOSION.

enemy's ships tried to batter down a fort which guarded one of our harbors, two soldiers hiding on the shore would watch the ship as she sailed in. Each man would have a small telescope

the electricity would fly along the wire under the sea, and Mr. Enemy would suddenly stop. The poor ship would feel a terrible shock. Her iron sides would be torn apart, her engines would sink

NO. 3.—THE MOMENT AFTER.

NO. 4.—THE BEGINNING OF THE END.

pointed in a particular direction, and when the ship came in sight of either, he would speak to the other man through a telephone. When they both could see the ship at once, she would be over a torpedo, and one or both would touch the knob,

down through the bottom and fall out, the boilers would explode with a great concussion, the masts leap into the air, and, in an instant, in a cloud of smoke and spray, the mighty ship would break in two and sink, in a seething whirlpool, into the

図 4-11　“Torpedoes-don't Anchor!” *St. Nicholas* 10(1), 1882.11（Reprint. Athena Press） with any nation, we send some wise and sensible people there, to have a talk about the matter and try to settle things in a peaceful way. と、あくまで平和的解決を優先すべきことを説きつつ、水雷を用いるのは Here are used only torpedoes intended for the defense our harbors. と、あくまで防衛のためだけと繰り返し述べた。『セント・ニコラス』では冒険物語の中でもその楽しさよりも恐怖を強調し「安全性の追求、危険性の排除」がなされているとの指摘があるが、[37] こうしたノンフィクションでも同様の態度がみてとれる。

これと対照的に、『少年園』では軍事演習をみに行くことなどが推奨された。[38] 学習院長であった三浦梧楼の演説を採録した記事では、陸軍演習は「如何にも勇壮で有」り「随分面白いことも有たらう」が、それだけでなく海軍が破られ攻め込まれた際を想定し「如何して此の恥辱を洗雪し、又如何して此の国家を回復しやうと云ふ」「国家感情」を覚えていてほしいと述べる(「陸軍大演習に就て」(1890・5・18))。軍隊制度の確立は日本が近代化を進めるうえでの急務であり、『セント・ニコラス』にみられる平和志向は実際にこの数年後日清戦争を開始する日本の実情とはあまりにかけ離れていた。

以上の記事の比較から判明するのは、『少年園』での『セント・ニコラス』の記事の引用は、忠実な翻訳というよりも、そこでみつけた記事を素材として、自らの主張や社説に合わせて再編することで読者たちを導こうという『少年園』の態度である。説教色をなるべく隠すことに最も腐心したといわれる『セント・ニコラス』を参照していながら、その編集方法は正反対であったといえるだろう。

ではなぜ『少年園』はわざわざこうしたアメリカの雑誌を参照したのだろうか。『少年園』での西洋文化の捉え方も含めて次節で考察する。

第7節　『少年園』の西洋観

『少年園』が西洋文化や欧米諸国をどのように捉えていたか、端的に表しているのが、3巻28号（1889・12・18）「頭を回して」という社説である。1889（明治22）年を回顧しつつ「西洋主義の勢力」に対する反動が極端に過ぎたことに対し、「百事西洋に模倣するは吾輩の固より好まざる所」だが、「日本の実力をして泰西諸国と相対峙する」ためには「広く世界の新知識をあつめ、新利器を集むるにあらざれば、日本の進歩は得て期すべからず」という。つまり、何もかもを西洋に倣うのはよくないが、進歩のためには「欧米文化の大勢に従」うことが不可欠だとするのである。また、日本が西洋文明を取り入れることで「東洋諸国に典型を与え、以て東洋諸国の衰退を挽回」せねばならないとも説く（「少年園の第二年」（1889・11・3））。ここでは、あくまで欧米諸国と対峙するための手段として西洋文化の受容の必要性が認識されている。

さらに、3巻31号（1890・2・3）では「近着の或る西洋雑誌」に中国で日本人が工場で指導をしたり理学の教員を務めたりという状況を、「幼少の国民」が「老国民」を指導している様で奇妙だと評していたことに対し、「我日本人の支那人に凌駕するや、日たる已に久し」いために、「今更斯る批評に接するも吾人は敢て之を喜ばざる」という。しかし「只彼れ白皙人の至富至強の高等人種を以て自ら高ぶり、我東洋人を視る視線の下方に向ッて甚だ斜めなる」ことに対しては怒りをあらわにしており、「勉めよや新日本の少年諸君」と締めくくる。

ここで、前章でみた『ちゑのあけぼの』と比較してみよう。9号（1887・1・26）表紙の記事である（**図4—12**）。

実は、これにはもととなった記事があり、アメリカで発行されていた児童雑誌『ハーパーズ・ヤング・ピープル』（*Harper's young people*）2巻76号の記事（1881・4・12）がそれである（**図4—13**）。

図 4-13　*Harper's young people* 2 (76), 1881.4.12（Collection of the New-York Historical Society.）

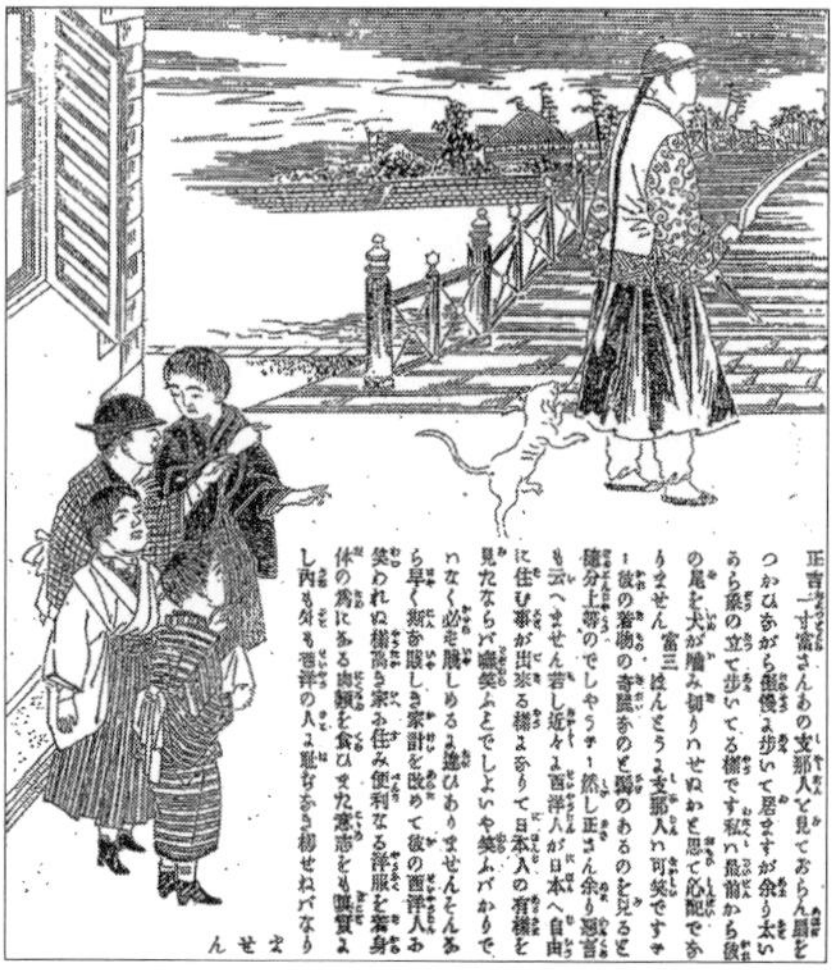

図 4-12『ちゑのあけぼの』9、1887.1.26（東京大学大学院法学政治学研究科附属近代日本法政史料センター明治新聞雑誌文庫所蔵）

図4―13をみると、弁髪や目の形など、容姿を無邪気におもしろがるような内容である。これに対し、『ちゑのあけぼの』では、和装の4人の少年が橋のたもとにいる弁髪の中国人を指差して噂話をするという構図になっている（図4―12）。少年正吉は、富三に「あの支那人を見てごらん」と話しかけ、「扇をつかひながら傲慢《えらそう》に歩いて居ますが余りに太いから象の立て歩いているようです」「彼の尾（弁髪にした髪の先――筆者）を犬が噛み切りはせぬかと思て心配でなりません」と中国人の容貌に対する悪口を並べる。富三も「ほんとうに支那人は可笑しいですねー」といいながら、「然し正さん余り悪口も云えません」と諌める。「若し近々西洋人が日本へ自由に住む事が出来る様になりて日本人の有様を見たならば嘸《さぞ》笑うことでしょ」「そんなら早く斯な賤しき家計を改めて彼の西洋人に笑われぬ様高き家に住み便利なる洋服を着身体の為になる肉類を食ひまた意志《こころ》をも真実《まこと》にし内も外も西洋の人に恥ぢなき様にせねばなりません」と富三は説く。つまりここでは、富三の言葉を通して、日本人も西洋風の習慣を身につけるべきだということを主

張しているのである。

ここでは、怒りの矛先が「西洋人」に向けられることも、中国人を同じ「東洋人」としてみるという意識もない。むしろ日本人の有様を省みて「彼の西洋人に笑われぬよう」我々日本人も食事や服装を改めようという。

『少年園』と『ちゑのあけぼの』の見解の差は、時期的なものもおそらくあると思われる。『ちゑのあけぼの』が発行されていた時期は、欧化主義に対する批判が高まる前で、欧米の翻訳書の出版がピークに達した時期でもあった。[39] 3章でみてきたように『ちゑのあけぼの』の編集者は、キリスト教への信仰をもとにその背景にある西洋文化も含めて子どもたちへ伝えようとしていた。『ちゑのあけぼの』においてみられた西洋に対する絶対的な信頼は、『少年園』ではゆがんだ形で表れてくる。西洋文化の優位性は認めつつも見下されるのは我慢ならない、だからこそ西洋文化を受容しなければならないというアンビバレントな立ち位置に『少年園』があったといえるのではないだろうか。

『少年園』5巻49号（1890・11・3）の附録にはハイチ独立運動の指導者、トゥーサン・ルーヴェルチュール(Toussaint Louverture）の伝記が「黒偉人」というタイトルで掲載されたが、ここでの序文は、「今日は白人跋扈の時」であり我々「黄人赤人黒人」は圧服されているとまず述べ、ここに挙げるトゥーサン・ルーヴェルチュールは黒人ながらナポレオンも手を措くほどの英雄であるため、この伝記を読んで「黄人中の大日本の少年」も「白人を凌駕」すべく奮起せよ、とある。ここでも「白人」に対する敵対意識がはっきりと表れている。

井内美由起は、博文館の総合雑誌『太陽』が、『サイエンティフィック・アメリカン』などから記事を引用していることを指摘し、こうした国境を越えた情報の伝達について、「今日ネイションの範囲を超えた情報のやりとりがさかんになればなるほど、ナショナルなものへの関心も高まっている」ことをふまえ、「世界の一員としての意識と国家の一員としての意識は対立する関係にあるというよりは、むしろ互いを強化する方向に働」いた可能性を示唆しているが、[40]『少年園』において伝えられる西洋の情報は、まさに子どもたちのナショナリズムを鼓舞するものになっている。

つまり『少年園』では、『セント・ニコラス』をはじめとした西洋の諸雑誌から、「広く世界の新知識」や「新利器」を集め子どもたちへ提供することで、常に自国の位置を子どもたちに問いかけるものであった。結果として、参照した雑誌は新たな情報や知識の提供元として捉えられ、雑誌そのもののコンセプトは見過ごされたということではないだろうか。

子どもに寄り添いながら楽しみを提供しようとした『セント・ニコラス』を参照していたことは明らかであり、そこから陸上でのボートレースのような、娯楽的な記事を引用することももちろんあった。だが、『セント・ニコラス』から得た伝記や理科読み物はいわば素材として受容され、あとは編集者たちの教育観にそって、欧米諸国と対等に渡り合えるような「新日本の少年」の育成を目指すように、教導的な編集がなされていた。創刊前から予告されていたように『少年園』はただ娯楽を提供するのではなく、「世の少年諸君の良師」として「日本少年の進路を示」そうとする雑誌であったが、[41]そうした姿勢は「知識欲に燃えた」多くの子どもたちを鼓舞するだけでなく、国家の一員としての自覚を促したのであった。

第8節　児童雑誌と西洋

本章では『セント・ニコラス』に掲載された山縣文夫の投稿を手掛かりに、『少年園』が「つくられる」過程について考察してきた。『少年園』が読者にどのように理解されたかについては次章に譲ることとして、本章で明らかになったことを整理しておきたい。

山縣が文部省によるアメリカの情報受容の拠点であった東京書籍館・教育博物館を経由して外国書籍に接してきたことを考えると、『少年園』をはじめとした児童雑誌はあくまで民間のものでありつつも、文部省によって形成された情報ネットワークが重要な役割を果たしたといえよう。

また、『少年園』では『セント・ニコラス』のどのような記事がどのように掲載されてきたのか、それぞれの記事を比較しながら検討してきたが、『少年園』における『セント・ニコラス』からの記事の引用は、単なる翻訳や模倣というにはあまりに手が加えられていた。すなわち、『少年園』は『セント・ニコラス』という雑誌からコンセプトや編集方針を学ぶために参照したというよりも、西洋の雑誌で提供されている伝記や読み物に着目し、日本の礎となる少年のために西洋の文明や知識を紹介し、彼らを導くための参照であった。本章では『セント・ニコラス』との関係についてのみ考察したが、『センチュリー』（*The Century*）や『ボーイズ・オウン・ペーパー』（*Boy's Own Paper*）などにも類似する記事がみつかっていることから、[42] こうした西洋の情報の参照は、おそらくはほかの科学雑誌などからも行われていたと考えられる。

また、１８８９（明治22）年創刊の博文館の児童雑誌『日本之少年』においてもやはり『サイエンティフィック・アメリカン』などの記事が引用されたほか、ドイツの風刺絵雑誌からポンチ絵を転載していることが、井内の調査により判明している。[43]

こうした西洋の雑誌との関係は、『少年園』以降の児童雑誌においても継続していくことをみても、新しい「知識」の提供を目指した近代の児童雑誌の編集においては、洋書・洋雑誌をどのように入手するかは非常に重要な問題であったことがわかる。こうした西洋からの新しい知識の提供は、同時に子どもたちに世界へ目をむけさせ、「国民」としての意識を引き出すことにもつながっていた。

注

1 石井研堂「明治初期の少年雑誌」『太陽』33（8）、博文館、1927・6、413頁。
2 塩田良平「山縣悌三郎評伝」『明治文学』4、明治文学会、1935・10、4頁。
3 河井酔茗「山縣悌三郎先生」『酔茗詩話』人文書院、1938、201頁。
4 鳥越信『日本児童文学案内』（理論社、1963、17頁）には「あきらかにイギリスの児童雑誌「リトル・フォーク」をまねた構成をとっていた」との指摘があり、その後多くの研究がこれに倣っている。オピーコレクション所収の『リトル・フォークス』（*Little Folks*）を参照したが、少なくとも本稿で論じる『少年園』と『セント・ニコラス』ほどの明らかな類似点や共通点は見出せなかった。
5 本論における『セント・ニコラス』の記述については、「セント・ニコラス」研究会編『アメリカの児童雑誌「セント・ニコラス」の研究』（同研究会、1987、以下『セント・ニコラスの研究』と表記）、岸上眞子「『セント・ニコラス』試論：こどもに求めるもの」（『淑徳大学研究紀要』20、淑徳大学、1986・5、113～129頁）、同「『セント・ニコラス』の研究（1）」（『淑徳大学社会学部研究紀要』32、淑徳大学、1998・3、241～258頁）、同「『セント・ニコラス』の研究（2）」（『淑徳大学社会学部研究紀要』33、淑徳大学、1999・3、197～214頁）、Susan R. Gannon, Suzanne Rahn and Ruth Anne Thompson ed., *St. Nicholas and Mary Mapes Dodge: the Legacy of a Children's Magazine*

Editor, 1873-1905 (Jefferson NC: McFarland, 2004) を主に参照した。なお、本文および図版は *St. Nicholas: Scribner's Illustrated Magazine for Girls and Boys*, [Reprint ed.] 1-24 (Tokyo; Athena Press, 2007-2013) を用いた。

6　千代由利「国際子ども図書館洋雑誌コレクションから：『セント・ニコラス』」『国際子ども図書館の窓』5、国際子ども図書館、２００５・３、32～33頁。

7　山縣悌三郎『児孫の為めに余の生涯を語る：山縣悌三郎自伝』（弘隆社、１９８７、93頁）によると、長男文夫は１８８２（明治15）年3月4日生、１９１１（明治44）年5月22日没。父の出版事業を助けたが、若くして没した。編著に『青年訓』（内外出版協会、１９０８）、『リンコルン一代記』（内外出版協会、１９０９）がある。なお、投稿では15歳である、と書かれており年齢が一致しない。しかし、この手紙の顚末については、『少年文庫』６（１８９０・７・10）に記事が出ている。この雑誌の編集を行っていたのは、山縣悌三郎の弟、五十雄（１８６９生）だが、彼は『セント・ニコラス』にこの手紙を送ったのは「記者の親友」である「F・Yなる一少年」と紹介していることから、少なくとも山縣家と近い人物であったことがうかがえる。

8　滑川道夫「解説：山縣悌三郎と『少年園』」『『少年園』解説・総目次・索引』（不二出版、１９８８、21～22頁）では「第一期（創刊から明治二十三年）編集に創意をこらし安定させた時期」としている。

9　西尾初紀「「セント・ニコラス：世界の子どもたちが集った雑誌」展」『国際子ども図書館の窓』13、国際子ども図書館、２０１３・９、43～45頁。

10　Noriko Kawamura Ishii, *American Women Missionaries at Kobe College, 1873-1909: New Dimensions in Gerder*, New York.: Routledge, 2004, p. 182.

11　クラークソンとケイディーについては、宮井敏「宣教師ケイディー夫婦を巡る評価」（同志社大学人文科学研究所編『来日アメリカ宣教師：アメリカン・ボード宣教師書簡の研究 1869～1890』現代史料出版、1999、279～301頁）に詳しい。

12 Harlan Hoge Ballard, *Three Kingdoms: A Handbook of the Agassiz Association*, New York: Writers Publishing Company, 1888 および三宅興子「「セント・ニコラス」の時代性」前掲書『セント・ニコラスの研究』、209頁を参照。

13 "The Agassiz Association," *St. Nicholas*, 12(7), May 1885.

14 孩提の翁「子供のはなし」『女学雑誌』95、1888・2・4、104頁。

15 「新報」『女学雑誌』46、1887・1・5、116頁。

16 内藤知美「初期児童文学と外国婦人宣教師」日本児童文学学会・冨田博之・上笙一郎編『日本のキリスト教児童文学』国土社、1995、71頁。

17 山縣悌三郎「学校の授業を欠席して図書館計りに通ふた」『新公論』24（3）、1909・3、8頁。

18 前掲書山縣、74頁。

19 橋本美保「文部省によるアメリカ教育書・教育雑誌の収集と翻訳」（『明治初期におけるアメリカ教育情報受容の研究』風間書房、1998、104～165頁）を参照した。

20 「外国雑誌」『東京図書館一覧』東京図書館、1890、60～61頁。

21 前掲書山縣、85頁によると山縣は丸善に通っていたというが、丸善の目録『書籍及文房具時価月報』に『セント・ニコラス』の書名は見られない。ただ、種々の子ども向けの洋書は「クリスマスプレゼントに最適」あるいは「運動会の景品として」という売り文句とともにかなりの数が掲載されていた。丸善ではこのカタログに載せた書籍以外も注文に応じるとあるため、こうした書店を通じた輸入・購読の可能性も考えられる。また一方で、アメリカ在住の知人からの送付という可能性もある。山縣と知己であった手島精一は『少年園』の参考になるだろうと「ハーパース、ヤング、ピープル（*Harper's Young People*――筆者）、今より一ヶ年間、貴園に贈呈致候」との書簡を山縣へ送っている（前掲書山縣、１２２頁）ことから、海外滞在中の知人からの送付という可能性もある。

22　前掲論文西尾によると、帝国図書館時代（１８９７年以降）は『セント・ニコラス』が蔵書に含まれていたという（44頁）。

23　藤井佳子「セント・ニコラスに描かれた日本」（前掲書『セント・ニコラスの研究』、１２１～１４１頁）に詳しい。

24　Ｆ・Ｒ・ディキンソン『大正天皇：一躍五大州を雄飛す』ミネルヴァ書房、２００９、16～24頁。

25　小川一眞の履歴については「小川一眞翁経歴談」『アサヒカメラ』朝日新聞、１９２７・10～１９２８・７を参照した。

26　「嘉仁親王殿下御肖像」『東京朝日新聞』１４７７、１８８９・11・３附録（神奈川県立歴史学物館編『王家の肖像：明治皇室アルバムの始まり』神奈川県立博物館、２００１、１０９頁）。

27　岩切信一郎「明治期印刷における「木口木版」の位置」国文学研究資料館編『木口木版のメディア史：近代日本のヴィジュアルコミュニケーション』勉誠出版、２０１８、８頁。

28　右田裕規「「皇室グラビア」と「御真影」：戦前期新聞雑誌における皇室写真の通時的分析」『京都社会学年報：ＫＪＳ』9、京都大学、２００１・12、93～１１４頁。

29　山田武吉「天長節を祝し併て少年園主に謝す」『少年園』３（26）附録。

30　『下野新聞』１０９６、１８８９・11・５。

31　フレデリック・ストレンジとその家族については高橋孝蔵『倫敦から来た近代スポーツの伝道師：お雇い外国人Ｆ・Ｗ・ストレンジの活躍』（小学館、２０１２、１７２～１７５頁）を参照したが、息子の年齢は記事と異なる。

32　中武香奈美「ヘボン書簡に見る横浜の西洋人社会」『開港のひろば』１３８、横浜開港資料館、２０１７・10。

33 「ベルヌ条約」については原秀成「雑誌の法と博文館：整えられる近代」（『日本研究：国際日本文化研究センター紀要』23、2001、162頁）を、アメリカでの雑誌記事・小説の転載については Charles A. Johannigsmeier, *Fiction and the American Literary Marketplace: The Role of Newspaper Syndicates, 1860-1900*（Cambridge: Cambridge University Press, 1997）を参照。

34 目黒強「第四章〈冒険小説〉の排除と包摂：教育雑誌を事例として」『〈児童文学〉の成立と課外読み物の時代』和泉書院、2019、68〜81頁。

35 菊池熊太郎「教育上小説ノ価値ヲ論ス」『大日本教育会雑誌』90、1889・9・10。

36 福澤諭吉「文明教育論」『時事新報』1889・8・5、時任猪被「敢為ノ気象」『穎才新誌』1004、1896・11など。

37 前掲論文岸上1986、117頁。

38 『少年園』3（34）、1890・3・18。

39 羽生紀子「明治期日本出版と出版離陸：翻訳・輸入と海外出版市場」『鳴尾説林』9、武庫川女子大学日本文学談話会、2001・11、1〜12頁。

40 井内美由起「世界のニュースと木口木版」前掲書『木口木版のメディア史』、231〜232頁。

41 「『少年園』広告」『教師之友』20、1888・9・15。

42 たとえば『少年園』1（12）の「鳩の話」は『センチュリー』から、「オックスホルドかキャンブリッヂか」は『ボーイズ・オウン・ペーパー』からそれぞれ採用している。

43 井内美由起「博文館少年雑誌のおける木口木版：科学欄とポンチ絵を中心に」『国文学研究資料館紀要：文学研究篇』44、2018・3、97〜129頁。

第5章　児童雑誌の読書実態——『少年園』の書き入れをめぐって

第1節　書き入れの史料的価値

ここまで『よろこばしきおとづれ』『ちゑのあけぼの』『少年園』について、「つくられる」過程を中心にみてきた。ここからは、読者が雑誌をどのように読んだかという、「理解される」過程について検討していきたい。

明治期の子どもたちが何を読み、どのように考え、そして書いてきたのかについては、投稿欄を用いた研究が数多く蓄積されてきた。たとえば、『穎才新誌』の作文などの読者投稿からジェンダー規範の生成を明らかにした研究[1]や、『少年世界』における投稿文の文体の変容に着目し、少年概念の内実に迫ったもの[2]、同じく『少年世界』がどのように入手され、どのような場で読まれていたかなど読書様態を分析した研究[3]など、投稿欄からはさまざまな研究が展開されてきた。

しかし、実際の読者が雑誌をどう読み、何を考えたかということについて投稿文を扱う際には注意が必要である。雑誌に掲載された投稿文は編集側の理想像に同調するようなものが中心に選ばれた可能性もあれば、ときに編集者による修正を加えたうえで掲載される場合もあったからである。また、多くの読者の中で、雑誌に投稿してくるのは能動的な読者に限られる。それだけでなく、明治後期の少女雑誌では、男性が少女になりすまして投稿した例もあり、雑誌の投稿欄はあくまで雑誌の表現の一部として捉えることの重要性が指摘されている[4]。中川裕美がいうように、「読者投稿欄から読み解ける「読者像」は、研究者が望むような「フラットな読者像」ではあり得ず、読者投稿欄からのみの読者像の把握は極めて難しい」のである[5]。

したがって、それぞれの読者の読書実践のあり方をより具体的に描き出すためには、雑誌に掲載された文章や挿絵から読みとれる情報のみではなく、読者や雑誌関係者の回想や日記など、別の資料をあわせて参照することが不可欠である。[6]

中川はこうした問題の克服のために、関係者からの直接聞きとりなどのフィールド調査や、「当時を知る者の手記、日記、回顧録、手紙、小説、インタビュー記事などの分析」などの資料を調査することを提案しているが、この章では雑誌がどのように読まれたかを考察するための資料として、雑誌本体に遺された書き入れを用いる。近年さまざまな雑誌が復刻され、また史料保護の観点などから原資料を閲覧する機会は限定されている。しかし、復刻版は複数の原資料から現存状態のよい誌面を選んで構成されるため、雑誌本体に遺された読書の跡は、多くの場合そこでは捨象されることになる。

現在、書籍や雑誌への書き込みをすることは、図書館等の蔵書に対してはもちろん禁止されており、また自身の所蔵するものを対象としたものであっても、価値を下げるものとして忌避される傾向にある。[7] しかし主に明治初期まで流通した和本では、校合や朱引き、注釈などの書き入れは後の読者の理解を助けるものとして価値あるものと考えられた。[8] こうした和本への書き入れから、その書物の理解の過程や当時の学習様態を明らかにする研究もなされている。[9]

また洋本についても、ルネサンス期を中心に、読者による書き入れが、初期の読者のテクストへの反応やテクストの向き合い方を解明する読書史の貴重な史料として位置づけられ、解釈などの書き入れのほか、傍線を含むさまざまなマーキング部分の分析がすすめられている。[10] この章では、これらの研究の手法を参照し、『少年園』に残された書き入れを収集・分析する。

雑誌が同時代性の強いメディアであることをふまえると、和本やルネサンス期の書物の書き入れに見出されるような次の時代の読者へ読み継ぐという意識は、これらの史料からは期待しにくいかもしれない。しかし、明治期の雑誌の場合には、回し読みが行われたり、地域ごとの読書会が組織されたりしていたことを考えると、同時代の自分以外の読者を意識した書き入れを発掘しうることも想定できる。

雑誌に見出される書き入れの種類は多種多様であり、とくに児童雑誌は年少者が読んだものであるがゆえに、内容とはまったく関係のない落書きや手習いのようなものなども多く含まれる。一方で、数が多いとはいえないものの、署名や蔵書印などの持ち主の手掛かりとなるようなものや、線引きや記号、誤字の修正、感想などの積極的な読書反応の記録も存在する。そして、これらの記録は個々の読者が雑誌にどう向き合い、どう読んだのかを編集というフィルターを介すことなくそのままの状態で伝えるものとして貴重である。ただ、こうした書き入れを用いた研究にはすでに指摘があるように、偶然性に頼らざるを得ず、出所が限られるという点に弱点がある。[11]

こうした弱点を補うべく、可能な限り網羅的に調査を行うこととした。具体的には原資料が複数保存されている国文学研究資料館・東京大学大学院法学政治学研究科附属近代日本法政史料センター明治新聞雑誌文庫・同志社大学今出川図書館・茨城大学附属図書館・鶴見大学図書館・大阪府立中央図書館国際児童文学館・日本近代文学館・立教女学院短期大学図書館・慶應義塾大学三田メディアセンター・東京大学総合図書館・埼玉大学図書館・天理大学附属天理図書館・日本福祉大学附属図書館、名古屋大学教育発達科学図書室・名古屋大学ジェンダーリサーチライブラリーにて、所蔵される『少年園』のすべての冊子について調査を行った。ここからは、雑誌に遺された書き入れから読書の記録を復元することによって、『少年園』をめぐる読書実態の一端を明らかにしていきたい。

第2節　『少年園』はどう読まれたか

(1)　圏点と傍線

図 5-1　「松葉掻の童子」『少年園』8(86)、1892.5.18（国文学研究資料館所蔵）

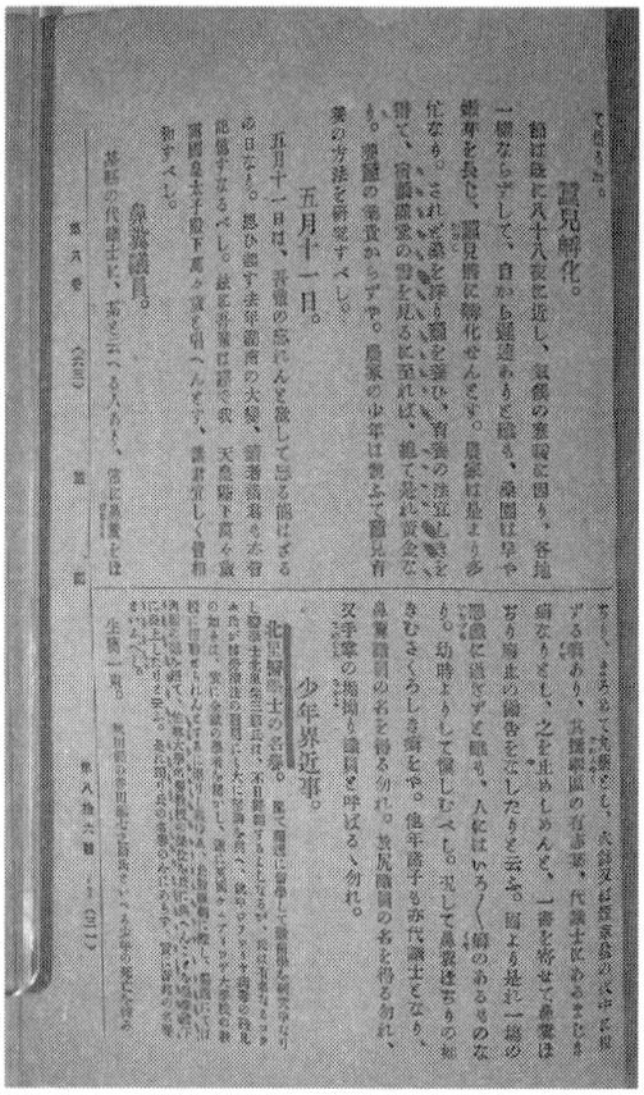

図 5-2　「蠶児孵化」「北里医学士の名誉」同右

『少年園』の書き入れの中で最も多いのは圏点や傍線を加えたものである。たとえば、国文学研究資料館所蔵の『少年園』8巻86号（1892・5・18）から8巻95号（1892・10・3）をみてみよう。

まず**図5―1**「松葉掻の童子」（1892・5・18）は時事評論や海外事情を扱った「叢園」欄に掲載されたものである。星亨が衆議院議長になったということを「名誉赫々、真に羨むべし」として、星亨がかつては家が貧しく、さながら二宮金次郎の如く籠を背負い松葉をかき集めつつ暇があれば書を読んだということを伝え、「昔しの松葉掻童子、今の衆議院議長、勉むべきは読書なる哉、励むべきは読書なる哉」と学問による立身を説いたもので、タイトルには朱で傍線がひかれ、圏点は全文に打たれている。

同じく「叢園」欄の「蠶児孵化」という記事の一部

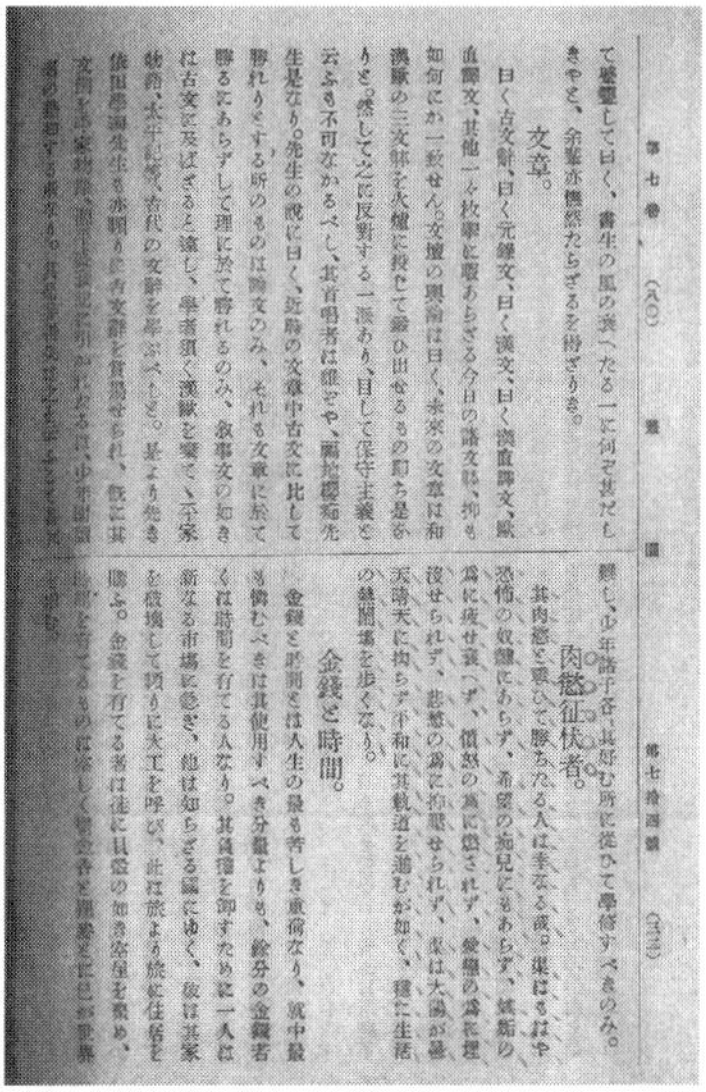
文章。
肉慾征伏者。
金銭と時間。

図 5-3 『少年園』7（74）、1891.11.18（埼玉大学図書館所蔵）

にも圏点がある（図5―2）。付されたのは、「宿繭満堂の雪を見るに至れば、総て是れ黄金なり」という部分である。この記事は農家の少年に養蠶の業が貴いものであること、そして蠶児育養の方法を研究すべきと伝えるものであった。

同じ頁の「北里医学士の名誉」という記事は、先の「松葉掻の童子」と同様に、題名に傍線、記事の一部に圏点がある。傍点は「（ドイツでは――筆者注）伯林大学名誉教授の栄位を氏に与えんことを皇帝陛下に奏上したりと云ふ。是れ独り氏の名誉のみにあらず、実に吾邦の名誉といふべし」という部分につけられている（図5―2）。

この読者がこれらの傍線や圏点をどのような基準で書き入れていたのか、正確に知ることは難しいが、博文館の少年雑誌編集者をつとめた竹貫《たかぬき》佳水《かすい》が記した『読書法：少年百科叢書第三編』（博文館、１９１２）には、「先づ批評を加えたり線を引いたりして置きましたならば、それが幾らか抄録に代るのであります」とある。『読書法』が書かれた時代と『少年園』の発行期間にはややずれがあるが、他にも、埼玉大学図書館所蔵の4巻46号（１８９０・9・18）、7巻73号（１８９１・11・3）、74号（１８９１・11・18）（図5―3）や、日本福祉大学付属図書館所蔵の1巻2号（１８８８・11・18）、立教女学院短期大学図書館所蔵の7巻74号、名古屋大学ジェンダーリサーチライブラリー所蔵の8巻88号（１８９２・6・18）に同様の傍線や圏点がみられることから、明治20年代にもこのような書き入れは一般的に行われており、やはり線や点によって自分のため、あるいは後の読者に向けて要点を目立たせる効果をもたせたものだろう。こうした傍線・圏点だけでなく、批評を加えることもしばしば行われていた。項を改めてみていくこととする。

(2) 批評が書き入れられた記事

図5―4「雪を踏で富岳に攀づ」（1892・6・3）もまた「叢園」欄に掲載されたもので、「西洋人が進取の気象に富み、冒険の事業に向ふて敢て躊躇せざるは東方人の企て及ばざる所」と始まり、「フォドルハム、ウエストン」という2人の人物が雪の残る富士山の登頂に成功したという。ここで報じられているのは、登山家として著名なイギリス人宣教師ウォルター・ウェストン（Walter Weston）と、その友人で末松謙澄のケンブリッジ大学時代の学友フォーダム（Montague Edward Fordham）の2人が1892（明治25）年5月に行った富士登山のことだろう。

ウェストンによると「まだ肩まで雪におおわれているフジを登るなどという考えは、かれら（日本人――筆者注）にとっては不可能と同様、正気の沙汰ではないのであり、そのようなことをやろうとする気の狂ったイギリス人を見逃してはならぬ」[12]と注目を集めたようで、当時の新聞でも「毎年瑞西山中にて雪を踏んで山岳を攀づるの危険を冒し為めに一命を失ふものは英国人最も其多きに居ることは隠れなき事実なるが此富士山登りも矢張り同一の気象を顕はせしものと云ふべし」[13]「英人の身軽く旅行するは其慣習とは云へ氏の如きは亦一個の快男子とも云ふべし」[14]など、驚きと称賛をもって報じられた。

書き入れについてみると、まず圏点は朱で題名と、末尾の「白皙人種の大業を成し遂ぐるは総べて是等の気象に因るならん」という箇所につけられている。

さらに、記事の左上には鉛筆で、「白皙人種ノ忍耐感ズルニ余リアリ神州男子タル者ハ宜シク此精神ヲ鼓舞スベシ」と書き入れがなされている[15]（図5―4）。この記事の本文では2人が案内人の制止を聞かず「益々勇を鼓し」たとされているのみである。したがってこの「忍耐」についてはこの書き入れを行った人物による解釈が加えられているのである。

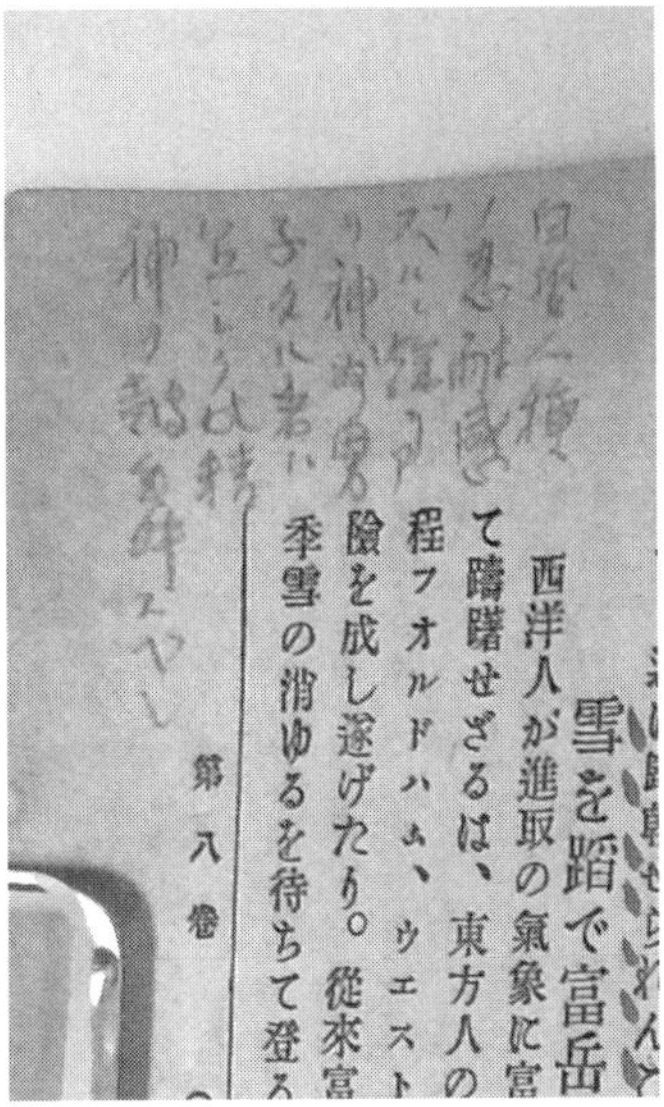

図5-4　「雪を踏で富岳に攀づ」『少年園』8（87）、1892.6.3（国文学研究資料館所蔵）（口絵❾）

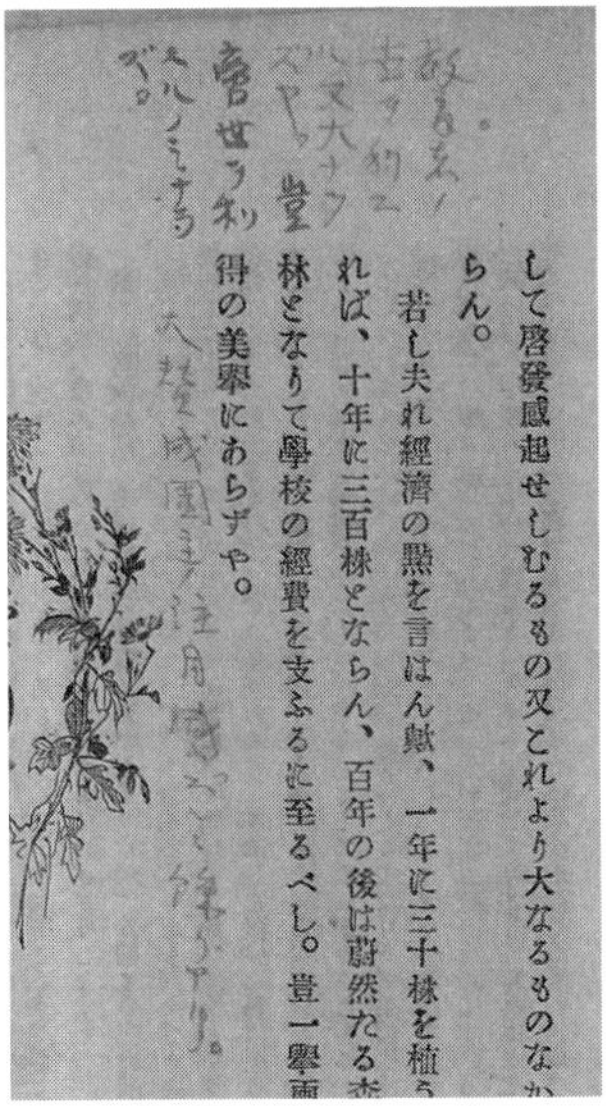

図5-5　「種樹」『少年園』8（88）、1892.6.18（国文学研究資料館所蔵）

『少年園』2巻14号（1889・5・18）掲載の「日本人第一の欠点」という記事で、欧米人に比べて日本人が劣っているのは才智よりも何よりも「忍耐」であると論じられていたように、この時期の児童雑誌には身につけるべき態度のひとつとして、「忍耐」という語句がしばしば用いられる。この書き入れも、そのような文脈をふまえて書かれたものと考えられるが、この読者は「白皙人種」と「神州男子」を対比させ、我々日本男子も「此精神」、すなわち忍耐を鼓舞すべしと、記者の意図をくみとり、その教訓性をより明確にするような評を書き入れている。

次に**図5―5**は、巻頭論説で、記念植樹についての記事で、『教育報知』310号（1892・4・13）に掲載された第四高等中学校教授・大島多計比古の提案「種樹日を設くるの議」に関するものである。

大島は、第四高等中学校で種樹日を決め、毎年植樹をすることで、「衛生上に美観上に」効果があるだけでなく、在校生が卒業した後「繁茂成育したる樹木に対し当時師弟相愛し友僚相親みしことを回想し随て永く我校を思ふの情を惹き起す」ものとして有益だと提案した。

『少年園』ではこれに加えて茨城県下のある小学校でも桜の植樹が実施されており、成長して美観を誇っている例を紹介し、「職員諸子が、着眼の非凡にして、生徒諸子が、温順能く其命を奉じたる」ことを絶賛して、全国の学校でも毎年卒業生が出るたびに植樹をしてはどうかとすすめている。植樹をすれば記念にもなり、その樹を植えた人がどのような人物になったかを生徒に語ることで「郷の子弟をして啓発歓喜せしむる」という教育的効果もあると論じた。こうした「学校植栽」は、文部次官牧野信顕によって1895（明治28）年ごろから小学校を対象に本格的に広められていく。[16]

この記事に対する書き入れをみると、「若し夫れ経済の点を言はん歟…（中略）…百年の後は蔚然たる森林となりて学校の経費を支ふるに至るべし。豈一挙両得の美挙にあらずや」という結論部の付近に、まず鉛筆と思われるもので「教育者ノ世ヲ利スル又大ナラズヤ。」とあり、これに続けて先にみてきたものと同じ朱で「豈啻世ヲ利スルノミナラズ。」とある。さらに鉛筆と思われる字で、文末には「大賛成園主ノ注目感ズルニ余リアリ。」との書き入れがなされている（図5―5）。

回し読みなどによって複数の人物が書き入れたものか、あるいは同じ読者が繰り返し書いたものだろうか。筆跡からは後者のように推測されるが、そうだとすれば、この読者は一度読んだきり、という読み方ではなく、雑誌を繰り返し読み、異なる筆記具でその都度感想を書き入れたことになる。そのような読み方は、感想からもうかがえる通り、『少年園』の記者（「園主」）の思想に共鳴していたからこそなされたものだろう。

このような共感的な書き入れは、論説だけでなく読み物に対してもなされていた。「誉ある兄妹」（1892・6・3）はリンカーンにまつわるエピソードとしてよく知られ、日本へはアメリカの教科書を通しても伝えられた。[17]

居眠りをしたために銃殺されることになっていた少年兵だが、実は身体の弱い友人のために倍以上働いたことに原因があり、少年兵の妹がリンカーン大統領のもとへ兄の無罪を直訴しに行くという話である。

まずタイトルには鉛筆で二重線が、タイトルの冒頭には朱で◯が記されている。また、「ベンニー」「ブロッズム」という兄妹の名前には朱で圏点がつけられ、兄ベンニーが父へ宛てた手紙の一部にも朱で圏点がつけられている。それは居眠りをした理由について綴られた部分で、身体の弱い友人のために倍働いたためについうとうとしてしまったという箇所であった（図5―6）。

さらに文末の「いとめでたし」には鉛筆で傍点が打たれ、末尾には「思ハズ涙潜然トシテ降ル。」との感想が書き入れられている（図5―7）。

ここでもやはり2種類以上の筆記具が用いられており、ひとりが複数回読んだ、あるいは2人以上が回覧したような読み方がみてとれるとともに、感涙したことが綴られている。

図5―8「商業学校より大臣出でぬ」も巻頭の社説である。商業学校を卒業した「堀越善十郎」という人物が単身渡米し、当初は苦労したがメーソン商会へ入社、羽二重絹織物の輸入で利益を上げたことによって重用され、ついには当時の大臣と同じ給料を得るまでになったという立身出世譚で、タイトルには青で波線が、末尾には、上

図 5-7　同右

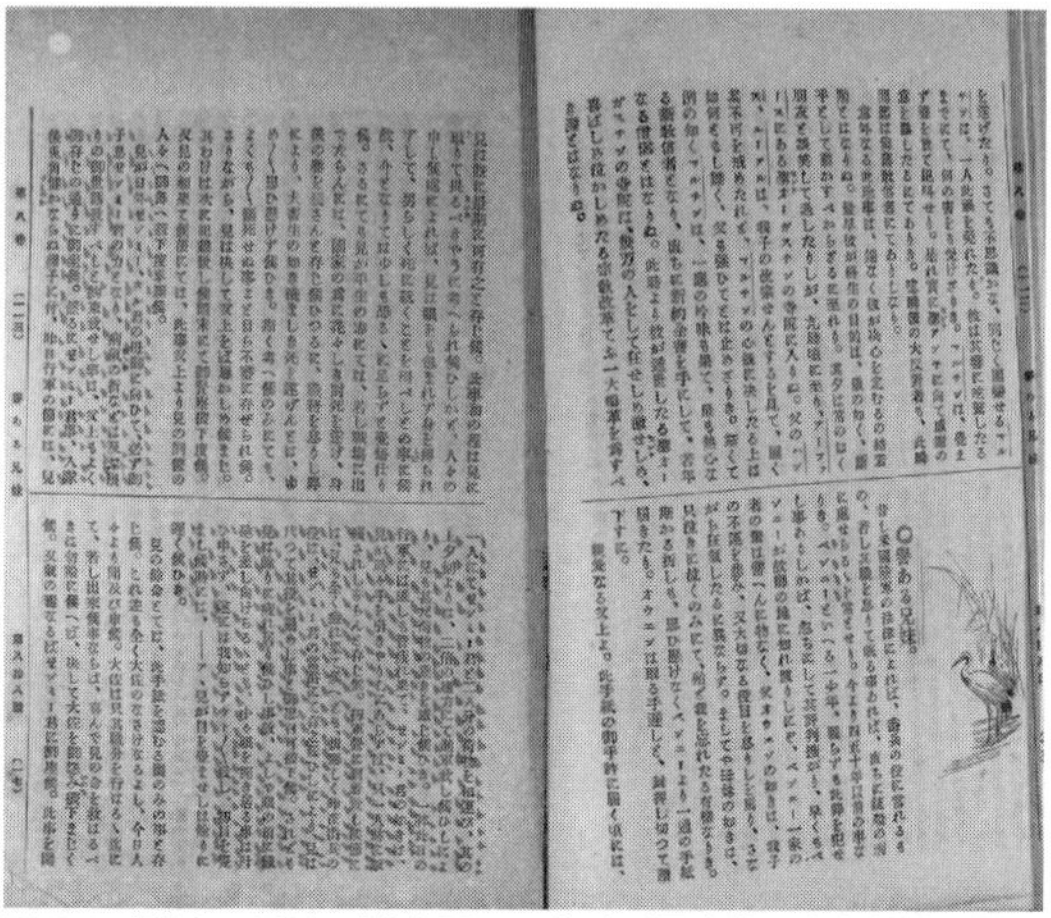

図 5-6　「誉ある兄妹」『少年園』8（87）（国文学研究資料館所蔵）

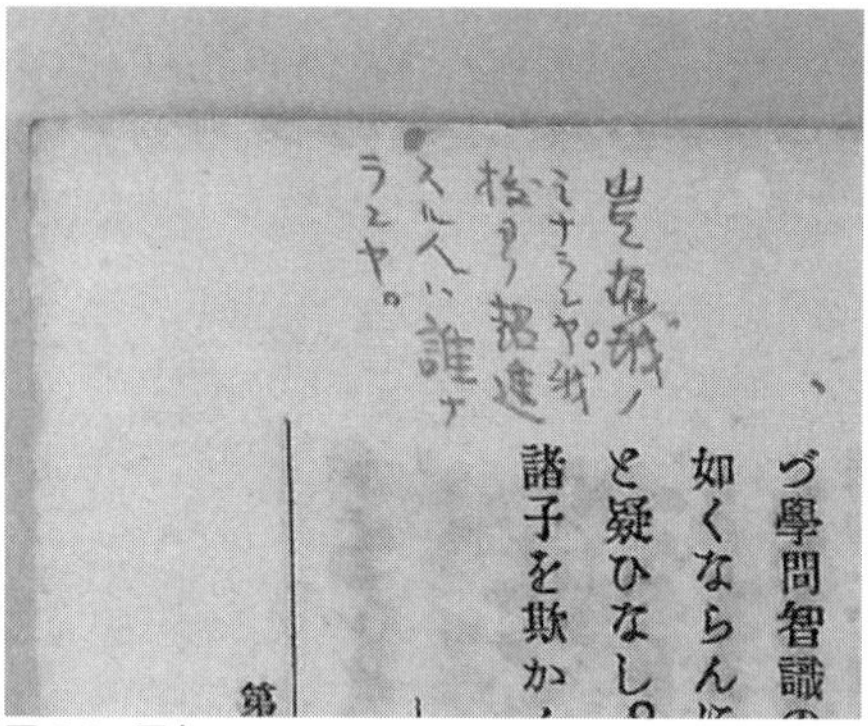

図 5-9　同右

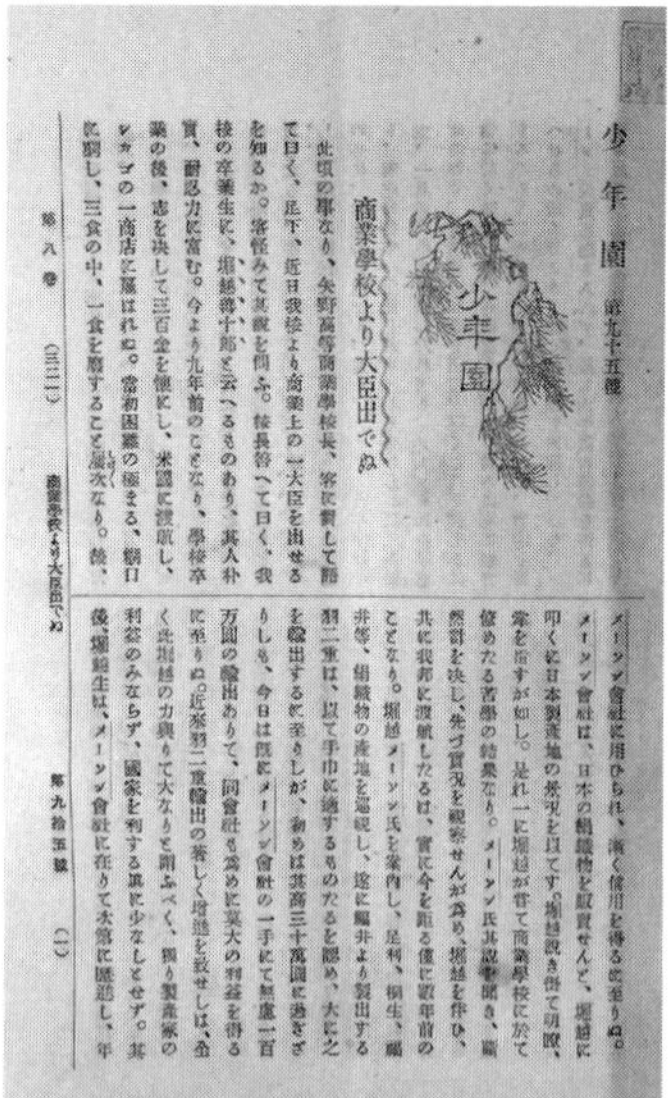

図 5-8　「商業学校より大臣出でぬ」『少年園』8（95）、1892.10.3（国文学研究資料館所蔵）

部に鉛筆で「豈堀越ノミナランヤ。我校ヨリ超進スル人ハ誰ナランヤ。」と書き入れられている（図5―9）。

堀越善重郎は、森有礼が１８７５（明治８）年に設立した商法講習所で学び、１８８４（明治17）年に渡米、記事の通りメーソン商会で活躍した後は堀越商会を設立した著名な実業家である。記事は、当時日本唯一の官立商業学校であった東京高等商業学校の校長矢野二郎が卒業生の出世を語った内容がもとになっており、商工業などの実業にようやく世間の関心が向き、堀越のような成功者が出たことを喜ぶとともに、10年の艱難を厭わず未来の成功を目指せと少年たちを激励するものである。この書き入れは、こうした記者の主張に共感を示すとともに、「我校」からも堀越のような成功者が出ることを期待し、鼓舞する内容である。

以上でみてきた例は、その筆跡や内容から、おそらく同じ読者によるものかと思われる。傍線や傍点の箇所などをみると、教訓性の強いもの、なかでもとくに立身出世に関する記事に強い関心を示していたようである。批評は、記事の内容を自分なりに解釈し見解を加えるような書き方がされており、ある程度の教養を身につけた人物であったことがうかがえる。先述の「我校」という書き方や、ほかにも女学生の堕落に関する記事に「慨嘆」と書き入れている様子[18]からは、高等小学校や中学校に通っていた生徒、あるいは教員など、もう少し年齢の高い層に属する人物かとも思われる。『少年園』は主幹の山縣悌三郎がもともと教育関係者であったことから、教師にも一定数以上の読者が存在したことが知られている。[19]

もしもこれが教師による書き入れであり、生徒に読ませる前にこのような書き入れがなされていたとしたら、この書き入れによって新たな解釈と価値が付与され、生徒の読み方を誘導する効果をもったのではないだろうか。教師と生徒という上下関係のもとに提示されたものだとすれば、雑誌や記事に対するある種の権威づけがなされたことになる。

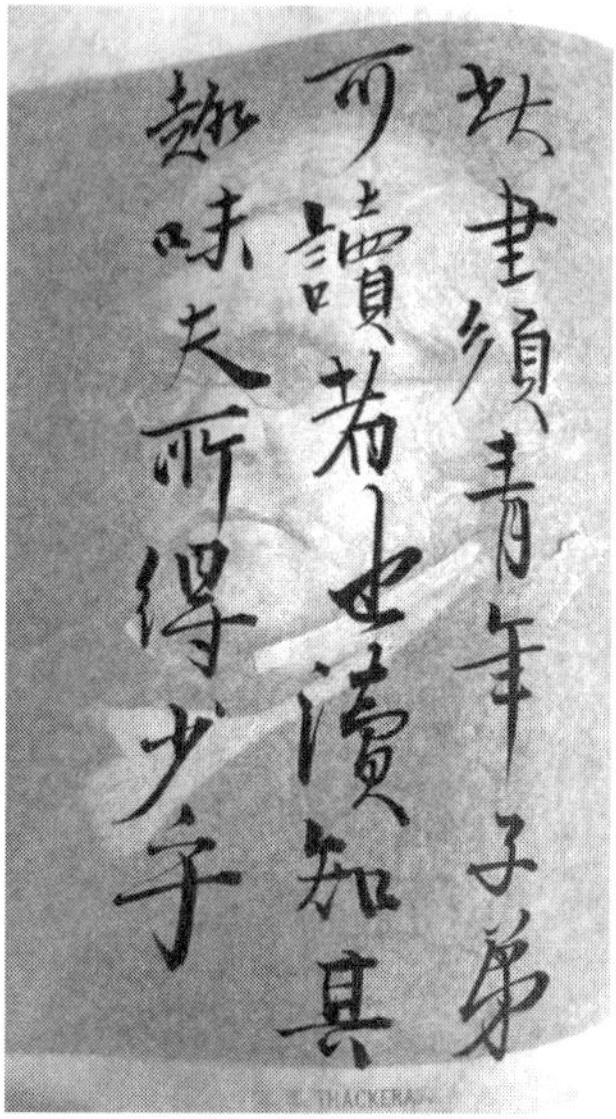

図 5-10　『少年園』4（37）、1890.5.3（大阪府立中央図書館国際児童文学館所蔵）

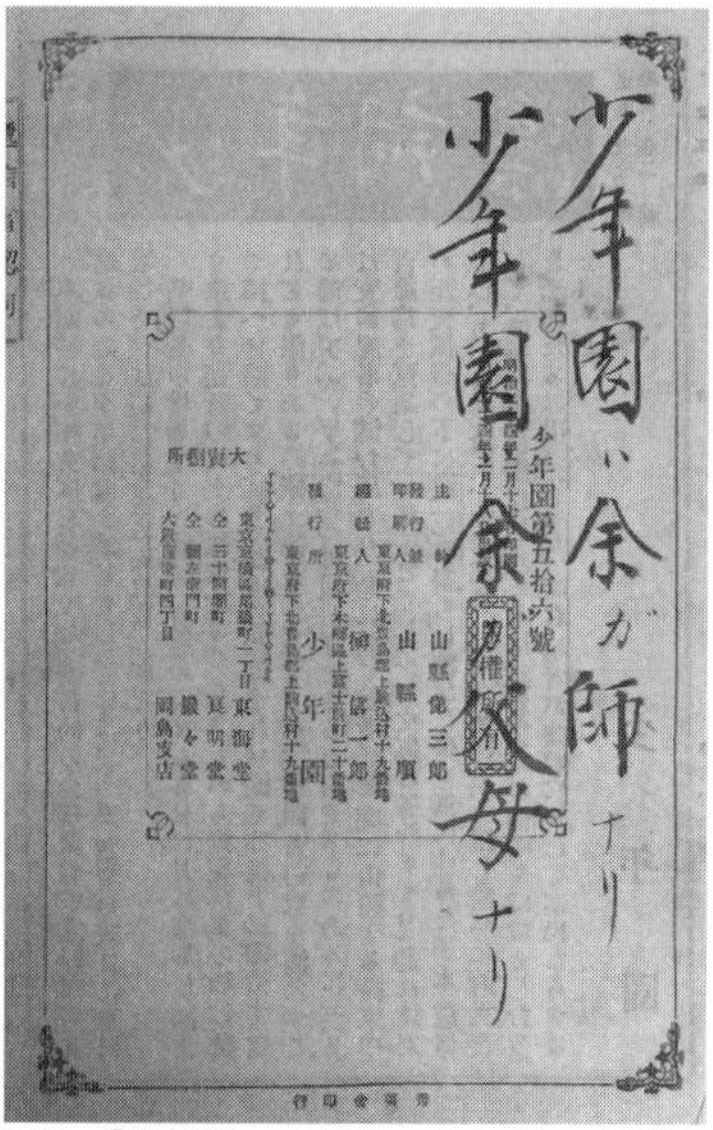

図 5-11　『少年園』5（56）、1891.2.18（東京大学大学院法学政治学研究科附属近代日本法政史料センター明治新聞雑誌文庫所蔵）

いずれにせよ、この読者の批評はすべて雑誌に対し好意的・共感的であり、複数の種類の筆記具を用いている様子からも雑誌を繰り返し読むという強い愛着がうかがえる。

(3)　雑誌の評価に関する書き入れ

図5—10は口絵前の遊び紙に筆で書かれたもので、「此書須青年子弟可読者也読知趣味夫所得少乎」と読める。つまり、『少年園』は青年子弟みなが読むべきもので、読むことで得るものは大きいと、『少年園』を読むことを推奨している。

ここまでみてきたそれぞれの記事に対する批評ではなく、雑誌そのものに対する評価とみた方がよいだろう。「青年子弟」という書きぶりからは、『少年園』を「青年子弟」へ与えようとする年長者の書き入れかとも思われる。こうした書き入れが最初の読者によってなされることで、新たな価値をもって次の読者へ手渡されたといえよう。

一方で、次の例もまた同じく筆で大きく書き入れられたものであるが、図5―10とは異なる様相を示している。図5―11もまた、『少年園』という雑誌に対する評価である。「少年園ハ余ガ師ナリ　少年園ハ余ガ父母ナリ」と裏表紙に筆で書きつけている様子からは、別の読者へ向けてというよりは、この雑誌を師と仰ぎ父母として慕うことで自分を奮起させ、己を律することを目的とした字句のようにもみえる。若き日の徳富蘇峰が、『学問のすゝめ』を読んでは真黒になるまで批評を加え、福澤諭吉の写真の裏に「君コソハ我畏友ナリ」と書いていたというエピソードを彷彿とさせる。[20]この読者の場合にも、やはり雑誌に対する絶大な信頼や愛着のほどがうかがえる。

こうした書き入れは、『少年園』の記者のもとに届くことはなく、それによって自分の名前が誌面に掲載されるという栄誉が得られることもない。それにも関わらず遺されたこれらの書き入れは、『少年園』がいかに熱烈に支持されていたかを示している。『少年園』は投稿された作文だけでなくさまざまな読み物をそなえた新しい体裁の雑誌として創刊され、そのあといくつもの後続の児童雑誌を生んだ先駆的な雑誌であった。[21]『少年園』に残された読書の跡からは、青少年の読書に対する欲求と、『少年園』に対する期待のほどが伝わってくる。

しかし、書き入れにはこのような好意的なものばかりではなく、なかには批判的な読みを示すものもあった。

第3節　批判的に読むということ

図5―12は大阪府立中央図書館国際児童文学館所蔵の『少年園』で、本体そのものに対する書き入れではなく、間に挿入された紙である。

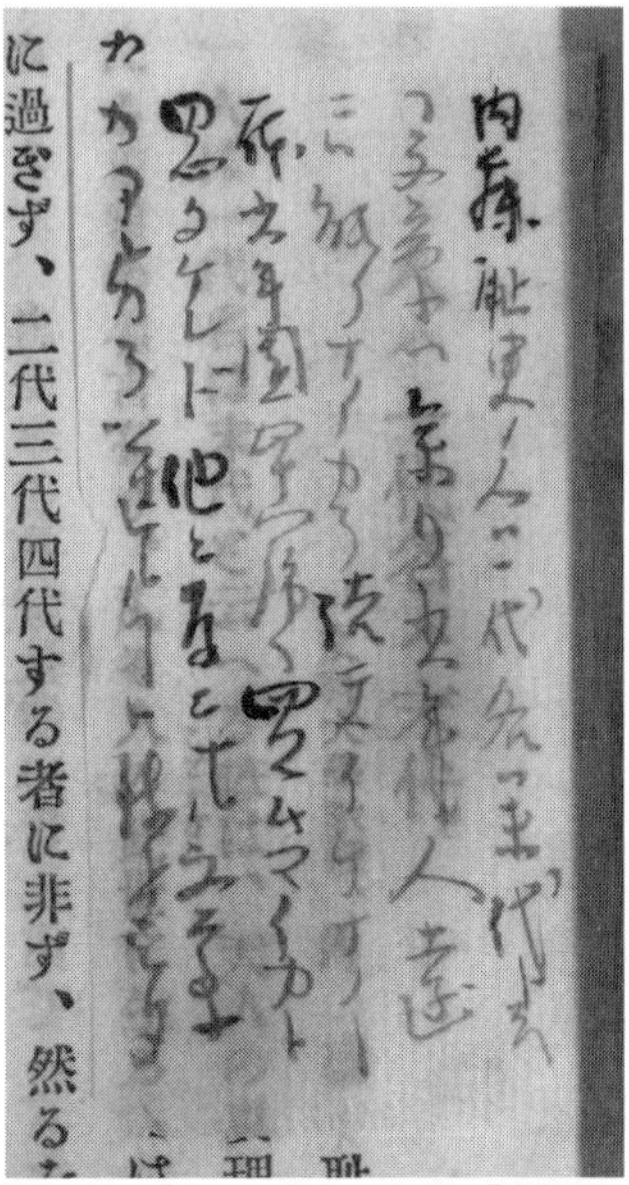

図5-12 「人ハ一代名ハ末代」『少年園』4（48）、1890.10.18（大阪府立中央図書館国際児童文学館所蔵）

一部判読不明な箇所もあるが、以下のように読める（／は改行箇所を示す）。

内藤耻叟ノ人ハ一代名ハ末代ト云／フ文章ハ余リ少年人達ニハ能クナイカラ読テハイケナイ／一体少年園四十八號ハ買ム（フの誤字か——筆者注）マイカト／思タケレド他ニ為ニナル文章／カアルカラ送ルヿト致シマシタ

内容としては、巻頭文である内藤耻叟の「人ハ一代名ハ末代」という文章はあまり少年たちによくないのでこの論説が掲載された48号は買わないでおこうかとも思ったが、ほかにためになる文章が掲載されているので送ります、というものである。

復刻版のもの（図5—13）と比べると明らかなように、読むべきではないとされた論説の題名を隠すような形で紙が添付されている。

この号は紙幅の都合から巻頭論説を省き、歴史学者の内藤耻叟による寄稿が最初の頁になっている。論説の内容はどんな人物も人間は一代で滅んでしまうからこそ、名を遺す必要があるとしたうえで、日本史上に名を遺した偉人の例から、その方法を藤原鎌足のような「立功」、菅原道真のような「立徳」、あるいは水戸光圀のような「立言」の3種類に分類し、この論説を読む少年諸君も励むべし、というものであった。一見するとよくある教訓

図 5-13　『少年園』復刻版、不二出版、1988

図 5-14　「人ハ一代名ハ末代」『少年園』4（48）
（大阪府立中央図書館国際児童文学館所蔵）

話のように思えるが、なぜこの論説が問題視されたのだろうか。

それはおそらく、論説の中の「其商工業の賎技を学び、判任等外の微禄を逐ひ、糊口に急にして、立身に緩なる者」という箇所、とりわけ「商工業」を「賎技」とした部分であろう。先にみた「商業学校から大臣出でぬ」の論説からもわかるように、『少年園』では欧米諸国に対抗するためには商工業の発展が不可欠として、その重要性を説いてきた。１８８４（明治17）年1月に商業学校通則が公布されたことによって、実業教育はすでに制度化され、先に見た堀越のような成功者を輩出してもいた。

こうした状況を鑑み、この論説に対しても、『少年園』の記者は内藤の文章の最後に注をつけ異論を呈している。「先生の文、常に気を以て勝つ、此篇の如き滔々汩々、降水の汎濫するが如し」と称賛したうえで、「記者大に見る所を先生と異にせざるを得ず、商工業は賎技にあらず」と断じ、「商工業を賤むは東方諸国一大弊なり」と論じている。内藤は、当時文科大学教授という権威ある立場にあり、博文館『日本大家論集』では巻頭特集が組まれている（図5―15）。

図5-15 「内藤耻叟先生肖像略伝及教訓摘載」『日本大家論集』2（8）、1890.8.10（国立国会図書館デジタルコレクション）

内藤に対して異議を申し立てることは『少年園』の重要な論客を減らす可能性もあった。しかし、そのような危険を冒してでも反論しなければならないと『少年園』の記者は考えたのであろう。実際に、これを最後に『少年園』に内藤から投稿が寄せられることはなかった。

内藤の論説に対しては、読者からも批判が寄せられる。4巻46号（1890・9・18）には内藤が「再び生れられぬ此世」という論説を寄せているが、ここでもやはり工業・商業を卑業と論じていた。これに対し、ある読者はこのように反応した。

余輩平生諸雑誌中尤モ少年園ヲ愛読シ、其到着ノ日ヲ屈指シテ待ツ、蓋シ其余輩少年ヲ親愛教導スルノ真情、自ラ紙面ニ溢ルレハナリ。此頃発行ノ第四十六号ニ於テ、敬信スル内藤耻叟先生ノ文中、「工商ノ卑業ニ従ヒ」云々トノ言アルヲ見、大ニ其余輩工商業ニ従事スル者ヲ賤シムルノ甚シキニ驚キタリ。……[22]

「余輩工商業ニ従事スル者」とあるように、『少年園』の読者がすべて学校に通っていたわけではない。経済的な理由から進学ができず、独学のために『少年園』を購読しているという読者の投稿は頻繁にみられる。[23] この投書は同じ48号に掲載されたものだが、同じ号に載せることで、記者の正当性を補強する役割が与えられている。この紙を付した人物は、こうした記者の考えに同調したことから48号の購入を躊躇したものと思われる。これまで見てきた書き入れの場合、当時一般的であった漢文訓読体であったのに対し、ここでは言文一致体が用いられており、言文一致体の方に親しみをもつような年少の誰かに『少年園』を送っていたのかもしれない。自分以外の誰かに送るからこそ、配慮が働いたのだろう。しかし、これを書いた人物は内藤の論説以外の記事を「為ニナル文章」であるからと、信じて結局送ることにした。

よくない論説があるにせよ購入し送ることにしたのは、『少年園』や記者に対する信頼があってのものだと思われ、その意味ではこの書き入れも、『少年園』を支持する人物によってなされたものであった。

第4節　すすめられた読書法

以上、各図書館等に所蔵されている『少年園』に残された書き入れの具体的な事例を紹介しながら、雑誌がどのように読まれたかについて検討してきた。そこには、圏点・傍線をつけながら読む、あるいは評を書き入れるといった読み方がなされていたことが明らかになった。

最後に、このような書き入れをしながら読むという行為が、明治期の子どもたちにどのように伝えられたのかについて確認しておきたい。

山梨あやによると、「読書法」が雑誌や書籍をにぎわせるようになるのは主に明治30年代以降のことだという。その背景には、「学制」以来の立身出世が、実質的にかなわない層が誕生しはじめたことがあった。学歴は社会的上昇の手段として必要不可欠なものであったが、中学校から高等学校、帝国大学、官僚と定型化されることによって、社会的上昇の正統なコースから疎外される人々が明確になった。したがって、正統なコースにある人にとってのみならず、独学する人にとっても、読書とその方法が重要な意味をもつようになった。[24] かくして読書法はさまざまに議論されるようになったが、山梨によれば、それらは以下の特徴をもつという。

黙読の推奨、濫読を戒め精読をすすめること、選択的に読書をすること、批判的態度をもって読書すること、そしていずれ必要になることを見越し、何らかの方法で読んだものの概要がわかるようにしておくことである。たとえば竹貫佳水は『読書法』の中で、読んだ本について思い出すための方法として、符号法、記入法、抄録法の三つを挙げている。この符号法は、「全文の綱領たる部分、亦は記憶を要すべき必要と思意する箇所に、○印△印或は引線を」施すというやり方で、まさにここまでみてきたような方法である。これにより再度読む際に符号の箇所だけを読めばいいことになる。次の記入法は、「繙読せる書籍に、全文の要領、記憶すべき事項其他自己の批評感想等を、書面の余白に記入する方法」であり、これもみてきた通りである。抄録法は、ノートやカードに符号法や記入法の事項に該当するものを抜き書きする方法である。

また、こうした読書の方法は竹貫だけでなく、井上哲次郎も同様に主張しており、自分の読むべき書籍はなるべく購入し、線を引いたり欄外に批評を加えたりことをすすめる。そうすることで、抄録のかわりになるというのである。さらに、「批評を加えたり線を引いたりして目標を附けて」おくのは「大切な書類」であり、これを捨てるということは「事業を大成する人」にはふさわしくない、と注意を喚起している。[25]

中野重治の自伝的小説『梨の花』では、主人公が竹貫の『読書法』を読み、教科書に線を引く場面がある。津野海太郎はこの事例をもとに、手写本や木版本にひそむ精神性が活版印刷の普及によって薄れ、自分が所有する本の誌面を好みや必要性に合わせて加工するような読書法や勉強法がこのころからゆっくりと社会に定着してきたのではないかと考察している。[26]一方で井上が述べたように、「大切な書類」だからこそ書き入れをする、という側面もあったのである。以上は書籍に関する読書法だが、先にみてきた『少年園』の読み方も、符号法や記入法に類似するものである。すなわち、『少年園』は娯楽的に読みすてられるものではなく、書籍と同じく「反復熟読的[27]」な精読の対象となっていたといえるだろう。

個々の事例からは、雑誌に対する強い共感を抱くだけにとどまらず、ときに批判的態度をもって雑誌を読む読者の姿が浮かび上がった。雑誌の欄外は、編集者に遠慮することなく吐露された感情表現の場でもあったといえるだろう。また、そのような書き入れがなされた雑誌が別の誰かの手にわたることで、新たな意味をもった雑誌へと変化していたのである。

注

1　今田絵里香『「少女」の社会史』勁草書房、2007。
2　岩田一正「明治後期における少年の書字文化の展開：『少年世界』の投稿文を中心に」『教育学研究』64（4）、日本教育学会、1997・12、417〜426頁。
3　土居安子「『少年世界』（博文館）の読者投稿欄の考察：明治期の読者がみた「少年世界」」（『国際児童文学館紀要』21、大阪国際児童文学館、2008・3、1〜21頁）、同「読書投稿欄から見る明治後期の『少年世界』：創刊時の『少女世界』との比較を通して」（『国際児童文学館紀要』24、大阪国際児童文学館、2011・3、15〜29頁）など。

4　和田敦彦『読書の歴史を問う：書物と読者の近代　改訂増補版』文学通信、２０２０、33〜34頁。

5　中川裕美「雑誌研究の方法と課題」『愛知淑徳大学現代社会研究科研究報告』11、２０１５、53〜61頁。

6　田嶋一「第三部　第1章　少年概念の成立と少年期の出現：雑誌『少年世界』の分析を通して」（『〈少年〉と〈青年〉の近代日本：人間形成と教育の社会史』東京大学出版会、２０１６、３５５〜３７２頁）では日記を用いた分析が、加藤理『駄菓子屋と子どもの読み物の近代』（青弓社、２０００）では回想を用いた分析がそれぞれなされている。

7　林哲也「本の読み方をめぐって：線引き書き込みについて考える」『実践女子大学短期大学部紀要』36、２０１５・3、57〜61頁。

8　橋口侯之介『和本入門：千年生きる書物の世界』平凡社、２００５、２００〜２０４頁、同『続和本入門：江戸の本屋と本づくり』平凡社、２０１１、２２２〜２２３頁。

9　前田愛「鷗外の中国小説趣味」『近代読者の成立』有精堂、１９７３、73〜89頁（初出：『言語と文芸』38、１９６５・1）、水上雅晴「琉球地方士人漢籍学習の実態：書き入れに着目した考察」『琉球大学教育学部紀要』84、琉球大学教育学部、２０１４・2、1〜12頁。

10　H. J. Jackson, *Marginalia: Readers Writing in Books*, New Haven: Yale University Press, 2001, W. H. Sherman, *Used Books: Marking Readers in Renaissance England*. Philadelphia: University of Pennsylvania Press, 2008, Peter Beal, *A Dictionary of English Manuscript Terminology 1450-2000*, Oxford: Oxford University Press, 2008 など。

11　山田昭廣『シェイクスピア時代の読者と観客』名古屋大学出版会、２０１３、１１９〜１２２頁。

12　ウォルター・ウェストン「五月のフジヤマ」山本秀峰編訳、村野克明訳『富士山に登った外国人：幕末・明治の山旅』露蘭堂、２００２、１４７〜１５８頁。

13　「英人の気象」『読売新聞』５３８０、１８９２・６・29。
14　「英人フォルダム氏の漫遊」『朝日新聞』２２７６、１８９２・６・29。
15　「神州」は当時の日本の自称で、『少年園』の前後の巻号でも「日本少年、神州男児」という呼びかけが用いられている（「少年社会の大恥辱」『少年園』８（96）、１８９２・10・18など）。
16　詳しくは、岡本貴久子『記念植樹と日本近代：林学者本多静六の思想と事績』（思文閣出版、２０１６）を参照。
17　明治期には若松賤子による翻訳もあるほか（尾崎るみ「若松賤子と英米児童文学」『キリスト教文学研究』26、日本キリスト教文学会、２００９・５、１１６～１２８頁）、戦中・戦後を通して伝えられるエピソードのひとつである（奥山恵「吉野源三郎「リンカーン伝」生成考：戦争をくぐるということ」『児童文学研究』35、日本児童文学学会、２００２、21～36頁）。
18　「女学生の風評」『少年園』８（88）、１８９２・６・３。
19　滑川道夫『『少年園』解説・総目次・索引』不二出版、１９８８、14～15頁。
20　徳富健次郎、徳富愛『小説富士』３、福永書店、１９２７、52頁。
21　木村小舟『少年文学史　明治篇』別巻、童話春秋社、１９４３、82～83頁。
22　八木幸一郎「内藤耻叟先生ニ一言ヲ呈ス」『少年園』４（48）、１８９０・10・18。
23　たとえば「少年園記者ニ謝シ併セテ少年園記者ニ望ム」（１８９０・９・18）は農業に従事する宮城県の少年からの投書、「少年園主ニ呈ス」（１８９０・12・18）はやはり経済的理由から小学校以上の学校へ進学できなかった小倉の少年からの投書で、『少年園』を「地方独学的少年ノ必読スベキモノ」とする。
24　山梨あや「第一章　近代化と読書行為の普及」『近代日本における読書と社会教育：図書館を中心とした教育活動の成立と展開』法政大学出版局、２０１１、29～61頁。

25　井上哲次郎『日本学生宝鑑』大倉書店、１９０４、１７１〜１７２頁。
26　津野海太郎『読書と日本人』岩波書店、２０１６、１０７〜１１２頁。
27　永嶺重敏『雑誌と読者の近代』日本エディタースクール出版部、１９９７、８〜９頁。

第6章　読書する子どものイメージ——二宮金次郎の読書図を手掛かりに

第1節　読書する偉人、二宮金次郎

かつて、20世紀初頭には、「小学児童と雖も知らぬ者な」[1]し、とまでいわれた人物がいた。それが、二宮尊徳（金次郎）である。国定修身教科書では、明治天皇に次いで二番目に多く採用された人物であり[2]、いわずとしれた、近代日本を代表する模範的人物のひとりである。

二宮尊徳は、江戸時代後期に「報徳思想」を提唱し、桜町領の復興や真岡領の仕法に携わり、大きな成功を収めた農村改革者である。しかし、多くの人がその名を聞いて思い浮かべるのは、成人後の財政改革や農村復興事業などではなく、薪や柴を背負いながら読書して歩く少年金次郎の姿ではないだろうか。このイメージを決定的なものにしたのは、昭和期以降、多くの小学校の校庭に設置された「負薪読書」[3]の二宮金次郎像（石像・銅像）だろう。しかし、像が校庭に現れる以前から、具体的には明治以降の教科書や児童雑誌には、すでに薪を背負いながら読書する二宮金次郎の姿が子どもたちの「お手本」として多数描かれていた。

子ども向けの読み物、とくに修身教科書で二宮がどう扱われたかについてはすでに多くの研究がなされているが、視覚イメージに関する研究はさほど蓄積があるわけではない[4]。とりわけ、紙媒体でどう描かれてきたかについては、従来あまり議論されてこなかった[5]。

しかし、数多くの偉人の中でも、「読書」のイメージがとくに強い二宮金次郎の表象は、理想化された子どもの「読書」を知るための格好の研究対象といえるだろう。一体なぜ二宮金次郎が、柴や薪を背負い、読書する人物として描かれたのか、またいつからその姿として描かれ、定着したのか。その過程をたどることで、子どもの

「読書」観の変遷もみえてくるはずである。

「負薪読書」の二宮金次郎については、藤森照信が幸田露伴著・小林永興画『二宮尊徳翁』（博文館、1891、以下幸田露伴本と表記）の口絵（図6―1）が嚆矢であると指摘して以来、幸田露伴本が二宮金次郎を「負薪読書」の姿で描いた最も古いものとされてきた。[6] また、この指摘をもとに「負薪読書」図の源流が中国の偉人である朱買臣の図像にあると指摘したのが岩井茂樹の研究である。

図6-1　幸田露伴『二宮尊徳翁』博文館、1891（大阪府立中央図書館国際児童文学館所蔵）

岩井によれば、朱買臣は薪売りを生業とした人物で、中国では14世紀以前から「負薪読書」の姿で描かれていた。15世紀になると、狩野派の始祖・狩野正信がこの朱買臣図を描き、以降、狩野派では薪を背負い読書する、あるいは薪を置いて読書する朱買臣図が受け継がれてきた。

この図像は、江戸時代にはほぼ狩野派だけに伝承された肖像画であったが、江戸時代最末期から観画会などを通じて図像が流出した。二宮金次郎を「負薪読書」図として描いた最初のものとされる幸田露伴本の口絵を描いたのは、狩野派の流れを継ぐ小林永興であったことから、永興が朱買臣の図像を二宮の挿絵に転用したのではないか、というのが岩井の説である。[7]

たしかに岩井の指摘する通り、狩野元信らが描いた朱買臣は、二宮金次郎と同じく「負薪読書」図によって描かれており、「負薪読書」図の源流を突き止めたという点で、この指摘は非常に重要である。だが、永興が少年金次郎の姿としてはじめて「負薪読書」図を描いたとはいいきれない。

なぜならば、幸田露伴本以前に、二宮金次郎の挿絵として「負薪読書」図を描いたものが存在したからである。**図6―2**を参照されたい。これは、『ちゑのあけぼの』48号（1887・12・2）に掲載された、二宮尊徳伝に添えられた挿絵である。髪型こそ異なるが、柴を担ぎながら本を読む、「負薪読書」図の基本となるスタイルは、ここに表れている。幸田露伴本に4年先駆けて、ここでは、すでに「負薪読書」の二宮金次郎が描かれていた。

この絵については、画印などがなく絵師は不明だが、第3章でみてきたように『ちゑのあけぼの』に挿絵を描いた多くの絵師が大阪歌川派に属する絵師であったことを考えると、朱買臣図を得意とした江戸狩野派の系統に属する人物が描いた可能性は低いのではないだろうか。また、『ちゑのあけぼの』の流通範囲や発行部数を考えると、『ちゑのあけぼの』の挿絵をもとに、小林永興が口絵を描いたとも考えにくい。

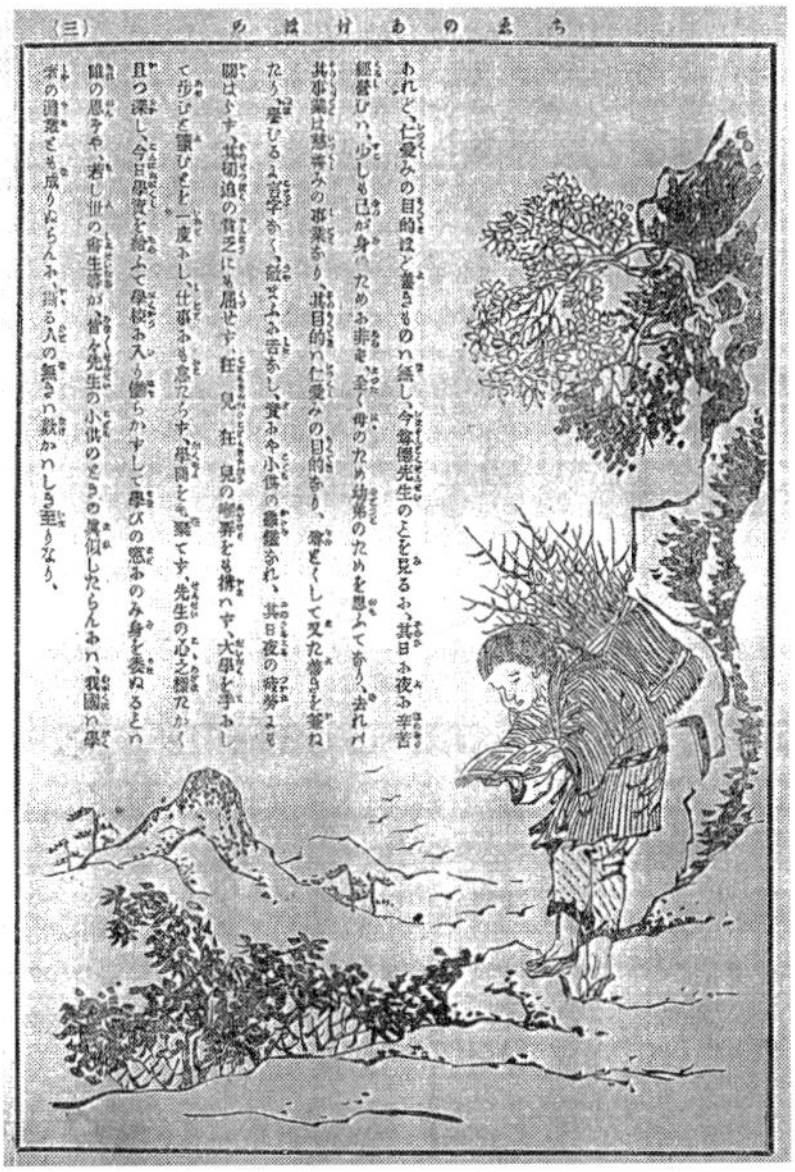

図6-2　『ちゑのあけぼの』48、1887.12.2（東京大学大学院法学政治学研究科附属近代日本法政史料センター明治新聞雑誌文庫所蔵）

つまり、朱買臣図を描いてきた狩野派の系譜を継ぐ画家が、二宮金次郎の挿絵を描くことによって、二宮金次郎＝「負薪読書」図となったとする岩井の説は、『ちゑのあけぼの』には適合しないことになる。

1887（明治20）年に書かれた雑誌記事と、1891（明治24）年に単行本として出版された幸田露伴本では、時期も形態も異なる。さらに、挿絵を描いた絵師も別の人物である可能性が高い。なぜこれらふたつの、まったく異なる媒体で、同じ「負薪読書」図が二宮金次郎を示す図像として描かれたのだろうか。

この問題を考えるにあたっては、特定の絵師の創意として考えるのではなく、同時代の子どもの「読書」の描かれ方にも考察を広げる必要がある。そこで本章では、まず二宮金次郎が「負薪読書」図として描かれる以前に「負薪」図や「読書」図がどのような図像として機能していたかを分析する。これを補助線として用いることで、「模範的人物」の代表たる二宮金次郎がなぜ「負薪読書」の姿になったのかについて改めて検討したうえで、「読書」の価値がどのように考えられたのかについて考察することとする。

第2節　二宮金次郎と「負薪読書」図の定着

(1)　「模範的人物」としての定着

二宮尊徳は、生前自分の伝記について書き残すことはなかったという。そこで、門人であり尊徳の娘婿にあたる富田高慶が、尊徳の死後、伝記を執筆した。それが『報徳記』である。ここではじめて、のち多くの修身教科書に取り上げられる、少年時代の二宮尊徳、すなわち金次郎の行動が文字化された。脱稿は１８５６年だが、『報徳記』が一般に流布するのは明治中期になってからであった。[8]

のちに子ども向けの教材として定番になる二宮の伝記だが、その初の伝記である『報徳記』が当初から子どもに読まれていたかというと、そうではない。新聞広告をみてみると、『読売新聞』（１８８５・８・２）では「方今経済に苦む輩の必読を要すべき良書」と紹介されているほか、『朝日新聞』（１８８７・11・6）でも「経済徳行に志ある士の一日も座右に欠くべからざる一大実典」とされており、大人が読むいわば経済本として売り出されていることがわかる。すなわち、『報徳記』自体は、子ども向けの伝記として売り出されたわけではなかった。では、いつから子どもが二宮金次郎を知るようになったのだろうか。

1870（明治3）年に生まれた巖谷小波は、「私の少年時代には二宮の名を知りませんでした」[9]と回想しているのに対し、1892（明治25）年生まれの芥川龍之介は、「わたしは小学校の読本の中に二宮尊徳の少年時代の大書してあつたのを覚えてゐる」[10]としている。また、1899（明治32）年に岡山県の尋常小学校で実施した「各自の模範となすべき人」についての調査では、「二宮尊徳」の名を挙げた小学生もいたという。[11]

以上をあわせて考えると、おおよそ1890年代なかばから1900年代初頭までには、子どもたちが見習うべき「模範的人物」として二宮金次郎が定着していたようである。それでは、教科書や児童雑誌にいつから二宮金次郎が登場し始め、またいつから「負薪読書」の姿で描かれたのか、具体的な事例に則してみていこう。

まず修身教科書については、すでに中村紀久二が指摘する通り、『報徳記』の出版後、二宮を扱った初期のものとしては、1888（明治21）年に刊行された石井音五郎・石井福太郎編『尋常小学 修身口授教案』（文華堂）がある。[12]その後、1890（明治23）年に木戸照陽編『東洋立志編』（明玉堂）、翌年には金谷可美男『教育基本 経済美談』（図書出版会）、小池清『通俗修身談』（共同出版社）等で扱われるが、これらはすべて、『報徳記』のエピソードを採用したものである。二宮を扱う修身教科書は、1891（明治24）年ごろから徐々に増加しており、1894（明治27）年ごろには多くの教科書に登場するようになる。

他方、教科書以外の子ども向け読み物ではどうかというと、こちらは教科書より少し早く先述のように、1887（明治20）年11月から12月にかけて、『ちゑのあけぼの』で二宮の伝記が掲載された。ほかに、1890

（明治23）年7月から1891（明治24）年5月にかけて、『小国民』でも伝記が連載され、1891（明治24）年には博文館の「少年文学」叢書の第7編として、幸田露伴本が出版された。これらも教科書と同様、『報徳記』を参照しながら書かれたものである。

また、1891（明治24）年12月の『少年園』7巻75号の「叢園」欄や、1891（明治24）年12月の『日本之少年』3巻23号でも二宮に関する記事がある。このように、教科書以外の子ども向け読み物でも、教科書と同様に、1891（明治24）年以降、徐々に二宮に関する記事は増加していく傾向にある。

なぜこのころから急に二宮に関する記述が増加していくのか。その要因としては、1891（明治24）年11月、二宮尊徳の死後贈位（従四位）があったことによる知名度の向上が挙げられる。[13]また、1891（明治24）年に刊行された先述の幸田露伴本が大好評を博したことも要因のひとつであろう。この本は、『女学雑誌』、『国会』、『国民之友』など、多くの雑誌の書評で称賛を受け、『少年園』7巻73号（1891・11・3）では、「博文館出版書中未だかくの如き有益の書ありしを見ざる」とまで評された。さらに、増刷も重ねられ、1905（明治38）年には20刷に及んだという。[14]ここにおいて、二宮の伝記は、子どもが読むにふさわしいものとして認知されたといえよう。

では、「負薪読書」図を描いた教材や記事は、いつから現れるのか。注目されるのは、『ちゑのあけぼの』（1887・12）や幸田露伴本（1891）など、二宮を扱った初期のものから、すでに「負薪読書」の偉人として描かれている点である。この後も、天野為之編『小学修身経入門 尋常科生徒用』（冨山房、1894）や山縣悌三郎編『高等修身訓』（文学社、1894）などの検定修身教科書や、高橋鋤郎編『修身亀鑑 少年美談』（東雲堂、1894）など、複数の子ども向けの媒体で、「負薪読書」図が二宮金次郎をあらわすものとして描かれていった。

このように、初期のものから「負薪読書」図が描かれるということはつまり、それらが参照した『報徳記』に挿絵はないものの、そこですでに「負薪読書」図を想起させる記述がなされていたということになろう。では、「負薪読書」図のもとになったエピソードは、『報徳記』でどのように書かれていたかをみておこう。

(2)　伝記としての『報徳記』

『報徳記』によると、二宮家には、金次郎を含め3人の息子がいたが、父の死後、貧しさから母が三男を親戚に預けた。しかし、母が夜ごと泣くのをみて、少年金次郎は「案ずるに赤子一人ありとも何程艱苦を増ん、明日より某山に往き薪を伐り、之を鬻ぎ末子の養育を為ん」と、三男を親戚から連れ戻した。それ以降、金次郎は山に入って柴を刈り、薪をとり夜なべして縄をない、草鞋を作る生活を始めた。そして、採薪の行き帰りには、懐に入れた『大学』を声高に誦み歩いた、というのが『報徳記』に書かれた、「負薪読書」図のもとになったエピソードであった。[15]教科書や子ども向け読み物に描かれた「負薪読書」図は、基本的にはこの『報徳記』の記述を基礎として展開されたものである。

ところが、すでに指摘されているように、『報徳記』における少年期の金次郎の記述については同時代からすでにその信憑性が疑われていた。[16]実際に筆者である富田高慶も『報徳記』の例言で、「先生幼年の艱難困苦…（中略）…一も自ら之を発言せず、故に往々邑民の口碑且伝聞に由りて其概略を記すと雖も…（中略）…誤聞なきを保する能はず[17]」としている。つまり、二宮は幼少期の艱難困苦を自ら口にすることがなかったために、『報徳記』では村人の口伝えによってその幼少期について書いたが誤りも多々あるだろう、ということである。『報徳記』の少年期に関する記述については信憑性に欠くことをすでに富田自身が認めていたのである。

このように資料に欠く状態で書かれた少年期の記述において、なぜ富田は親や弟のために薪や柴をとり、『大学』を誦み歩く金次郎を活写したのであろうか。実は、親のために採薪する、あるいは、仕事の合間にも寸暇を惜しんで読書するという行為は『報徳記』にしかみられない特別なエピソードというわけではなかった。江戸時代の書物には、金次郎の逸話と類似する内容がすでに表れていたのである。

そこで次節では当時の文献をもとに、親のために薪をとること、そして仕事の合間に読書するという行為が、当時どのように認識されていたのか、またそれらの文献が、『報徳記』にどのような影響を与えたのかについて、詳しくみていくこととする。

第3節　江戸時代の「負薪」図、「負薪読書」図

まずは、『官刻 孝義録』（1808、以下『孝義録』）をみてみよう。ここでは、病弱な母と祖父のために、「よる昼かひ〳〵く二人を介抱して…（中略）…柴薪なと拾ひ来りて飯を焚てあたへ[18]」た伊賀の少年留松や、暇があれば「山にいりて枯枝をとり落葉を」拾い、それを市に売りに行って、「夜なへに必」ず「草履壱足作[19]」るなど、まるで二宮金次郎さながらの生活をしていた、陸奥の早助が紹介されている。

これらの事例が紹介された『孝義録』は、幕府による庶民教化政策の一環として、孝行など「善行」により褒美を受けた人々の記録をまとめたものである。その出版の背景には、「善行」を示し、具体例を提示することで、民衆の手本にする幕府のねらいがあった[20]。『孝義録』には、子どもの例も掲載され、なかには留松や早助のように、金次郎と同様、親や主人を養うために柴や薪をとる子どももしばしば登場していた。『孝義録』の目的が、民衆

に手本を示すものであったことを考えると、親や主人のために子どもが薪や柴を刈るなどして働くことは、当時、称賛に値するとされていたといえるだろう。こうした事例を描いたものが、**図6―3**の『やしなひ草』（１８３８）である。ここでは、母のために薪をとる西岡の孝子が、挿絵入りで紹介されている。

また、『孝義録』と同様に江戸時代に広く普及し、民衆の手本を示した書物に『実語教』『童子教』が挙げられる。これらは平安時代末期から明治初期まで広く用いられた初等教育書であり、とりわけ江戸時代には幕府の推奨も受け寺子屋教科書として広く用いられた[21]。挿絵入りのものや注釈つきのものなど、江戸時代には２００種を超える版本が存在したということからも[22]、当時の『実語教』『童子教』の流布範囲の広さ、影響力の強さがみてとれよう。これら『実語教』『童子教』もまた、礼儀作法や中国の偉人の例を説くことで、庶民に模範像を示す役割を果たしたものである。

図 6-3　脇阪弘道作、下河辺拾水画『やしなひ草（初編）』京都・吉野屋甚助板、1838（『絵図集成 近世子どもの世界』絵画編 4、大空社、1994、333 頁より）

『実語教』『童子教』において重要なのは、内容のみならず、その挿絵である。**図6―4**、**図6―5**をみていこう。

これらはそれぞれ、『実語教画本』（１８０８）、『実語教絵抄』（１８１２）の挿絵である。のち二宮金次郎を象徴的に示す図像となる「負薪読書」図は、ここでは匿名の人物として描かれている。江戸時代に教科書として用いられた『実語教』『童子教』で手本として示された人物の姿と、明治以降子ども向けの媒体で模範的人物として描かれた金次郎の姿が、ともに「負薪読書」であったということは、おそらく偶然の一致ではない。なぜならば、『実語教』『童子教』で示された、目指すべき人物像と『報

図 6-4　中澤道二閲、岡田玉山画『絵本実語教』2、河内屋太助ほか、1802（奈良女子大学学術情報センター所蔵）

図 6-5　曲亭蟫史作、法橋玉山画『実語教絵抄』河内屋太助、1812（京都大学教育学研究科・教育学部図書室所蔵）

徳記』における少年金次郎の行動はとてもよく似ているからである。[23]

図6—4は「除眠通夜誦 忍飢終日習」という教訓のあとに、図6—5は「是学問之始　身終勿忘失」という教訓とともに、それぞれ添えられたものである。これらはともに、学問の大切さを説いたものだが、こうした教訓は、『報徳記』でしばしば金次郎の行動として実践された。

たとえば、「負薪読書」図の原型となった採薪の「往返にも大学の書を懐にして途中読みながら是を誦した」（『報徳記』）という話がそうである。ほかに、臼をつく最中にも臼を一周するごとに『大学』や『論語』を読んだという話や、菜種油で夜学した話など、『報徳記』には金次郎が仕事の合間にも読書に励んだという逸話が多くみられる。『実語教』『童子教』と『報徳記』の類似性については、二宮康裕が指摘しているが、[24]挿絵もまた共通点がある。

仕事の合間にも書を読むという行為は、『実語教』『童子教』や『孝義録』で模範として示された行動とも一致していた。ここで、『報徳記』の原稿そのものは、尊徳の死後まもなく江戸時代に書かれていたことを想起したい。

『報徳記』に書かれた少年期については、村人の口述によって成りたつものであったこと、さらに『報徳記』が尊徳の実践を理解し、仕法の有効性を知ってもらうべく書かれたものであったこと[25]をあわせて考えると、江戸時代後期を生きた富田や村人が、当時模範とされていた行いを、尊徳の少年期の行動と重ねあわせたとしても不思議ではないだろう。

『報徳記』自体に挿絵はなくとも、江戸時代のこのような文献に慣れ親しんだ人々であれば、『報徳記』の内容を読めば、「負薪読書」図を連想したのではないだろうか。だからこそ、『ちゑのあけぼの』（図6―2）や幸田露伴本（図6―1）がそうだったように、子ども向けの媒体で図像化された当初から、二宮金次郎の姿は「負薪読書」図として描かれたと考えられる。

もっとも、『報徳記』が執筆されてから実際に二宮金次郎が図像化されるまでには、30年以上の年月を要した。ところが、この間にも「負薪」図や「読書」図は模範的人物を示す図像として、多数描かれ続けていたのである。次節では、明治以降、これらの図像がどのように用いられたのかを確認したうえで、なぜ二宮金次郎が「負薪読書」図と結びついたのか、改めて検証していこう。

第4節　二宮金次郎＝「負薪読書」図に至るまで

『孝義録』などに描かれた孝子と「負薪」図は、明治期以降も修身教科書や子どもの読み物に多数描かれた。た

図 6-6　中村鼎五編『修身事実録』富貴館、1888（大阪府立中央図書館国際児童文学館所蔵）

図 6-7　『少年世界』1（13）、1895.7.1（『少年世界』1、復刻版、名著普及会、1990 より）

とえば、中村鼎五編『修身事実録』（富貴館、１８８８）に登場する源三郎である（**図６—６**）。源三郎は、ほかの子どもが遊んでいる間にも、母のために牛をひき、草木を刈る。この話は、『孝義録』にある源三郎の話と同じ内容で徳川綱吉の時代のものである。[26]

ほかには、先に紹介した伊賀の留松の例が挙げられる。留松の話は、『少年世界』1巻13号（１８９５・７・１）で「孝子留松」という読み物として紹介され、薪を背負う留松の挿絵が添えられている（**図６—７**）。このように、江戸時代以来の孝子伝は「負薪」図をともなって、明治以降も多く描かれていた。[27]

一方、仕事をしながら「読書」する像もまた、明治以降も引き続き用いられた。『ちゑのあけぼの』38号（１８８７・9・23）には、牛をひきつつ読書する子ども時代の大江時棟が表れ（**図６—８**）、『小国民』4年11号（１８９２・６・3）には、子守しながら読書する少女が描かれている（**図６—９**）。

以上の例にみられるように、江戸時代に模範的人物を

図 6-8 『ちゑのあけぼの』38、1887.9.23（東京大学大学院法学政治学研究科附属近代日本法政史料センター明治新聞雑誌文庫所蔵）

図 6-9 『小国民』4（11）、1892.6.3（『小国民』6、復刻版、不二出版、1999 より）

示すものとして描かれた「負薪」図や「読書」図は、明治以降も、多くの修身教科書や子ども向け読み物の挿絵として用いられた。つまり、明治においても「負薪」図や「読書」図は、模範的人物を表す図像として定着していたということである。

ここで改めて、なぜ二宮金次郎＝「負薪読書」図になったのかについて整理しておこう。前節でみてきたように、二宮の最初の伝記である『報徳記』に書かれた金次郎の行動は、江戸時代に模範として示されていた行動と共通していた。さらに、江戸時代から、「負薪」図や「負薪読書」図は、模範的人物を示す図像として用いられていた。つまり、『報徳記』の内容は、二宮金次郎＝「負薪読書」図を想起させるものだったといえる。それだけでなく、明治に入っても、「負薪」図や「負薪読書」図は、お手本となる子どもを描く際に用いられてきた。

これらのことをあわせて考えると、『ちゑのあけぼの』と幸田露伴本という、時期も形態も異なるふたつの媒体で、二宮金次郎の挿絵として、「負薪読書」図が描かれた要因が明らかになってくる。つまり、二宮金次郎の図像は新たにつくりあげられたというよりはむしろ、模範的な子どもを示す典型となっていた図像を、二宮金次郎に適用することによって、生み出されたのではないだろうか。

これは、裏を返せば「負薪読書」図は特定の人物を表すものではなく、模範的人物であれば、誰にでも適用され得る図像であったことを示している。このことを裏付けるのが、辻本三省『家庭教育 修身少年美談』（積善館、1894）に描かれた挿絵である。ここに描かれた少年は、柴を背負い牛をひきながら読書しており、一見すると二宮金次郎のようだが、これは別の人物を描いたものである。歩きながら読書していたところを藤原道長に見出され、のち学者となった、大江時棟を表す挿絵である（図6—10）。

図6-10　辻本三省『家庭教育 修身少年美談』積善館、1894（国立国会図書館デジタルコレクション）

図6-11　『日本全国小学生徒 筆戦場』3(4)、1893.4.15（大阪府立中央図書館国際児童文学館所蔵）

ほかに、子どもたちからの投稿作文や絵を掲載した『日本全国小学生徒 筆戦場』3巻4号（1893・4・15）にも、柴を背負い読書し歩く人物の絵が掲載されている（図6—11）。

これらの事例が示すように、少なくとも1890年代なかばまでは、「負薪読書」図は、二宮金次郎だけを示す図像ではなかった。むしろ、二宮金次郎を含む、模範的人物を示す図像として認識されていたといえる。

さまざまな模範的人物を表したこの図像が、ひとり二宮金次郎を示すものへと収斂していく背景には、先述の通り、幸田露伴本の好評や、明治天皇による贈位をはじめとした知名度の向上があったと考えられる。▼[28]

また同時に、井上、岩井各氏が指摘しているように、二宮金次郎の「負薪読書」図をあしらった引き札・絵ビラ、売薬版画などが大量に出回ったことも、二宮金次郎＝「負薪読書」図を強く印象づける要因になったはずである。[▼29]

しかし、二宮金次郎＝「負薪読書」イメージが形成されていく当初においては、この図像は二宮金次郎だけを示すものではなく、ほかの模範的人物にも適用され得るひとつのパターンに過ぎなかった。つまり、江戸時代から明治に至るまで多く使われてきた模範的人物を示す典型的な図像に、模範的人物たる二宮金次郎をあてはめたことによって誕生したのが、「負薪読書」の二宮金次郎であったといえよう。

ここで考えておかなければならないのは、図像の持つ意味が時代の変化とともに、徐々に変容していたという点である。「負薪読書」図や「負薪」図、「読書」図は、確かに江戸時代から存在する図像であり、明治においても、模範的な子どもを示す図像として多く描かれた。しかし、江戸時代の「負薪」図と、明治以降の「負薪」図とでは、異なる教えられ方をしていた。最後に、「負薪」図や、「負薪読書」図の持つ意味の変容を確認しつつ、「読書」の価値観がどのように変容したかをみておこう。

第５節　江戸と明治の「負薪」「読書」図

江戸時代以来の、孝行を示す「負薪」図が明治以降も子どもの読み物に多く登場したことは先に述べた通りである。『報徳記』に書かれた二宮金次郎の「負薪」もまた、母親のため、弟のための行為であった。

しかし、明治になると異なる意味をもつ「負薪」図も現れる。『小国民』４年13号（１８９２・７・３）に「奇童」として紹介された、卯之助の例をみてみよう（図６―12）。

図6-12『小国民』4（13）、1892.7.3（『小国民』6、復刻版、不二出版、1999より）

卯之助も、これまでみてきた例と同様に「父母にさからは」ない孝行な少年である。しかし、彼が薪を背負い歩く理由は、単に親孝行のためだけではない。卯之助は一家が貧しく、学校には入れど「入費調ひ兼ねる」状態であった。そこで卯之助は、夜は縄をない、学校が休みの日には「山に入り薪をこり、柴を刈」ることで、家計を助けながら「専ら学文」に励もうとする。卯之助の場合も、先にみてきた例と同様、家計を支えるものとして薪や柴を刈っている。しかし、この場合、それで得た金銭によって親を養うわけではなく、自らが学校に行き、「学文」に励むのである。

このような子どもは、読み物にも登場している。『少年世界』1巻12号（1895・6・15）に掲載された小説「可憐児」の主人公貞二もまた、親を養うためではなく、自らの教科書代を得るために柴を刈る。すなわち、卯之助や貞二の「負薪」は、親孝行というよりも、むしろ勤勉苦学を象徴するものとして機能しているといえよう。

このように、江戸時代には専ら親孝行や忠義を示した「負薪」図は、明治になると、勤勉苦学を示すものにも変容していた。では、「負薪読書」図、あるいは仕事をしながら「読書」する図は、どうだろうか。まず、先述の『実語教画本』（図6―4）の解説をみておこう。

書は、聖賢の教えをのこし給う掟なれば、男女ともに読まずんばあるべからず。然れども、ここにひとつの心得あるべし。…（中略）…家業のいとまあらば寸陰《すこしのひま》にても、書を見るべし。家業を打ち捨て、書を読めとにはあらず。▼30

ここでは、本は「聖賢の教えをのこし給う掟」とされ、「読まずんばあるべからず」とされてはいる。しかし、読書はあくまで、「家業のいとま」のあるときにすべきことであり、決して読書の代わりに家業を打ち捨ててはならないと説く。ほかにも、『実語教』と同様に、江戸時代に初等教科書として用いられた『幼学三字経』（1844）では、「学問して…（中略）…物をよく知りし人」には「稼業を捨て、身を持ち崩す人」がいるが、こうなるなら、「学問せざるが杳《はるか》まし」と、学問の弊害が述べられている。[31]

このように、江戸時代に描かれた「負薪読書」図では、読書はすなわち学問であり、あくまで仕事に従属するものとして教えられた。ところが、明治に入るとその関係は逆転する。先に**図6―9**で挙げた、少女いとを例にとってみてみよう。

いとは、貧しいながら学校に入れてくれた父の「困難辛苦を見兼ね」、毎日午前中は「学校にて余念なく、勉強し」、その後は隣家の子守や弁当取りなどをして家計を助ける。挿絵には、子守をしながら読書し歩くいとの姿が描かれ、寸暇を惜しんでいとが勉強に励む様子がうかがえる（**図6―9**）。

つまり、ここで強調されているのは、単に親を支え仕事をすることではなく、仕事をしながらも学校に行き、読書すなわち勉強を怠らないことである。その意味で、ここでの子守は、先にみた卯之助や貞二の柴刈りと同様、勤勉苦学の象徴として描かれているといえる。前章でみた帝国議会長となった星亨の「松葉掻の童子」（『少年園』1892・5・18）もまた、幼少期の星亨が松葉掻をしつつ書を読んだことを紹介し、「勉むべきは読書なる哉、励むべきは読書なる哉」と読書が立身出世につながることを強調していた。

江戸時代には、もっぱら孝行の象徴であった「負薪」図や、仕事を優先した「読書」図は、明治になると、ともに勤勉苦学をも示しうる図像として描かれるようになった。この変化は、明治維新後の社会構造の変化に起因している。これまでの章でみてきたように、1872(明治5)年の「学制」では、「学問は身を立るの財本[32]」と説かれた。『学問のすゝめ』や『西国立志篇』がベストセラーになったことにもみられるように、維新後は学問は、富国のためのみならず、個人の立身出世のためのものとしても捉えられるようになった。[33]「一生中に幾冊の本を読み尽さるゝか、そは立志の如何にあり[34]」と説かれるように、読書は将来を左右するものとして重視されるようになったのである。つまり、明治になってからの読書は、立身出世の手段として、個人としても追求されるものになった。

学問による立身出世熱がさかんになった明治において、少年期に苦学し、やがて従四位を得るという立身出世を遂げた二宮金次郎の姿は、模範とすべき人物として、多くの教科書や子ども向け読み物に登場することになった。もちろん、二宮金次郎の人物像の一要素として、孝行という側面はあった。しかし、勤勉苦学が重視されることにより、「負薪読書」の図といえば、「孝行」よりもむしろ「苦学」、そしてその先の「立身出世」を想起させるものに変化していったのである。ここでの「読書」は夢中になって楽しむものではなく、出世のための手段であった。

たとえば、「負薪読書」の二宮金次郎を描いた、先述の『高等修身訓』や、文学社編輯所『単級日本修身書』甲(文学社、1902)の教師用書では、二宮金次郎の「負薪読書」図をもっぱら苦学を説くものとして扱い、子どもたちの「勉強心を喚起する[35]」教材として説明した。一方、先述の『小学修身経入門』の挿絵には、最後の頁に金次郎の「負薪読書」図と、後年の尊徳の肖像が描かれており(図6—13)、教師用書には、以下の解説がある。

下図は即ち金二《ママ》郎幼時の苦学のところにして、上図は即ち名を尊徳と称して名高き人となりし後の肖像なり。金二郎もし幼時にこの如き苦学励行なかりせば、何とて他年上図の栄達を得ることあるべき、汝等よくこの人の行に鑑み、幼時より勉強すべし。[36]

先にみてきたように、江戸時代の「負薪」像は孝行の象徴として描かれてきた。しかし、ここでは成人後の肖像があわせて描かれることで、「苦学」により「栄達」を得たという「立身出世」を伝える教材になり、なぜ薪を背負っているのかという背景は、一切説明されていない。[37]

本章では、『報徳記』が執筆された当時に立ち返り、そこから二宮金次郎が「負薪読書」図になるまでの「負薪」図、「読書」図の変遷を追ってきた。今でこそ二宮金次郎を想起させる「負薪読書」図だが、「負薪」図や「読書」図、「負薪読書」図は、古く江戸時代から模範的人物を表す図像として用いられてきた。

おそらく、岩井が源流として指摘した朱買臣の図像は、氏が指摘するより早く狩野派以外にも流出し、やがて「朱買臣」としてではなく、匿名の「模範的人物」を示す図像へと変換されたのではなかろうか。「朱買臣」は『実語教』『童子教』と同じく寺子屋でよく用いられた『三字経』にしばしば描かれる人物であったことが、その証左となろ

図 6-13　天野為之編『小学修身経入門　尋常科生徒用』冨山房、1894（広島大学図書館　教科書コレクション所蔵）

う。江戸時代に模範的人物＝「負薪」図、「負薪読書」図というイメージがすでに成立していたこと、このことが二宮金次郎＝「負薪読書」図を生み出す基盤になっていた。

これらの図像は、明治に入っても、模範的人物を示すひとつのパターンとして頻繁に描かれた。この型に、二宮金次郎という人物を流し込むことによって誕生したのが、二宮金次郎＝「負薪読書」図であった。明治・大正・昭和と、長きにわたって、近代日本の模範的人物を代表した二宮尊徳の象徴ともいえる「負薪読書」図は、このように形成されたといえよう。ところが、図像のもつ意味自体は、明治に至って変化した。明治の学問熱は、子どもが「負薪」する図も、仕事をしながら「読書」する図も、ともに勤勉苦学を表すものへと集約させた。二宮金次郎の「負薪読書」図の持つ意味もまた、ここにおいて大きく変容する。二宮金次郎の「負薪読書」図は、元来合わせ持っていた孝行と勤勉というふたつの側面のうち、勤勉苦学が大きくクローズアップされるに至ったのである。

本章では図像の機能、すなわちどう教えられたかという側面に着目してきた。最後に、受容の側面、すなわち教科書や子ども向け読み物など、至るところで二宮を目にしてきた子どもの視点に触れておこう。1900（明治33）年前後になると、孝行、友愛、実直など、あらゆる徳目を兼ね備えた人間として二宮尊徳が描かれるようになるが[38]、子どもたちは、二宮のどのような面に着目していたのだろうか。

『小学世界』6巻6号（1903・10・15）の投稿欄には、二宮を尊敬するという少年の作文がある。彼は、「貧しき家に生れた」から、「富の必要」を感じた。そこで、「如何なる艱難をも厭はず」、「故人二の《ママ》宮金次郎の言行を模範として実践躬行」し、「実業を以て」富を得て、のち「国を富まさん」というのが、彼の希望だという。二宮を尊敬するという彼も、孝行や友愛、実直といった側面については少しも触れない。彼が二宮を模範とするのは、二宮が自分と同じく貧しい家に生まれながらも、艱難に耐え、結果富という「成功」を得たからである。二宮は、学校教育によって成功した人物ではなく、独学によって成功した人物であった。彼が二宮を手本にするのは、貧しさゆえに中学以上に行けなかったとしても、努力と独学によって富を得たというところが重要だったのではないだろうか。

　明治30年代には、立身出世の正統的なコース、すなわち中学への進学から高等学校、大学、官界へという流れがすでに定型化し、このコースにのることができない人々が出てくることは、前章で確認した通りである。しかし、そんな人々のために今度は独学によって「成功」するための手段を紹介する雑誌や書籍が増え始める。読書およびその方法の議論がさかんになったことも前章でみてきた。

　たとえば『立身達志：独学自修策』（１９０２）では、「伊藤仁斎、中江藤樹、二宮尊徳等の学者は、多くは独学の人」であると読者を励まし、「二宮尊徳の如きは、幼時苛酷なる雇主の家にありて、孜々業に勉めながら、窃に自から書を学びて、遂に日本の経済化、実行の学者として後世尊崇せらるゝ人[39]」となったと、自学の重要性を強調する。

　これは一例に過ぎないが、二宮金次郎の「負薪読書」図が、のち多くの小学校の校庭に建てられ、貯金箱や壁掛け、筆立てにもなって子どもたちに親しまれたのは[40]、その姿にエリートコースにのれなくても自学すれば成功するという希望を見出すことができたからではないだろうか。その意味では、立身出世が成立し得ない江戸時代において、「負薪読書」図は、庶民の手本にはなっても、憧れには成り得なかった。二宮金次郎＝「負薪読書」の姿が、急速に定着し、子どもたちに親しまれたのは、それが立身出世主義の時代、明治に生まれたからだといえよう。

注

1 巖谷小波「少年と尊徳翁」留岡幸助編『二宮翁と諸家』人道社、1906、165頁。
2 唐澤富太郎『教科書の歴史：教科書と日本人の形成』創文社、1956、672頁。
3 紙媒体で表れる二宮金次郎の「負薪読書」図は、薪ではなく柴を背負っているが、加藤衛拡『近世山村史の研究』（吉川弘文館、2007、82頁）によると、焚きつけなどに使う「薪」は柴（芝）とも言うとあること、また、先行研究でも柴を背負う二宮像を「負薪読書」図と称しているため、ここでは薪を背負ったものも、柴を背負ったものもともに「負薪読書」図とする。
4 代表的なものだけを挙げると、修身教科書との関係については、竹内洋『日本人の出世観』（学文社、1978）、中村紀久二『教科書物語：国家と教科書と民衆』（ほるぷ出版、1984、初版は中村圭吾、ノーベル書房、1970）など、子ども向け読み物における伝記については、勝尾金弥『伝記児童文学のあゆみ：1891から1945年』（ミネルヴァ書房、1999）などがある。
5 井上章一『ノスタルジック・アイドル 二宮金次郎』（新宿書房、1989）は、二宮金次郎の視覚イメージの形成について丹念な調査に基づいて検証したものだが、議論の中心は紙媒体の図像ではなく石像や銅像である。前田愛も、戦前期の小学校の校庭における二宮金次郎の石像・銅像について言及している（「子どもたちの時間：『たけくらべ』試論」『展望』198、筑摩書房、1975・6、16～34頁）。
6 藤森照信・荒俣宏著『東京路上博物誌』鹿島出版会、1987、121頁。また、幸田露伴『二宮尊徳翁』については、関谷博『幸田露伴の非戦思想：人権・国家・文明：〈少年文学〉を中心に』（平凡社、2011）に詳しい。
7 岩井茂樹『日本人の肖像 二宮金次郎』角川学術出版、2010、57～58頁。

8　１８８３（明治16）年に宮内省版、１８８５（明治18）年に農商務省版が刊行され、大日本農会からも刊行されたことにより、一般に流布することになる。詳しくは、並松信久「つくられた二宮尊徳：模範的人物像の流布について」（吉田光邦編『19世紀日本の情報と社会変動』京都大学人文科学研究所、１９８５、５０９～５２６頁）を参照。

9　前掲巖谷、１６５頁。

10　芥川龍之介「侏儒の言葉」吉田精一注釈『日本近代文学大系38　芥川龍之介集』角川書店、１９７０、２８６頁。

11　前掲書中村、１１８頁。

12　同右、１１６頁。ただし、この時期（１８８６～１８９２）は、修身教授に教科書を用いない方針が採られていたために、教師用の口授書が中心である点に留意しておきたい。詳しくは、麻生千明「森文政期における修身科口授法の採用とその教育観的背景：実物・教具としての教科書観と「儀範」としての教師観」『弘前学院大学・短期大学紀要』20、１９８４・３、91～１０７頁を参照。また、『報徳記』の一般への流布に先駆けて二宮尊徳を紹介したものに、干河岸貫一撰『日本立志篇』７（１８８２）がある。

13　１８９１（明治24）年11月16日付で従四位（『東京朝日新聞』２０９０、１８９１・11・18）。さらに、二宮の農村更生策を実行した報徳社運動の隆盛によって二宮は教科書の教材としてさかんに用いられることになった（前掲書中村、１５９頁）。

14　前掲巖谷、１６７頁。

15　富田高慶『報徳記』岩波書店、１９３３、17～18頁。

16　たとえば、二宮尊徳の出身地である神奈川県師範学校は、「二宮金次郎ノ事蹟ハ報徳記ニヨラレシモ柏山時代ニ於ケル報徳記ノ記事ガ誤謬多キコトハ著者富田高慶氏ノ自ラ認ムル所タリ」と批判している（文部省編『国定教科書意見報告彙纂』

1 〈復刻〉、日本図書センター、1981、42頁）。なおこの意見については多くの先行研究が取り上げている。
17 前掲書富田、7～8頁。
18 菅野則子校訂『官刻 孝義録』上、東京堂出版、1999、42～43頁。
19 前掲『孝義録』中、157～158頁。
20 菅野則子「解題」前掲『孝義録』下、494～510頁。
21 山下武『江戸時代庶民教化政策の研究』校倉書房、1969、49～50頁。
22 酒井憲二『実語経童子教：研究と影印』三省堂、1999、26頁。
23 『実語教絵抄』などで描かれた、中国の偉人の「夜学」図もまた、『小国民』14（1890・7・3）や『少年世界』5（14）（1899・7・1）で描かれた、夜学する二宮の図と類似していることも指摘しておきたい。
24 二宮康裕『二宮金次郎正伝』モラロジー研究所、2010、22頁。
25 前掲論文並松、520頁。
26 前掲『孝義録』下、193～194頁。
27 なお、明治にあっても、柴刈りや草取りは、子どもたちにとって身近な仕事であったことは、藤本浩之輔『聞き書き 明治の子ども遊びと暮らし』（本邦書籍、1986）などによって知られる。
28 前掲書井上、20～21頁によると、明治天皇は元相馬藩主から『報徳記』の原稿を受けとったあと、筆者である富田にも会い、宮内省から『報徳記』を刊行したということから、贈位と合わせてこの一連の流れによって二宮尊徳には国家によるいわば権威付けがなされたともみることもできよう。
29 引き札・絵ビラについては、前掲書井上、30～32頁、売薬版画については、前掲書岩井、142～148頁。

30　石川謙編、石川松太郎監修『往来物大系　教訓科往来』32、復刻版、大空社、1998。
31　好華堂野亭注、葛飾北斎画『幼学三字経』京都・大阪・江戸六書肆、1844。
32　文部省編「一　詔書・勅語・教育法規等（一）総則　学制」『学制百年史』資料編、帝国地方行政学会、1972、11頁。
33　近代日本における立身出世観については、前掲書竹内『日本人の出世観』などに詳しい。
34　『小国民』4（4）、1892・2・18。
35　文学社編輯所『単級日本修身書　教員用』甲、文学社、1902。
36　天野為之編『小学修身経 尋常科教師用』1、冨山房、1894。
37　ただし、これは「負薪読書」図の説かれ方にのみ着目した結果であり、明治期の金次郎を扱った教材で、親孝行が説かれていないというわけではない。むしろ、国定修身教科書に代表されるように、二宮金次郎を教材として扱ったものは、親孝行を説くものが大多数であるが、挿絵としては「負薪読書」図ではなく、父や母をいたわる金次郎が描かれていることが多い。金次郎教材を含む修身教科書における親孝行譚については、牟田和恵『戦略としての家族』（新曜社、1996、85～114頁）や、広井多鶴子「修身教科書の孝行譚――近代の〈親孝行〉試論」（『教育学年報』10、世織書房、2004・3、533～558頁）などに詳しい。
38　前掲書中村、152～153頁。
39　久津見蕨村『立身達志：独学自修策』三育舎、1902、85～86頁。
40　唐澤富太郎『図説 明治百年の児童史』講談社、1968、426～427頁。

終章

本書では、〈胎動期〉の児童雑誌、1876（明治9）年創刊の『よろこばしきおとづれ』から1886（明治19）年大阪で創刊された『ちゑのあけぼの』、そしてその後の児童雑誌の典型となった1888（明治21）年創刊の『少年園』までを中心に、雑誌が「つくられる」過程、「届けられる」過程、「理解される」過程について論じてきた。

以下、本書で明らかになったことを整理する。第1章から第2章までは、キリスト教の伝道とそれによって誕生した日本の児童雑誌を扱った。第1章「キリスト教伝道と子どもの読み物」では、イギリスの児童文学「ピープ・オブ・デイ」シリーズが宣教師らによって日本で翻訳・刊行される過程を分析した。宣教師らは高札撤去以前からキリスト教書籍を扱う書店の運営を開始しようとしたが、その運営には米国聖教書類会社の援助が不可欠であった。また「ピープ・オブ・デイ」シリーズの翻訳にも同協会の援助がなされていた。宣教師らは、知識人だけでなく女性や子どもたちにも読まれるキリスト教書籍を作るため、談話体や総ひらがなで「ピープ・オブ・デイ」シリーズを刊行した。もちろんこれらは信者を増やすための伝道の手段ではあったが、女性や子どものための貴重な読み物にもなった。

次に、第2章「児童雑誌の源流――『よろこばしきおとづれ』と日曜学校運動」では、1876（明治9）年に創刊された『よろこばしきおとづれ』に着目し、この雑誌がどのように資金や素材を得て編集されていたかについて分析した。

編集に際しては『小孩月報』という上海で発行されていたキリスト教雑誌を参照したことが伝えられてきたが、『小孩月報』も『よろこばしきおとづれ』も、ともに外国日曜学校協会および米国聖教書類会社の資金援助を受けていたこと、その背景にはアメリカで起こった日曜学校運動とアメリカの子どもたちからの献金があったことを指摘した。また、これら両誌には、米国聖教書類会社から発行された雑誌や児童書からの記事の転載が多くみられること、『よろこばしきおとづれ』ではより伝道色・説教調を強めた編集になっていることが明らかになった。それはキリスト教への迫害がきびしいなかで、街頭での説教にかわる手段としてこの雑誌が活用されていたからである。

続く第3章では、大阪で1886（明治19）年に創刊された『ちゑのあけぼの』を対象とした。第3章では、まず雑誌の発行所や誌面、編集者の変遷をふまえたうえで、編集者たちの経歴を教会史料や学籍簿を用いて明らかにするとともに、彼らが関西に拠点をおいたプロテスタント宣教団体アメリカン・ボードの宣教師らと密接に関係をもつ人物たちであったことを示した。また、挿絵に添えられた落款などを分析し、関係した絵師は錦絵新聞などで活躍した大阪歌川派に属する絵師であったことを指摘した。

次に、『ちゑのあけぼの』の編集について、第2章で分析した『よろこばしきおとづれ』や『七一雑報』などのキリスト教雑誌や、アメリカの児童雑誌と比較・対照を行った。その結果、『ちゑのあけぼの』では先行するキリスト教誌から記事を引用しつつも、キリスト教を示す語句や聖書の教えを、ことわざなど一般的な教訓譚へ作り替えていることが明らかになった。ただし、これはキリスト教と絶縁しようとするものではなく、聖書を教え込むことよりも、先に西洋文化やキリスト教の価値観に基づく道徳性を子どもたちに身につけさせようという方針があったからだと考えられる。

一方で、『ちゑのあけぼの』が読者を獲得する経路としてキリスト教ネットワークは重要な意味をもった。『よろこばしきおとづれ』はさまざまな宣教師や日本人伝道者が伝道地で配布することで、人々を惹きつける手段として活用されていた。それに対し、『ちゑのあけぼの』は基本的には有償で販売されていたが、伝道地の信者が営む書店やキリスト教書店を売捌所として設定することで販路を確立していた。キリスト教ネットワークによって、頒布ルートの確立と素材となる洋雑誌の確保ができたことが、いち早く児童雑誌が誕生する要因となったといえる。

次に、キリスト教ネットワークを介さない雑誌はどのように成立し得たのか、第4章「児童雑誌の展開──『少年園』と西洋文化」で検討した。『少年園』主幹である山縣悌三郎の息子とみられる人物が、アメリカの児童雑誌『セント・ニコラス』に投稿した手紙を手掛かりに、このふたつの雑誌の関係について検討した。まず、『少年園』主幹の山縣がどのように外国雑誌を入手していたのか、同時に『セント・ニコラス』が当時の日本でどの程度購読されていたのかについて投書欄などから考察した。その結果、ミッション・スクールでの購読や、日本在住のアメリカの子どもたちによる定期購読の事例がみられたほか、外国書籍取次業者を介した雑誌の購入の可能性が示された。また、『少年園』と『セント・ニコラス』を比較すると、『少年園』では偉人伝や科学記事などを『セント・ニコラス』をはじめとした西洋の雑誌類を参照して編集していたことが明らかになった。しかし、キリスト者らが極めて好意的に「西洋」を参照したのと対照的に、『少年園』では西洋の知識や文化の紹介をしながらも、西洋に対する羨望というよりも、ときに敵対意識をもって大幅に加筆しながら編集されていたことが明らかになった。

第4章までは主に、「つくられる」過程、「届けられる」過程についてみてきたが、第5章以降は「理解される」過程に注目した。第5章「子どもと雑誌の読書実態――『少年園』の書き入れをめぐって」では、『少年園』の読者とその実態について検討した。読者の実態について、投稿欄を分析する手法はもちろん考えうるが、ここでは雑誌本体に遺された書き入れを分析の対象とした。

当時の読書法として、書物を大切にしつつも重要なところに線を引き、書き入れなどをしておくことは書物を深く理解するための手法として認められていた。読者による書き入れは巻頭論説をはじめとした立身出世譚に比較的多くみられ、記事に同調し、自分を鼓舞するような書き入れが多くみられるほか、自分以外の他者、とくに年少者に向けて『少年園』の読書をすすめる書き入れもみられた。また記事によっては子どもに不適切と批判する書き入れも存在した。こうした書き入れからは、自分が深く理解するためだけではなく、読むべき記事を際立たせ、読むべきでない記事を排除する効果もまた生み出されていた。この時期には、子どもを有害な読み物から遠ざけようとする意識がすでに立ち現れていたことも指摘した。

第6章では、薪を背負いながら読書する偉人として描かれた二宮金次郎を題材として、江戸末期からの読書観の変遷をたどった。江戸期の寺子屋で用いられた教科書類でもやはり、読書について一定の価値は認められながらも、中心となるのは家業とされあくまで読書は家業の暇に行うものとされた。家業はすなわち孝行の手段であるため、最重要の徳目として考えられていた。しかし、明治期に入ってからは、子守や薪拾いをしながらも同時に怠らず読書することが推奨された。それは個人の立身出世の手段として、同時に富国につながるものとして「読書」が重視されたからであった。ただし、この場合の読書の対象は小説などではなく、あくまでも学問につながるもの、「娯楽」ではなく「教育」の読み物に限定されたことが明らかになった。

以上をふまえて、最後に本書の意義をまとめる。本書では、これまで「翻訳」を軽視する立場から本格的に分析されることの少なかった〈胎動期〉の児童雑誌について、諸外国との人的・物的な関わり、とりわけ西洋の児童雑誌からの具体的な影響はいかなるものだったかをはじめて論じたものである。また、これらの外国書籍がもたらされた経路として、ひとつは外国人宣教師を通したキリスト教ネットワーク、いまひとつは文部省による外国書籍収集に着目した。本書では、資金源や参照した媒体と経路といった物理的な側面を分析することで、国境を越えて、書物がたどり着き、また編集者の意図に基づいて日本の児童雑誌が誕生し、日本の読者にたどり着く過程を描き出すことが可能になった。

それと同時に、描かれた読書や、読書法に関する知識人のメッセージを分析することで、あるべき子どもの「読書」がどのように捉えられていたのかを明らかにし、また書き入れなどの非活字史料を用いることで、子ども読者の実態を、限られた事例ではあるものの実証的に明らかにした点もまた本書の特色である。

従来児童文学としての「創造性」や「芸術性」を中心に論じられてきた児童文学史に対して、本書ではそれを可能にした西洋からのノウハウの習得や、流通構造に着目することで、当時の児童雑誌とその読者のありようを立体的に描き出そうとしたのである。

最後に、課題についても述べておきたい。本書では、「つくられる」過程については詳細に検討してきたが、それに比べると、とくに「理解される」過程については、書き入れという新たな史料の発掘には挑戦できたものの、投書欄との比較検討など、十分な考察ができたとは言い切れず、全体として精粗のバランスを欠くことになった。さらに、本書では取り扱うことができなかった「読むこと」から「書くこと」へのつながりは、子どもたちのリテラシー形成のありようを検討するうえでも非常に重要である。今後、新たな史料を検討することはもちろんだが、まずは雑誌の投稿欄と論説を比較したうえで、「読むこと」が「書くこと」へどのように結節していったのかを明らかにすることで、「理解される」過程についての考察を深めていきたい。

『よろこばしきおとづれ』目録

凡例

一、本目録は、各号に掲載された作品の表題を収録順に記述した。
一、目録作成にあたっては、東京神学大学図書館所蔵分全63号を参照した。
一、発行所や価格、組に変更や追加があった場合、これらを各号の最初に示した。
一、巻号の表記および発行年月については、原則表紙または目次の記載に拠ったが、記載のない場合は書き込みに拠った。
一、巻はローマ数字、号は巻アラビア数字で示した。
一、頁番号が記載されている場合はアラビア数字で示した。
一、表紙のみ頁番号が記載されていない場合は表紙とした。
一、表題が明記されているもの、筆者名が明記されているものについては、本文通りに記載した。
一、表題に英題が併記されている場合は記載したが、目次のみに英題がある場合は省略した。
一、表題に番号または記号がふられている場合、これを省略した。
一、表題のないものについては、内容を踏まえ、適宜表題をつけ［］内に記載した。
一、連載作品には、①②……のように番号をつけた。表題は、①の記載に準じた。
一、著者名は、雅号などを含めて記述通りに、表題の下の（）内に記載した。ただし、目次のみに記されているものは省略した。肩書等が添えられている場合には、これらも（）内に記載した。目次のみに著者名がある場合は省略した。
一、挿絵については、表題の下に〈挿絵〉と記載した。
一、絵のみのものは、〈絵〉と表記した。
一、楽譜が掲載されているものは、表題の下に〈楽譜〉と記載した。
一、全体の記述にあたっては、次の原則に従った。
①仮名遣いは原典通りとし、変体仮名は通常の仮名遣いに改めた。
②漢字は原則として新漢字に改めた。
③ルビ・傍線・返り点等は省略した。
④漢字の混同などについては、「ママ」を記載していない。
⑤片仮名は一部平仮名に改めた。

『よろこびのおとづれ』1（1876・12）
クリスマスのこと〈挿絵〉
真心の要なるはなし
不信仰なる両替屋のはなし
神はありといふはなし
神のいましめをまもるべきはなし
キリストの愛
他人の罪をゆるすべきはなし
耶蘇におのれの身をささけたるインド人のこと

『よろこばしきおとづれ』Glad Tidings 2（1877・1）
［イエスは幼小なる子をあいするなり］〈挿絵〉（高橋吾郎）　表紙—2
苔ある薔薇の花　2—3
赤児（あかんぼう）の説教（築地六番島氏）　3
仕合なるぱん　4—7
聖書のをしへ：幹約伝一章一より十四までの略解　7—8
わかき基督の徒にすゝむる言　8

3（1877・2）
［羊飼い］〈絵〉　表紙

※1882（明治15）年3月より『喜の音』に改題

『ちゑのあけぼの』目録

凡例

一、本目録は「『ちゑのあけぼの』細目」（桝居孝編著『日本最初の少年少女雑誌『ちゑのあけぼの』の探索：「鹿鳴館時代」の大阪、京都、神戸』かもがわ出版、2011、236～252頁）を再構成したものである。
一、本目録は、各号に掲載された作品の表題を、収録順に記述した。
一、目録作成にあたっては、主に東京大学大学院法学政治学研究科附属近代日本法政史料センター明治新聞雑誌文庫所蔵分を参照したが、神戸大学総合・国際文化学図書館所蔵分、梅花女子大学図書館所蔵分、関西大学図書館所蔵分も同時に参照した。所蔵場所によって紙面の内容が異なる場合、＊にその内容を示した。
一、発行所や編集人に変更や追加があった場合、これらを、各号の最初に示した。
一、改行については、ページ毎の改行を主としたが、紙面の構成によっては、適宜改行箇所を変更した。
一、同一ページ内の複数の作品・記事名を併記する場合には、／でこれらを区切った。
一、表題が明記されているもの、筆者名が明記されているもの、あるいは目次に表題や筆者が明記されているものについては、本文通りに記載した。題名のないものについては、内容を踏まえ、適宜題名をつけ記載した。この場合の区別は示していない。
一、欄名が明記されている場合には、【】内にこれを示した。
一、著者名は、雅号などを含めて記述通りに、担当記事表題の下の（）内に記載した。なお、肩書等が添えられている場合には、これらも（）内に記載した。
一、読者からの投稿については、筆者名を（）内に表記した。なお、住所等が添えられている場合には、丁と番地を除いてこれらも（）内に記述した。
一、読者からの投稿に関しては、表題のないものは無題と記載した。
一、広告および社告について、広告主がある場合、（）内に広告主を示した。
一、英文・英単語・英会話による記事の場合、［］内にこれを示し、内容に法則性のある場合は内容を、ない場合は数を示した。
一、連載作品には、①②……のように番号を付けた。題名は、①の表題に準じた。
一、挿絵については、記事表題の下に〈挿絵〉と記載した。挿画家名あるいはその一部などが画印や、サインなどで判明した場合は、これを〈挿絵〉の下の（）内に記載した。画印などが解読不明のものは、（不詳）と表記した。
一、表紙に絵のみのものは、〈絵〉と表記し、一言のみ添えられているものは、「」内にこれを示した。
一、色紙の有無については記載していない。
一、巻号の表記および発行年月日については、表紙の記述に拠った。
一、全体の記述にあたっては、次の原則に従った。
①仮名遣いは原典通りとし、変体仮名は通常の仮名遣いに改めた。
②漢字は原則として新漢字に改めた。
③ルビ・傍線は省略した。
④漢字の混同などについては、「ママ」を記載していない。
⑤片仮名は一部平仮名に改めた。

第一号　一八八六（明治一九）年一一月二七日
持主兼編集人　佐治篤三郎　印刷人　眞鍋廣助
発行所　普通社（大阪市西区江戸堀二―九）
「一日の計は朝にあり」〈絵〉（貞信筆）　表紙
勤王無二の臣・楠父子〈挿絵〉（貞信筆）　2

西洋人の雷実験〈挿絵〉（蕾斎写）　3
［英単語］A〈挿絵〉／祝詞（大阪　遂軒闞徳）／ちゑのあけほの定価　4
／社告

第一号附録　＊1

ちゑのあけほの発行の主意（普通社々主）／【祝詞】（内海忠勝）　1
（片桐正気）／（中外電報社　雨森菊太郎）／社告　2

第二号　一八八六（明治一九）年一二月八日

「勉強ハ幸福ノ母」〈絵〉　表紙
韓信の忍耐〈挿絵〉（貞信筆）　2
交通機関の進歩〈挿絵〉（梓谷写）　3
［英単語］B〈挿絵〉／祝詞（滋賀　錦江　梁田邦彦）／【社告】寄書　4
および祝詞は次号／定価／売捌所

第三号　一八八六（明治一九）年一二月一五日

「運動に適へば疾少し」〈絵〉　表紙
司馬温公の瓶割り〈挿絵〉（貞信筆）　2
熱気球について〈挿絵〉　3
［英単語］C〈挿絵〉／投書（東京小石川水道町尋小一級生　石田伝之助）／【社告】定価／売捌所　4

第三号附録　＊2

【祝詞】（京都府学務課長　八代規）／（滋賀県師範学校教諭　鈴木鈹太郎）　1
（京都府師範学校長　坪井仙次郎）／（西京日出新聞　服部直）／社告　2

＊1・2　附録は、関西大学図書館所蔵分

第四号　一八八六（明治一九）年一二月二二日

猫の親子〈挿絵〉（梓谷画）　表紙
毛利元就三本の矢の教え〈挿絵〉（貞信筆）　2
交易の業〈挿絵〉（貞信筆）　3
［英単語］D〈挿絵〉／【祝詞】智恵ノ曙ノ発刊ヲ祝ス（宇田川文海）
／【広告】移転（神戸元町　福音社）／【社告】定価／売捌所　4

第五号　一八八六（明治一九）年一二月二九日

衛生浴〈挿絵〉　表紙
森蘭丸の忠義〈挿絵〉（貞信筆）　2
星鏡で見る月〈挿絵〉　3
［英単語］E〈挿絵〉／祝詞（京都府衛生課長　清水公敬）／【社告】　4
西洋大影絵／定価／売捌所

第六号　一八八七（明治二〇）年一月六日

「人礼有れば安く礼なければ危し」〈絵〉（貞信筆）　表紙
張良と老人〈挿絵〉　2
潜水器〈挿絵〉　3
［英単語］F〈挿絵〉／祝詞（大和吉野　和田善隆）／【広告】眞鍋定造編『幼稚唱歌集』／【社告】西洋大影絵／定価／売捌所　4

第七号　一八八七（明治二〇）年一月一二日

こだまの話〈挿絵〉　表紙
孟母三遷〈挿絵〉（貞信筆）　2
不思議な紙管と脳髄〈挿絵〉　3
［英単語］G〈挿絵〉／智恵ノ曙ノ発行ヲ祝ス（海南伊予書生　馬島為巳）／【広告】『幼稚唱歌集』／定価／売捌所　4

第八号　一八八七（明治二〇）年一月二一日

持主兼編集人　眞鍋定造

レーの危ない遊び〈挿絵〉　表紙
源義家と学問〈挿絵〉（貞信筆）　2
果物採り機〈挿絵〉　3
［英単語］H〈挿絵〉／祝詞（神戸　如水品川政蔵）／【広告】兵庫県師範学校教諭三橋得三先生編『小学珠算教授書』熊谷久栄堂／『幼稚唱歌集』／定価／新設売捌處　4
発行遅延のお詫び　欄外

第九号　一八八七（明治二〇）年一月二六日
弁髪の支那人と少年たち〈挿絵〉　表紙
元正天皇と石勝の息子たちの孝心〈挿絵〉（貞信筆）　2
だまし絵・八つの顔〈挿絵〉　3
［英単語］I〈挿絵〉／ちゑの曙を読みて新体詩にまねてものす（春塘散士）／【社告】一号二号完売／【広告】『小学珠算教授書』／定価／売捌處　4

第十号　一八八七（明治二〇）年二月五日
カナリア鳥と金魚〈挿絵〉（貞信筆）　表紙
宗史の晩学〈挿絵〉（貞信筆）　2
ニュートンの引力説〈挿絵〉　3
［英単語］J〈挿絵〉／智恵ノ曙ノ発行ヲ祝ス（滋賀県坂田郡山東義塾教長　藤井耕一）／【社告】発行曜日改定／一号二号完売／定価／売捌處　4

第一一号　一八八七（明治二〇）年二月一二日
弁慶の七つ道具〈挿絵〉（貞信筆）　表紙
舎人下野公助の孝心〈挿絵〉（貞信筆）　2
不思議の数〈挿図〉　3
［英単語］K〈挿絵〉／教育を惰たる人へ告る話し／一号二号再版／三号完売近日再版／定価表変更／定価／売捌所　4

第一二号　一八八七（明治二〇）年二月一九日
異風流の危険〈挿絵〉（貞信筆）　表紙
治まる御代〈挿絵〉（宣斎貞信筆）　2―3
［英単語］L〈挿絵〉／三号答／出題〈挿図〉／正解者一覧／定価／売捌所　4

第一三号　一八八七（明治二〇）年二月二六日
［英文］人間の顔／桃割れの少女〈挿絵〉　表紙
木下藤吉郎の槍術試合〈挿絵〉　2
想像力の話し〈挿絵〉（貞信筆）　3
［英単語］M〈挿絵〉／早寝早起きの勧め／前号答／正解者一覧／出題〈挿図〉／【広告】男女生徒募集　天満英学校／定価／売捌所　4

第一四号　一八八七（明治二〇）年三月五日
悪しき朋友〈挿絵〉（貞信筆）　表紙
家康の質朴〈挿絵〉（貞信筆）　2
マイコロニシヤの珊瑚樹島の話し〈挿絵〉　3
［英単語］N〈挿絵〉／出題〈挿図〉／前号答〈挿図〉／正解者一覧／定価／売捌所　4

第一五号　一八八七（明治二〇）年三月一二日
蟻と学問の道〈挿絵〉　表紙
ダニエルウェブストル〈挿絵〉　2
アメリカの鹿〈挿絵〉　3
［英単語］O〈挿絵〉／出題〈挿図〉（大坂　S・A）／前号答〈挿図〉／正解者一覧／正誤／定価／売捌所　4

第一六号　一八八七（明治二〇）年三月一六日
悪戯をしない童子〈挿絵〉（貞信筆）　表紙
那須与一の功名〈挿絵〉（宣斎貞信筆）　2

不倒爺の道理〈挿絵〉 3
[英単語] P〈挿絵〉／出題〈挿図〉（岡山 T・O）／前号答〈挿図〉
／【広告】『幼稚唱歌集』／ゼンクス氏帰国に付き婦人裁縫会移転 4
（水谷確）／定価
新設売捌所 欄外

第一七号 一八八七（明治二〇）年三月二六日
靴を投げられた忠犬〈挿絵〉（貞信筆） 表紙
石奮と礼儀〈挿絵〉（宣斎貞信筆） 2
ピレニス山の巨岩〈挿絵〉 3
[英単語] Q〈挿絵〉／出題〈挿図〉（岡山県備中国井原村元之校 藤
田卓）／前号答／【広告】婦人裁縫会移転／『幼稚唱歌集』／定価 4

第一八号 一八八七（明治二〇）年五月六日
持主兼編集人 眞鍋定造 印刷人 眞鍋廣助
発行所 福生社（大阪市西区江戸堀北三―四三）
ジュリヤと盲老人〈挿絵〉（貞信筆） 表紙
小野道風と蛙〈挿絵〉（貞信筆） 2
兄弟の愛（燧洋漁史）／二枚の板と二つの円柱〈挿絵〉 3
[英単語] R〈挿絵〉／出題〈挿図〉（岡山県備中国浅口郡上成村 宇
野光三郎）／前号答〈挿図〉／【広告】智恵の曙改良広告（福生社）
／発行曜日改定／定価／売捌所 4

第一九号 一八八七（明治二〇）年五月一三日
石炭とガス〈挿絵〉 表紙
母の教えと楠正行の生涯〈挿絵〉（貞信筆） 2
ドルガンと猫〈挿絵〉（貞信筆） 3
[英単語] S〈挿絵〉／前号答〈挿図〉／正解者一覧／【広告】智恵の
曙改良広告／売捌所 4

第一九号附録
[英文] 汝の最も善きを為せ〈挿絵〉（貞信筆） 1
英文解説／前号解説／紙面改良について（福永文之助） 2

第二〇号 一八八七（明治二〇）年五月二〇日
持主兼印刷人 福永文之助 編集人 山口信太郎
発行所 福生社
郵便のはなし〈挿絵〉 表紙
瓜生保の母〈挿絵〉（貞信筆） 2
兎と亀〈挿絵〉 3
[英単語] T〈挿絵〉／幾何学上之惑問〈挿図〉／大人豪傑の出処①／売
捌所／「ちゑのあけほの」福永文之助へ譲渡（眞鍋定造） 4

第二一号 一八八七（明治二〇）年五月二七日
支那婦人の図〈挿絵〉 表紙
パン屋と少女〈挿絵〉 2
[英文] 川面に映る犬〈挿絵〉 3
[英単語] U〈挿絵〉／出題〈挿図〉（和歌山港本町 小泉寅吉）／正
誤／大人豪傑の出所②／定価／売捌所 4

第二二号 一八八七（明治二〇）年六月三日
太鼓と花瓶〈挿絵〉 表紙
平知盛・知章親子〈挿絵〉（貞信筆） 2
リヴィンストンの話〈挿絵〉 3
[英単語] V〈挿絵〉／幾何学上之惑問答〈挿図〉／二十号正解者一覧
／前号答〈挿図〉／正解者一覧／正誤／定価／売捌所 4

第二三号 一八八七（明治二〇）年六月一〇日
狼と子羊〈挿絵〉（貞信筆） 表紙
三人の息子〈挿絵〉 2

第三一号　一八八七（明治二〇）年八月五日

［英単語］ローマ字／一三語〈挿絵〉（貞信筆）　表紙
周処と除三横〈挿絵〉（貞信筆）　2
ガルフィールド伝記⑤〈挿絵〉（貞信筆）　3
妨碍すること／場合のこと／不急のこと／襟を掴むこと／兎と獅の話／出題（越前国福井乾中町　平野太郎）／本誌定価及び郵税　4

第三二号　一八八七（明治二〇）年八月一二日　＊3

［英単語］一七語〈挿絵〉（貞信筆）　表紙
肥後の孫次郎の孝行〈挿絵〉（貞信筆）　2
ヲッポスムについて〈挿絵〉（貞信筆）　3
蒲生知閑のこと／【寄書】出題／無題（大和国高市郡飛騨小学校生　山中喜代三）／無題（近江川並　塚本きよし）／出題〈挿図〉（大和国葛下郡尺土村田中先生書生仝郡木戸村　森岡俊一）　4

第三三号　一八八七（明治二〇）年八月一九日　＊4

［英単語］九語／ローマ字〈挿絵〉（不詳）　表紙
武田信玄と臆病な武士岩間大蔵左衛門〈挿絵〉（貞信筆）　2
世界一霧深い地〈挿絵〉（貞信筆）　3
酒の毒否／【寄書】運動ノ必要（讃岐国高松南新町　高等小学校生　増田儀太郎）／訳のわからぬこと（西京氣車）／三一号答／正解者一覧　4

第三四号　一八八七（明治二〇）年八月二六日　＊5

物理学問答〈挿絵〉（年弘画）　表紙
孫叔敖と双頭の蛇〈挿絵〉（貞信筆）　2
ガルフィールド伝記⑥〈挿絵〉（貞信筆）　3
【寄書】懈怠ノ子弟ヲ戒ム（近江国坂田郡杉沢村　藤井耕一）／疑問（藤井耕一）／三二号答〈挿図〉／正解者一覧／三三号答／正解者一覧／正誤／社告　4

第三五号　一八八七（明治二〇）年九月二日

斐楷のこと〈挿絵〉（年弘画）　表紙
二人の農夫と親切の強さ（豊崎善之助）〈挿絵〉（貞信筆）　2
天竺のゴームと王〈挿絵〉（貞信写）　3
地球は何ですか／羊の問答／【寄書】髷の化物（西京氣車）／【広告】ちゑのあけぼの・舶来油絵種々・舶来カード種々（西区京町堀　紀伊国橋　瀬戸重次郎）／本誌定価及び郵税　4

第三六号　一八八七（明治二〇）年九月九日　＊6

［英単語］九語〈挿絵〉（年弘筆）　表紙
鯨魚のはなし〈挿絵〉（貞信筆）　2
池大雅と画扇〈挿絵〉（年弘）　3
【寄書】無題（近江国神崎郡川並　塚本きよし）／三四号藤井耕一君寄送の答／正解者一覧／（1）のみ正解者一覧／三四号山中氏の答／正解者一覧／問題（大阪東区北久宝寺町　科野佐吉）／【広告】教員増加につき入学募集（北区天満樽屋町　天満英学校）／ちゑのあけぼの（瀬戸重次郎）／本誌定価及び郵税　4

第三七号　一八八七（明治二〇）年九月一六日　＊7

［英単語］九語〈挿絵〉（不詳）　表紙
源為朝と二匹の狼〈挿絵〉（貞信筆）　2
ガルフィールド伝記⑦〈挿絵〉（貞信筆）　3
【寄書】無題（滋賀県近江国坂田郡杉沢村　嚶鳴義塾内科生　宮川徳郎）／無題（仝内科生　大沢亀治）／無題（仝内科生　辻村喜三郎）／智恵ノ曙へ孝行シナサイ（京都　山奈加録三）／【広告】金九百九十九円九十九銭五厘献上の広告（大阪中之島宗是町　花谷重吉）／本誌定価及び郵税　4

第三八号　一八八七（明治二〇）年九月二三日　＊8

［英会話］二人の少女〈挿絵〉（年弘画）　表紙

道長に見出された時棟〈挿絵〉（貞信筆）　2
「砂漠の船」駱駝〈挿絵〉（貞信筆）　3
【寄書】軍歌を擬して訓戒の詞（西京氣車）／勉学の話（大阪　峻連）
／三六号答／正解者一覧　4

第三九号　一八八七（明治二〇）年九月三〇日

［英会話］二人の少女（続）／［英単語］九語〈挿絵〉（年弘筆）　表紙
周公の息子と礼儀〈挿絵〉（貞信筆）　2—3
鼴鼠の旅行①〈挿絵〉（年弘写）　3
談話に注意けよ／学問を蔵せ／詼諧／【寄書】注意のこと（山城国久世郡淀新町　高等一年生　家村政次郎）／出題（美作東北条郡大篠村　高等育英小学校生徒　真木深市）／本誌定価及び郵税　4

第四〇号　一八八七（明治二〇）年一〇月七日

サーピューラの話〈挿絵〉（年弘写）　表紙
盗賊と童子〈挿絵〉（年弘筆）　2
鼴鼠の旅行②〈挿絵〉（年弘画）　3
他人の年齢を知る法／最畏るべき海峡／無金の旅行／最後の場所／【寄書】知恵の曙効能のお報知（作州津山　望園居士）／本誌定価及び郵税　4

第四一号　一八八七（明治二〇）年一〇月一四日

貧乏人の牡蠣〈挿絵〉（とし弘）　表紙
カンガルーのはなし〈挿絵〉（年弘写）　2
ガルフィールド伝記⑧〈挿絵〉（貞信筆）　3
瑞西の湖水の深さ／【寄書】扇の説（山城国紀伊郡伏見新町　布施竹斎）／三九号答／正解者一覧／本誌定価及び郵税　4

第四二号　一八八七（明治二〇）年一〇月二一日

［英単語］九語／［英会話］六則〈挿絵〉（とし弘筆）　表紙
一条の頸縄、終生の名誉〈挿絵〉（貞信筆）　2
狐と鳥〈挿絵〉（貞信筆）　3
【寄書】物理学ノ効用（泉南　外川賢淳）／前輩訓戒ノ金言ヲ示ス（大阪峻連）／二人の小児の話（一）（大阪汎愛尋常小学校生徒　安場廉吉）／【社告】一ちゑのあけぼの合本　自二十号至三九号（福生社）　4

第四三号　一八八七（明治二〇）年一〇月二八日　＊9

熱膨張と猿蟹合戦の栗〈挿絵〉（貞信筆）　表紙
沈着な夫人〈挿絵〉（貞信筆）　2
虎狩りの方法〈挿絵〉（貞信写）　3
広くちゑのあけぼの御愛読の諸君に告ぐ　4

＊3～9　関西大学所蔵分には、3頁と4頁の間に広告、売捌所一覧の掲載あり

第四四号　一八八七（明治二〇）年一一月四日

［英単語］文具〈挿絵〉　表紙
ちゑのあけぼのの紙面拡張　2
ワシントンと母〈挿絵〉（貞信筆）　3
ガルフィールド伝記⑨／軍歌体一首訳し載す　最美き名誉　4
匡衡のこと〈挿絵〉（貞信筆）　5
【寄書】似合わぬこと（西京氣車）／書ヲ読ムトモ習ハザレバ益ナシ（美濃国不破郡山中村　紫水樵客　藤井耕一）／培養ノ説（大阪尋常中学校五級甲　田中祐吉）／無題（和歌山区新堀　平川力太郎）　6—7
手品ノ種（丹波国船井郡大村　村田きく）／〈自説二個〉浪華テレホン（梅楼主人稿）　7—8
電気燈（梅栖家朱竹稿）／【広告】智恵之曙合本（大阪中之島宗是町花谷重吉）／社告（紙面改良／定価及び郵税）／智恵の曙合本（福生社）　8

第四五号　一八八七（明治二〇）年一一月一一日

軍歌体一首訳し載す　鳥を殺すな〈挿絵〉（よし房）　表紙
虚誕の説／鶏卵の鑑定／汚斑を去る方法／ランプの首を附ける方法／金言　2
蝙蝠の二心〈挿絵〉（貞信筆）　3
老翁の不慈、半合の油を吝み少年の仁愛、一貫の財を抛つ①　4
天徳寺の話〈挿絵〉（貞信筆）　5
［英会話］六則／【寄書】知恵ノ曙ノ改良ヲ祝シ併セテ寄書諸君へ一本（西京氣車）　6—7
光陰可惜説（但馬国朝来郡玉置村　井上義成）　7—8
貧賤の子幸福を受け富貴の子幸福を得難き説（滋賀県日野大窪町　麻原栄治郎）／あてもの（岸和田北町　坂井又一）／【社告】定価及び郵税／広告料／智恵の曙合本　8

第四六号　一八八七（明治二〇）年一一月一八日

長篠合戦の鳥居強右衛門〈絵〉（貞信筆）　表紙
鳥居強右衛門のこと／地球の年齢／安然石炭油の試験法　2
［英会話］六則〈挿絵〉（不詳）／生命の価値二十五銭　3
ガルフィールド伝記⑩／獣類や虫類も心魂ありや（上）　4—5
突き中てたら菓子を御食り（神戸北長狭通　東肥一寒士）〈挿絵〉（恒房画）　5
【寄書】勉めよ学べよ怠るな（和歌山県日高郡小松原村　長瀬沢吉）　6
智恵の曙の隆盛を祝す（大阪　峻連）／無題（山城国久世郡宇治　上林彦四郎）／文学ハ富ナル果実ヲ結ブ（朱竹逸史）　7
葡萄凝汁の製法／博聞雑誌発行／意味が深いのよ／第一の悪物／【広告】三府諸新聞雑誌類大売捌配達所（大阪府西区明治橋　竹内新聞店）／智恵の曙合本／本誌定価及び郵税／ちゑの曙大阪市街売捌所　8

第四七号　一八八七（明治二〇）年一一月二五日

ガルフィールド〈絵〉（宣斎貞信筆）　表紙
ジョージスチーブンソンの話／蟻と蠅の話〈挿絵〉（不詳）　2—3
溜桶の流行／何故菓子代を／弾丸あるぞ　3
［英会話］四則／梅檀は双葉より芳し①〈挿絵〉　4—5
【寄書】〇智恵曙ノ改良ヲ祝ス（美濃　藤井紫水）／恵恩は刑罰よりも強しとは、ジョン、ゲーンがことに当る（大阪土佐堀裏　峻連）　6—7
智恵ノ曙増刊ヲ祝ス（河内国安宿郡国分村　国分高等小学校高等第一年生　関六郎）／智恵之曙紙面改良ヲ祝ス（大阪府下東区唐物町　飯田米吉）　7
四五号答／四五号正解者一覧／【広告】基督教書類売捌所（神戸元町四丁目　福音舎）／大阪雅友叢誌社入社（在神湊　遊花庵春雨）／智恵の曙合本／本誌定価及び郵税／智恵の曙各国売捌所　8

第四八号　一八八七（明治二〇）年一二月二日

鼠の観音まいり〈挿絵〉（貞信筆）　表紙—2
梅檀は双葉より芳し②〈挿絵〉　2—3
［英会話］三則／左に軍歌体一首を訳し載す　真理を愛する此小供　4
人は友に因りて知らる〈挿絵〉　5
【寄書】手紙の文句は軽くすべし（西京氣車）／二人ノ小児ノ話〈四二号続〉（汎愛尋常小学校生徒　安場廉吉）　6—7
貰フ物ハ高ク買フ物ハ安シ（東区博労町　岡野松之助）／無題（近江国坂田郡杉沢村　辻村喜三郎）／無題（近江国坂田郡村木村　日比慶二郎）　7—8
勉強ハ天稟ノ才ニ優レリ（和歌山区湊本町　石川幸二）／心ノ不具ナルヲ嘆ズベシ（和歌山丸之内　上野為一）／あてもの（金沢新町　梅田勇次郎）／正誤／智恵の曙合本／本誌定価及び郵税／智恵の曙各国売捌所　8

第四九号　一八八七（明治二〇）年一二月九日

主幹　四方素

ちゑのあけぼの目録（四八号、四七号、四六号目次）／［英単語］一一語（S・Omiya）　表紙
放心の説／高山正幸の事〈挿絵〉（貞信筆）　2—3
老翁の不慈、半合の油を吝み少年の仁愛、一貫の財を抛つ②　4—5
虚飾は価値を高めず　5
左に軍歌体一首を訳し載す　年寄の乞丐／鼹鼠の旅行③　6
【寄書】光陰ヲ費ヤスハ国家ノ大害（山城国相楽郡銭口村　池田篆竹）／墨ノ説（河内国茨田諸福村　東久孝）／蟻ノ説（和歌山県日高郡小松原村　長瀬沢吉）／ちゑのあけぼの購読諸君に一言す（摂州西ノ宮　豊崎善之助）　7—8
堪忍ハ二字か四字か（西京氣車）／水仙（大阪南区西横堀　蒲田利秋）／当地新町松谷雪吉君より左の由申越されたれば本社は岡野松之助氏に向ふて其答弁を請求す／【社告】ちゑのあけぼの合本／智恵の曙各国売捌所／定価／広告料　8

第五〇号　一八八七（明治二〇）年一二月一六日

大阪西区江戸堀南通　一—一五　福生社

薬草に水やる老翁〈絵〉（年恒門人恒房写）　表紙
福生社の説　2—3
菅原峰嗣（表紙の話）／己れに出でゝ己れに還る　3
兵卒も同情の人なり〈挿絵〉（貞信筆）　3—4
ガルフィールド伝記⑪／［英単語］六語（S・Omiya）　5
鼹鼠の旅行④／獣類や虫類も心魂ありや〈下〉／フルロルの言／デモスセンスの言　6
尚武の気象／天も覆はず地も載せず／【寄書】告少年諸君（河内国安宿部郡国分駅立教義塾　乾勇）　7—8
智恵ハ千金ニ勝ル説（大和広教学校生徒　大橋猪之武）／ちゑのあけぼの目録（四九号目次）／福生社は移転す（大阪西区江戸堀南通一丁目一五番地）／ちゑのあけぼの合本／定価と広告料　8
寄書諸君に広告す　欄外

第五一号　一八八七（明治二〇）年一二月二三日

「富貴如浮雲」〈絵〉（貞信筆）表紙
白く塗りたる墓／三周の末路／デウィットの言　2—3
ガルフィールド伝記⑫〈挿絵〉（恒房）　4
一杯能生命を奪ふ／蜘蛛の教訓〈挿絵〉　5—6
［英単語］一〇語／【寄書】文字の事に就きて（神戸港長狭通　星川あき）　7—8
塵モ亦タ黄金（美濃国不破郡山中村　藤井紫水）／四八号の答／ちゑのあけぼの目録（五〇号、四九号目次）／【広告】今福村郭先生宅（長瀬沢吉）／【社告】代金受領について／代金受取人／福生社は移転す／定価と広告料　8

第五二号　一八八七（明治二〇）年一二月二八日

読書するガルフィールド〈絵〉（貞信筆）　表紙
明治二十年も亦た暮れたり　2—3
ガルフィールド伝記⑬　3—4
十二歳の小児　一人前の賃銀〈挿絵〉（貞信筆）／橙橘の砂糖漬の製法　4—5
鼹鼠の旅行⑤／ミルトンの言／ボルケリーの言／［英単語］三語／［英会話］三則　6
【文苑】春花秋月孰レカ優ル説（泉州南郡岸和田並松町　宇口東岳）／紅葉狩に誘ふ文（大阪堀江尋常小学四年生　岡田ひろ）／刑属三千不幸ヨリ大ナルハナシ（讃岐国香川郡高松宮脇村　野中淇外）／種苗交換会ヲ観ル記（作州津山鶴山校　笹木澹哉）／あてもの〈挿図〉（大和国高市郡飛騨小学校　山中喜代三）　7
寄書の心得／刊行定日変換の理由／博聞雑誌四号発兌／ちゑのあけぼの目録（五一号目次）／同発兌日表／謝無音（在福生社　四方素）／

【問答】冬の問題二十則／【小説】鼹鼠の旅行⑥終　5—6
【雑録】赤顔の猖々／金言　6
【英語】［英会話］六則（S・Om・iya）／【文苑】観雪ノ記（讃岐高松保明学舎　西原泰）／友ハ選バザルベカラズ（和歌山区港本町吉野吉之助）／人ト禽獣ハ異ナル説（大和平群郡生駒山広教学校生徒　織田可一）／性と習（摂津国武庫郡西ノ宮石在町　豊崎善之助）　7—8
貧銭ハ必ズ豪傑ヲ出ス（在泉南　外川賢淳）／初冬夜学会を催ほす文（大和国葛下郡長尾尋常小学校四年生　布施義之）／人雀ヲ鶯ノ如ク愛セザルハ何ゾヤ（河内国茨田郡諸福　東久孝）／【あてもの】三題（紀伊日高郡小原村　長瀬沢吉）／摘発　8

第五七号　一八八八（明治二一）年二月三日

五六号目次／花〈絵〉／【社説】小児の日本（蓼洲漁史）　表紙—2
【伝記】ウヲータルーの英雄①　2—3
【学術】花　3—4
奇数と偶数（汎愛尋常小学校　安場廉吉）／【笑話】八文の水瓶〈挿絵〉　4—5
【雑録】改良手鞠歌（但馬国朝来郡岩津村　蘇石）　5—6
珍しひ食物〈乙〉／世界第一の物尽②　6
【英語】［英会話］五則／【文苑】豊臣太閤ノ伝（讃岐高松　野中淇外）／浪速橋ノ記（土佐堀裏町　手塚清太郎）／多言スベカラズ（摂津国武庫郡小林村　村田英太郎）　7
【あてもの】五四号あてもの答／蒙古首切塚記念碑建設寄附金募集広告（湯地丈雄）／誘文雑誌一号寄贈（大阪南区内安堂寺町二丁目三七番地　誘文会）／【広告】博聞雑誌六号七号発兌（東京京橋銀座一丁目六番地　博聞雑誌社）／ちゑのあけぼの合本／定価と広告料　8

第五八号　一八八八（明治二一）年二月一〇日

羊の番人と王の太子〈絵〉（貞信筆）　表紙
【社説】白髪にも亦た幸あり不幸あり　2
【叙事】己が本務に忠実なる小供のはなし／【伝記】ウオータルーの英雄②　3—4
【雑録】フランクリン氏魔術板〈挿絵〉／【英語】［英会話］六則　5
【教訓】修身以呂波教訓（石川県下鹿嶋郡西三階村　大森敬二）／【笑話】菖蒲革と三角好み　6—7
【文苑】御題二（大阪一致女学校　前川まさ女）／早春梅（同人）／雪中梅二（山内あさ女）／事ハ勉強ニ在リ（大和国高市郡八木村勧学舎　長倉遠蔵）／蜻蜓（河内国河内郡植木村　大橋猪之助）／栗林公園ニ遊ブ記（讃岐高松　西原泰）　7—8
水ノ説（紀伊国日高郡小松原村　長瀬沢吉）／勉強ハ幸福ヲ生ムノ母（在神戸港　竹内翠軒）／【あてもの】〈1〉（紀伊国東牟婁郡中湊村森俊一郎）／〈2〉（備中大島　S・K生）／〈3〉（大阪東区船越町　杉田鼎）／〈4〉（同人）／市外看客へ広告／定価と広告料　8

第五九号　一八八八（明治二一）年二月一七日

大阪控訴院西横町（大阪西区土佐堀通四—三）　福生社
五八号目次／隣人の信切〈絵〉（貞信筆）／ちゑのあけぼの合本表紙
【社説】善性良質／金言／【叙事】隣人の信切（長瀬澤吉寄送）　2—3
金言二則／【学術】水の効用三十則　3
【雑録】体操の歌（岡山県上道郡　蜻洲生）／妙々有益談七則／世界第一の物尽し③　4
【笑話】烟曲弥平　5—6
【教訓】礼譲〈1〉礼譲と幸福とのこと／【文苑】智恵の曙を祝す（丹波国船井郡園部上本町　丁稚喜久松）／梅花を送る文（大阪一致女学校　室津かつ女）／智者ハ惑ハズ（大阪靭北通　三宅源蔵）　6—7
学ブベシ怠ル可カラズ（兵庫永澤町　藤枝猪蔵）／人ハ耐忍セザル可カラズ（但馬国出石郡日野邉村　河口才次郎）／友ハ選ブベシ（河内若江郡新荘村　木村太逸）／【英語】［英会話］六則　7
【寄書】文字のはなし続（神戸北長狭通　星川あき）／移転広告（福

あとがき

本書は２０１９年に京都大学大学院文学研究科に提出した博士論文「近代日本における子ども向け雑誌と読書文化の形成」を加筆・修正したものである。
おもな初出は以下のとおりであるが、いずれも大幅に修正を加えた。

第1章　「近代日本におけるキリスト教児童文学の受容：*Peep of Day* シリーズの翻訳をめぐって」『キリスト教社会問題研究』68、同志社大学人文科学研究所、２０１９・12、61〜89頁。

第2章　「『よろこばしきおとづれ』：児童雑誌の源流」『キリスト教社会問題研究』61、同志社大学人文科学研究所、２０１３・1、67〜90頁。

第3章　「総合的児童雑誌『ちゑのあけぼの』の誕生：近代日本における西洋児童文化の受容とキリスト教」『児童文学研究』44、２０１１・12、1〜14頁。

第4章　「『少年園』における西洋文化の受容：『セント・ニコラス』との関係を中心に」『大阪国際児童文学振興財団研究紀要』28、２０１５、15〜28頁。

第5章　「明治期の少年雑誌と読者たち：『少年園』『小国民』の書き入れをめぐって」『仁愛大学人間生活学

部紀要』8、2017・3、59〜69頁。
第6章　「二宮金次郎と「負薪読書」図：近代日本における「模範的人物」像の形成」『国際児童文学館紀要』25、2012・3、1〜16頁。

本書の刊行にあたって、まずお礼をお伝えしたいのは修士・博士課程でご指導いただいた杉本淑彦先生である。杉本先生には目の前の修論・博論はもちろんのこと、これからの時代に研究者として生きていくために実行すべきことについても教えていただいた。私が現在なんとか食べていくことができているのは杉本先生の教えのおかげである。先生はあれをやるな・これをやるなとおっしゃったことは一度もなく、私の無謀な挑戦もいつも応援してくださった。就職してからも気にかけていただき、ご心配もご迷惑もおかけしながら、なんとか博論を出すことができた。深く感謝申し上げます。

所属は二十世紀学専修であったが、大学院のゼミでは現代史学専修の永井和先生、小野澤透先生からもご指導いただいた。院ゼミでは私のつたない発表に、日本史、アメリカ史の立場から貴重なご意見・ご指導を賜った。小野沢先生、そして情報・史料学専修の林晋先生には副査として博士論文の審査にも加わっていただいた。口頭試問の際には先生方から多くのご指摘・ご批判をいただいたが、能力不足、努力不足で本書では解決できなかった課題もあった。これからの研究のなかで続けて考えていきたい。ありがとうございました。

本研究の出発点となったのは第3章である。大学院に入って間もなくのこと、永井和先生に桝居孝先生のもとでのアルバイトをご紹介いただいた。桝居先生は1997年に『ちゑのあけぼの』を発見され、翌年論文を発表後、書籍にまとめるべくさらに研究をすすめていらっしゃった。ご高齢ということもあり、入力やリサーチのアルバイトを探されていたのである。当時、たまたま明治期のことをやっている院生が私ひとりだったので運よく採用される運びとなった。

それからは奈良の桝居先生のご自宅でたくさんのお話をうかがいながら『ちゑのあけぼの』の調査や目録化などの作業をさせていただいた。『ちゑのあけぼの』という雑誌や研究・調査のおもしろさを教えていただくうちに、私自身もこの雑誌についてもっと調べてみたいと思うようになった。修士論文で『ちゑのあけぼの』を扱いたいという私のたいそう厚かましい申し出に、桝居先生は困惑なさったことと思う。永井先生にも色々とご配慮いただき、またご心配もおかけしてしまった。しかし桝居先生は『ちゑのあけぼの』で修論を書くことをご快諾くださり、コラム執筆の機会も与えてくださった。この出会いがなければいま研究者であったかさえもわからない。桝居先生と、ご紹介くださった永井先生に、感謝とともに謹んで本書をささげたい。

大学院の先輩方にもゼミや日常のなかでさまざまなご助言をいただいた。経済的なことは常に不安であったが、日本学術振興会や髙梨学術奨励基金の助成を得てなんとか続けていくことができた。相談に乗ってくださったり、申請書を添削してくださったりした諸先輩方のおかげである。中国語の文献の読解・調査にあたっては修士課程の同期であった陸文祺さんがちからを貸してくださった。大学院でともに過ごしたみなさまにもお礼申し上げたい。

第1章から第3章の調査・研究にあたっては、同志社大学・同志社女子大学関係者のみなさまにとくにお世話になった。右も左もわからない修士のころに訪れた同志社大学社史資料センターでは、小枝弘和さんが丁寧に資料の所在や読み方などを教えてくださった。また、センターに居合わせた井上勝也先生には同志社社史資料センター第一部門研究（新島研究）にもお誘いいただき、発表の機会も与えてくださった。井上先生が発表資料をきめ細やかに添削・ご指導してくださったことも忘れられない。

本井康博先生には同志社大学人文科学研究所の共同研究班に入れていただき、アメリカン・ボードや同志社関係の資料はもちろんのこと、教会関係のみなさまもご紹介くださった。関係資料の扱いについては、本井先生の数多くの著作から学んだ。本書で使用したキリスト教関係の資料は本井先生のおかげでアクセスできたものも多い。

新島研究で出会った坂本清音先生には、現在進行形で大変お世話になっている。坂本先生にはとくに女性宣教師に関することについてご教示いただいたばかりでなく、宣教師書簡の勉強会にも入れていただいた。月に一度、坂本先生の元指導学生を中心とした同志社女子大学の卒業生のみなさまと、同志社女学校の女性宣教師の書簡を読むこの会では、ハンドライティングならではの難しさとおもしろさ、そしてなにより学び続ける楽しさを教わった。いつも翻刻・翻訳を指導してくださる坂本先生をはじめ、メンバーのみなさま、とくにいつも会を取り仕切ってくださる小林弘美さん、阪上敦子さんにこの場を借りてお礼申し上げたい。本書の第1章はこの勉強会なくしては成立しなかった。

坂本先生からご紹介いただいた茂義樹先生には、大阪教会などの関係資料をご提供いただいたうえ、いつも私の論文を丁寧に読み、その都度アドバイスをくださった。翻訳につまったとき、資料の読みに迷ったときは、いつも茂先生の論文や著作を参考にさせていただいた。

ほかにも同志社大学や東京神学大学などの各図書館、そして各地の教会のみなさまにも資料閲覧の便宜をはかっていただいた。とくに大阪教会の大見川昭子さんには、何度も調査にご協力いただいた。厚くお礼申し上げます。

日本児童文学学会ではたびたび報告させていただき、会員のみなさまにさまざまなご意見をいただいた。川勝泰介先生には学会入会の推薦者になっていただいて以来なにかとお世話になり、就職の際にもご縁をつないでくださった。改めて感謝をお伝えしたい。

大阪国際児童文学振興財団の共同研究においては、本書の構想発表もさせていただいた。研究代表者の土居安子さんはじめ、メンバーのみなさま（浅岡靖央先生、大貫俊彦さん、香川雅信さん、酒井晶代先生、中川理恵子先生、松本育子さん、宮川健郎先生、目黒強先生）にいただくあたたかいご助言や励ましにいつも勇気づけられてきた。みなさまのご発表やコメントを拝聴するたび、自分の視野のせまさを痛感させられる。今後ともご指導・ご鞭撻を賜りたい。

終章でも少しふれたが、本書で深められなかったことのひとつが、雑誌を読むことと、文を書くことのつながり、リテラシー形成に関することである。子どもたちが読んできたものだけでなく、なにをどのように書いてきたのかについても研究をすすめるべく、田中祐介さんの「近代日本の日記文化と自己表象」研究会（日記研究会）に参加させていただき、発表の機会も与えていただいた。さまざまな専門やバックグラウンドをもつ方々が集うこの研究会では新たに学ぶことも多く、毎回刺激になっている。研究会の長としてご多忙にもかかわらず、田中さんには本書の校正にもお力添えいただいた。限られた時間のなか、的確なご助言を賜ったこと、心より感謝申し上げます。

和田敦彦先生のリテラシー史研究会とその調査に加えていただいたことも、これまでの研究をリテラシー形成の観点からみなおす機会となった。地道な悉皆調査からダイナミックに研究にまとめあげていかれる和田先生の手腕にはいつも圧倒される。研究に行きづまったとき、和田先生の著作を拝読するたび研究のおもしろさを再確認することができた。また、日記研究会やリテラシー史研究でご一緒するようになった河内聡子さん、中野綾子さんには研究面でもそれ以外でも大変お世話になっているが、本書に関わる調査やくずし字史料の読解においてもひとかたならぬご尽力を賜った。これからもどうぞよろしくお願いします。

これらの調査・研究会で得られた知見を本書の成果とつないでいくことで、よりひろい視野から子どものリテラシー形成の歴史を描けるようこれからも歩みを続けていきたい。

最初の論文を出してから本書の刊行に至るまで、ずいぶん長い時間が経過してしまった。本来ならば追加で海外調査をする予定が、それがかなわず、手持ちの資史料を読みなおし再構成することになった。本書の加筆・修正は、自分のあまりの成長のなさに落ち込むことも多く、作業は遅々としてすすまなかった。そのせいで、文学通信の西内友美さんには多大なご迷惑をおかけすることになってしまった。私のわがままを最大限ゆるしてくださった西内さんと、出版を快くお受けくださった岡田圭介さんに心から感謝します。本当にありがとうございました。

最後に、いつも私の研究を支えてくれる両親、そして夫に感謝を表したい。

柿本真代

２０２３年１月

本書は日本学術振興会研究成果公開促進費（２０ＨＰ５０８９）の助成を受けた。

図版目次

あ

人名索引

・必ずしも網羅的ではない。
・原則として本文から収集し、注は省いた。
・外国人は名字のアルファベット順、日本人は名字の五十音順とした。

アルファベット

ま

や

ら

た

な

は

書名・事項索引

・必ずしも網羅的ではない。
・原則として本文から収集し、注は省いた。
・配列は五十音順とし、日本語以外の事項についてはカタカナ表記に改めた。

著者

柿本真代（かきもと・まよ）

1986 年大阪生まれ。京都大学大学院文学研究科博士課程研究指導認定退学、博士（文学）。

日本学術振興会特別研究員、仁愛大学人間生活学部講師を経て、現在京都華頂大学現代家政学部准教授。

論文に、「教育手段としての日記が定着するまで―明治期少年の『日誌』にみる指導と規範」（田中祐介編『日記文化から近代日本を問う』笠間書院、2017 年）、「少年少女雑誌と日記帳―博文館・金港堂・実業之日本社を中心に」（『大阪国際児童文学振興財団研究紀要』34 号、2021 年 3 月）、「夏休みの日記の成立と展開―「夏季休暇日誌」から「なつやすみの友」へ」（田中祐介編『無数のひとりが紡ぐ歴史　日記文化から近現代日本を照射する』文学通信、2022 年）などがある。

児童雑誌の誕生

2023（令和 5）年 2 月 28 日　第 1 版第 1 刷発行

ISBN978-4-86766-001-0　C0095　

発行所　株式会社 **文学通信**

〒 114-0001　東京都北区東十条 1-18-1 東十条ビル 1-101
電話 03-5939-9027　Fax 03-5939-9094
メール info@bungaku-report.com ウェブ https://bungaku-report.com

発行人　岡田圭介
印刷・製本　モリモト印刷

ご意見・ご感想はこちらからも送れます。上記のQRコードを読み取ってください。

※乱丁・落丁本はお取り替えいたしますので、ご一報ください。書影は自由にお使いください。

田中祐介編●**無数のひとりが紡ぐ歴史** 日記文化から近現代日本を照射する　2800円

人間の書くことの歴史と文化を考え、過去を生きた、無数の人々が紡いだ歴史の意味を問う。過去を生きた未知の人々の小さな歴史に向きあい、書かれた言葉の向こう側に想像力を働かせながら、より大きな歴史との異なりや繋がりを実践的に検証していく書。本来ならば絶対に関わらない他者の日記を時代を超えて読むことには、一体どういう意味があるのか。書かれた内容を鵜呑みにできず、一筋縄ではいかない日記という史料にいかに向き合うべきなのか。モノ・行為・史料の視座から掘り下げ、人はなぜ日記を綴るのかという根源的な問いへの向きあい方をも考えていく。執筆は、田中祐介／柿本真代／河内聡子／鬼頭篤史／志良堂正史／竹内瑞穂／堤ひろゆき／徳山倫子／大木志門／西田昌之／大岡響子／大川史織／吉見義明／山田鮎美／島利栄子。

和田敦彦●**読書の歴史を問う** 書物と読者の近代　改訂増補版　1900円

私たちは、読書を自分一人で行う孤独で内面的な営みだと思いがちだが、読書は一人では決して成り立たない。では読書とはどのようなものなのだろうか。そこにはどんな問いが隠れているのか。本書はそんな多様な問いを調べ、考えていくための実践的なマニュアルである。
文学×教育学×歴史学、出版×流通×販売、など諸学が交差する「読書の歴史」という地点で、何をどう調べ、学べばいいのか。学び、調べることの豊かな可能性や広がりを存分に伝える名著の改訂増補版。

和田敦彦編●**職業作家の生活と出版環境** 日記資料から研究方法を拓く　2700円

作家、とりわけ、忘れられた作家やマイナーな著述を研究するとはどういうことか。どういう表現を、どういう作家や資料を、文学研究はとりあげるべきなのか。研究方法そのものを問い直し、文学研究の意義や方法を新たに見出していこうとする。ある作家の半世紀にわたる詳細な日記から、小説の解釈、あるいは作家の伝記的な事実確認といった従来の文学研究を超えて、生活者としての作家の情報をもとに、出版・読書環境を浮き彫りにし、その変化をとらえ、戦後の長い時間的なスパンの中で、作家が職業として読み、書く行為をとらえる。執筆は、須山智裕／加藤優／田中祐介／中野綾子／河内聡子／大岡響子／宮路大朗／康潤伊。